U0135220

考古与文明丛书
Series in Archaeology and Civilizations

王仁湘　主编

THE MAJESTIC BUDDHIST KINGDOMS

庄严佛国
——中国石窟寺
Chinese Cave Temples

常青　著

文物出版社

图书在版编目（CIP）数据

庄严佛国 ：中国石窟寺 ／ 常青著． —— 北京 ：
文物出版社，2022.5
（考古与文明丛书 ／ 王仁湘主编）
ISBN 978-7-5010-6589-9

Ⅰ．①庄… Ⅱ．①常… Ⅲ．①石窟－研究－中国
Ⅳ．①K879.204

中国版本图书馆CIP数据核字(2021)第086794号

审图号：GS(2021)8464号

本书中部分图片经多方联系，未能找到摄影者，敬请未
联系到的权利人和我们联系，我们将及时奉寄样书和稿酬。
联系电话：010-84007058　邮箱：ystscb2022@163.com

庄严佛国
—— 中国石窟寺

著　　者：常　青
丛书主编：王仁湘

责任编辑：卢可可
责任印制：张　丽
封面设计：特木热

出版发行：文物出版社
社　　址：北京市东城区东直门内北小街2号楼
邮　　编：100007
网　　址：http://www.wenwu.com
经　　销：新华书店
制版印刷：天津图文方嘉印刷有限公司
开　　本：710mm×1000mm　1/16
印　　张：18.5
版　　次：2022年5月第1版
印　　次：2022年5月第1次印刷
书　　号：ISBN 978-7-5010-6589-9
定　　价：88.00元

本书版权独家所有，非经授权，不得复制翻印

徜徉在文明的长河

　　文明，如同是一条长河，涓滴汇溪，宽缓窄急，回旋蜿蜒，奔流不息，时有波平又浪起，时见雾涌又云蒸，景象万千。

　　文明之河悠长，如今站在长河的何处，我们其实知道也不知道。我们并不知晓河源有多远，也不知晓河流有多长，所以也不能完全明白自己的坐标在哪里。我们只是看到前后不远处的气象，更远处的景致，通常只是从文本与传说获得的印象，既不真切，也不确定，还有许多的猜测。更有文明孕育的遥远年代，许多的故事也都有待发现，有待复构。

　　我们会好奇，好奇文明长河那些未知的风景，想知道风景是怎样的妖娆，想看看色彩是怎样的斑斓？我们真惊奇，但见长河散璧遗珠，是那样典雅温润，想象中还有多少失踪的宝藏？我们也会惊叹，长河流淌过的人文情怀是如何光灿日月，我们的民族精神是怎样的不屈不挠？我们也很惊疑，长河源头究竟有多远，众里寻她千百度，还需几番探寻才能确认？我们非常向往，文明长河会流向何方，百川归海又会是怎样的气势？

　　忽如一夜东风来，考古列入国家文化建设战略，我们心中的文明之谜将会加速开解。我们的社会活跃着一批考古人，考古人回归文明长河，直入到历史层面，去获取我们已然忘却的信息，穿越时空去旅行与采风，将从前的事物与消息带给现代人，也带给未来人。

　　考古，如同是一列筏子，是漂泊在文明长河上的筏子，石器美玉，彩陶黑陶，甲骨青铜，秦砖汉瓦，酒樽茶盏，丝帛锦绣，满载宝藏。这筏子上撑篙把舵的考古人，还会关注更多的细节，他们由细节驶往真实的形色历史中。与历史学家不同的是，考古人是在不同的维度上重现历史的面貌，这是立体的历史，是全真的历史。

考古人研究一式式陶器，一座座废墟，一群群墓葬，一坑坑垃圾，一组组壁画；考察大长城、大古都、大聚落、大陵墓、大运河、大丝路。考古人探索人类起源、农业起源、文明起源、国家起源、文字起源、技术发展以及文化艺术诸多课题。考古，就是研究实在的历史，复原历史的样相与色彩，寻找我们的文化根脉，重构我们的文化传统，重建我们的文化自信。

人事有代谢，往来成古今。过往与未来，都会令我们迷恋。未知的世界，都会让我们好奇。感受文明跳动的脉搏，探究文明前行的动力，明确我们的坐标，要依仗考古人。考古人带我们赏鉴和感触文明长河的浪花，让我们的心灵与过去和未来世界相通。

"考古与文明"这一个系列读本，是考古人合力扎起的一个个筏子，让我们一起登上这筏子，去展开一次次特别的旅行，到文明长河去徜徉去感悟去漂流吧！

王仁湘

目 录

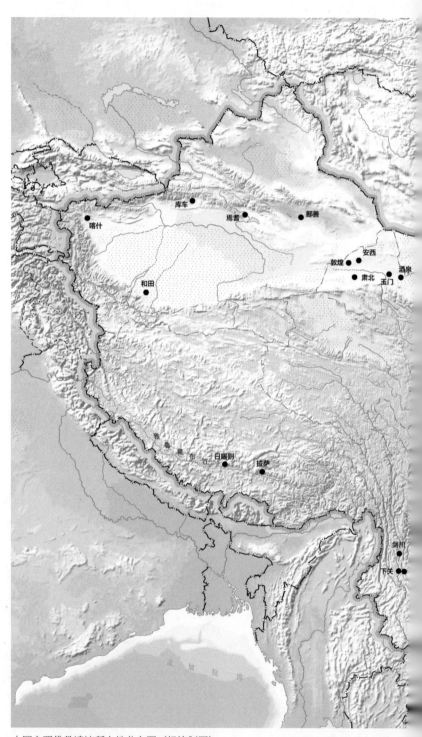

中国主要佛教遗迹所在地分布图（杨涛制图）

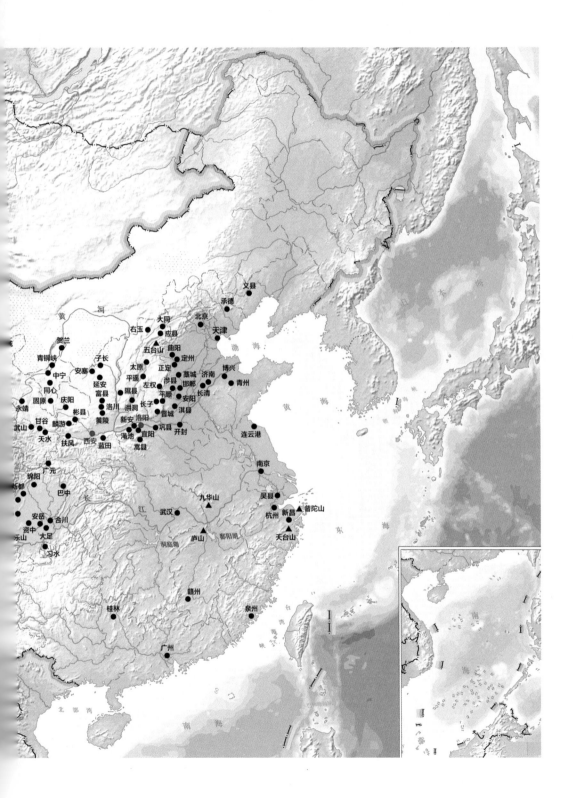

义县
承德
大同 北京
右玉 应县 天津
五台山 曲阳
青铜峡 子长 太原 正定 定州
中宁 安塞 延安 平遥 左权 蓟城 济南 博兴
同心 庆阳 富县 洛川 涉县 邯郸 青州
永靖 固原 彬县 麟游 洛川 淇洞 平顺 长子 安阳 长清
甘谷 黄陵 新安 洛阳 曾城 淇县
武山 扶风 西安 渑池 巩县 开封
天水 蓝田 宜阳
嵩县 连云港

南京
广元 吴县
绵阳 九华山 杭州 新昌 普陀山
梓潼 巴中 武汉 庐山 天台山
安岳 合川
资中 大足
乐山 习水

赣州
桂林 泉州

广州

前言

对于大部分中国人来讲，敦煌、云冈、龙门这三个名字是并不陌生的。三十多年前，舞剧《丝路花雨》的上演，又使敦煌可爱的反弹琵琶女神普遍受到了人们的赞叹，敦煌的艺术形象也更加深入人心了。但是，如果要请一般人来解释一下什么叫"石窟"，可能还是一件比较困难的事情。

石窟，似乎是比较难理解的名词，但如果要问大家什么是佛教寺院？我想虽然并不是每个人都能准确地说出它的基本概念，但对于它的用途也总是能知道一些。因为佛教虽然发源于古代的社会，但它的思想与宗教活动，至今仍和我们的日常生活保持着极为密切的关系。在中国的大地上，有数不清的佛教寺院分布在一个个省、市、县、村，还在向人们传播着从古代发展来的佛教文化思想。

图 1 河南洛阳龙门石窟西山全景

其实，石窟也就是佛教寺院。所不同的是，我们一般概念中的寺院，都是在平地或山上用砖石木料建起来的一座座木构殿堂，而石窟却是在河畔山崖间开凿出来的寺院，因为它们绝大多数是一所所石质的洞穴，有着佛教寺院性质的使用功能，所以，这类寺院就叫作"石窟寺"（图1）。

佛与佛教

为什么要开凿石窟寺呢？这个问题就如同"为什么要建造佛寺"一样。我们知道，佛教是世界上的三大宗教之一，它起源于印度，主要流行在亚洲地区。佛教的创始人悉达多，族姓乔达摩，释迦牟尼是佛教徒对他的尊称，意思是释迦族的圣人。释迦牟尼生活的时代，差不多与中国春秋时代的圣人——孔子同时，也算是东方这两大文明古国的一个有趣巧合了。释迦是在29岁出家修行的，在35岁时通过自己的独立思考创立了一套学说体系，以后一直在印度的恒河流域一带进行传教活动，逐渐得到了上层统治者的支持，在一般人群中也拥有越来越多的信徒。释迦牟尼总结出自己的学说体系，被他的信徒们称作"成道"，而成道以后的释迦牟尼也就是我们一般概念中的佛了。

到了公元1世纪前后，印度佛教中出现了大乘和小乘两个派别，这里的乘就是"乘载"或"道路"的意思，这是后期的大乘佛教把前期佛教贬称为小乘，认为他们的说教引导众生到达幸福的彼岸世界更加方便。小乘佛教认为佛只有释迦牟尼一人，而大乘佛教则宣称佛不仅仅是释迦一位，在过去、现在、未来三世间，在上下四方四维的各个空间领域，都存在着各种各样的佛，他们有的就是涅槃彼岸极乐世界的主宰。

那么，怎样才能摆脱现实中的苦难、达到涅槃世界呢？佛教认为，只有严格地按照佛教所规定的正确方法去修行，把自己的生活行为、思想道德完全纳入佛教的轨道，将来是一定可以成佛的。佛教的寺院就是提供给出家僧人们进行念经、说法、修行和日常生活起居的场所，僧人们在这里将会学到佛教的思想，按照佛教的规定进行修行，他们认为这就是通往彼岸幸福世界的道路。大乘佛教也称作"像教"，因为他们主张造立或描绘各种各样的佛像，以及佛教世界里的其他尊神像，如菩萨、罗汉、天王、金刚力士等，去供奉它们，这样一来，在这些偶像们身上就会具有这些佛教尊神们的全部思想和神通。面对这些偶像，众生们就可以寄托他们的所有愿望。我们在寺院里，会看到大殿里供奉的各种佛教人物偶像，因为佛是无所不在的，所以，遍布各地的大小寺院，也可以说是佛在我们人间的不同住所。

佛教信徒可以分为出家人和在家人两种。在家佛教徒就是居士，他们也是以佛寺作为活动基地的，那么佛寺相对于他们而言，就是沟通现实世界和佛教世界的桥梁。这就是寺院的基本作用和功能，对于山崖间开凿出来的石窟寺来说，其功用也是同样的。

中国石窟寺的分类

石窟寺也是在印度起源的，大约从公元 3 世纪开始，中国的佛教徒也开始开凿石窟寺了。公元 5 至 8 世纪是中国石窟发展的最盛期，最晚的可以到达公元 16 世纪。中国历朝历代的石窟寺可以分为以下几种类型：

1. 洞窟内立一座中心塔柱的塔庙窟，提供给僧侣们绕塔做礼拜用的（图 2）；

2. 用于讲经说法的佛殿窟（图 2）；

3. 供给僧人生活起居和坐禅修行用的僧房窟；

4. 在有的塔庙窟或佛殿中雕塑了大型佛像，就形成了大像窟（图 2）；

5. 在佛殿窟内设

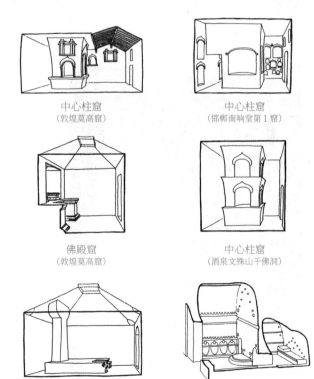

中心柱窟
（敦煌莫高窟）

中心柱窟
（邯郸南响堂第 1 窟）

佛殿窟
（敦煌莫高窟）

中心柱窟
（酒泉文殊山千佛洞）

佛坛窟
（敦煌莫高窟）

大像窟
（拜城克孜尔石窟）

图 2 石窟寺部分类型示意图（根据萧默《敦煌建筑研究》设计）

图 3 甘肃敦煌莫高窟第 285 窟侧壁的禅窟（西魏）

图 4 甘肃永靖炳灵寺第 169 窟内景（西秦）

立中心佛坛，形成模仿地面寺院殿堂作法的佛坛窟（图 2）；

6. 专门为坐禅修行而凿的小型禅窟（罗汉窟）（图 3）；

7. 由小型禅窟组成的禅窟群；

8. 利用天然溶洞稍加修凿而成的石窟（图 4）；

9. 利用崖面的自然走向而布局规划开凿出的摩崖造像（图 5）。

总的来看，中国石窟寺是以建筑、雕塑、绘画三者相结合的综合艺术形式，为弘扬佛教思想、为僧侣们的出家修行服务的。古代的善男信女们认为出资开凿石窟、雕塑

图 5 四川广元千佛崖部分外观（唐）

与绘画佛像的过程，本身就是一种作功德的行为。

中国石窟寺的制作，可以说是就地取材，因地制宜的。以敦煌莫高窟来讲，它所在的鸣沙山是由第四纪初期的沉积物酒泉砾石层组成的，砾石层主要是河流冲击而成的，是大小不等的鹅卵石和沙土的混凝物。它的硬度极不一致，一般说来很松脆。石子虽然坚硬，却各个分离，只靠一点点粘力不大的钙质勉强胶结住。因此，凿窟虽还可以，在上面雕刻就不行了。这种岩层的特殊性质，决定了莫高窟只能向塑像和壁画方面发展。相比之下，大同的云冈石窟、洛阳的龙门石窟、太原的天龙山石窟、邯郸的响堂山就大大不同了，那里的岩石不仅分布面广泛，而且很适合于雕刻，于是就产生了一座座宏伟的石刻岩中殿堂与众多的精美雕像。

中国石窟寺的分区

另外，中国石窟寺在不同的时代与不同的地区发展也是不平衡的，这样就形成了不同的时代艺术风格和不同地区的地方特色。我们根据中国石窟发展史上出现的这些明显的差异，可以把全国的石窟寺分成新疆地区、中原北方地区和南方地区这三个大的自然区，而每个大区中又可以分成若干个自然小区。

　　新疆地区的石窟主要分布在自喀什向东的塔里木盆地北沿、天山山脉以南的地区，集中的地点有库车和拜城一带、焉耆回族自治县一带和吐鲁番附近。最早的石窟大约开凿在公元 3 世纪，最晚的有可能迟到公元 13 世纪。洞窟内采用泥塑像和绘制壁画的方法制作，在焉耆和吐鲁番一带，还在有的洞窟前面用土坯砌成前堂，或者直接用土坯来砌建洞窟。

　　中原北方地区，是指新疆以东、包括黄河流域和长城内外的广大地区，数量最多，内容也最复杂，是中国石窟寺发展的主要地区。按照自然地理和风格特点，还可以再分为四个小区：

　　1. 河西走廊区，即位于甘肃省的黄河以西地段，从公元 5 至 14 世纪都有兴建，在洞窟内一般是采用泥塑和壁画的形式。

　　2. 陇山东西区，即今宁夏南部和甘肃东部，创建于公元 5 至 6 世纪。陇山西部多采用泥塑和壁画，陇山东部大部分是石雕刻。

　　3. 陕北关中区，即陕西省的北部和中部地区，有少量的窟龛开凿于公元 6 世纪，主要部分是在公元 7 世纪及其以后制作成的，多采用雕刻手法。

　　4. 中原华北与东北区，包括山西、河南及其以东的广大地区，公元 5 至 8 世纪，是中国石窟发展高峰期的中心区域，主要采用石雕刻的手法制作。

　　南方地区，指长江流域及其以南地区，以东南和西南两个地区比较集中。东南指江苏、浙江和江西、福建的部分地区。最早出现在公元 5 至 6 世纪间，公元 10 世纪以后的内容较多。西南地区包括四川、广西、云南、西藏等地，是公元 8 世纪以后中国石窟寺发展的重心区域。南方地区制作石窟寺的主要方法也是石雕刻。

　　另外，在制作特点方面，中原北方地区除了个别石窟群以外，多掺杂着摩崖造像龛；而南方地区除了个别地点外，则是摩崖造像龛的数量多于石窟洞。就全中国的范围来看，石窟群地点的总数在 1000 处以上，而石窟洞和造像龛的数量很可能会超过 10 万。其时代延续之长久，保存内容之丰富，是其他信仰佛教的国家所无法相比的。各个地区，各个地点艺术风格的形成都不是孤立的，在它们之间存在着错综复杂的相互影响关系，不断地推动着石窟寺向中国民族化的风格迈进。

从石窟艺术看现实社会

中国的先民们在制作石窟寺时，倾注了无数的人力、财力，以及他们的聪明与才智。这些原本属于佛教的艺术，却又包含着相当多的世俗社会中的内容，因为任何宗教生活都离不开现实社会。透过这些宗教艺术的折光，我们可以从中看到中国古代 1500 多年间人们的部分生活面貌。单从它们的艺术表现形式而言，那些结构完美的洞窟建筑、栩栩如生的雕塑人物形象、辉煌灿烂的巨幅壁画，就足以代表中华民族祖先们的文化艺术成就，它们都是研究中国古代美术史的必要参考资料和重要组成部分。同时，石窟寺里的艺术又可以反映出中国古代社会的发展轨迹，其中保留着大量的真实物质形象。例如：当时人们所常用的建筑形式，男女人物所穿着的服装，以及人们所使用的生活器具等等，有许多根本不见于史书记载，即使在考古发掘中也是极难见到的。所以，这些珍贵的艺术内容又是我们研究古代物质生活发展史的重要参考对象。

石窟寺艺术的价值，也决不仅仅只有这几个方面，那一座座神秘的佛窟，是我们取之不尽的文化艺术宝藏，其中有很多是值得我们当今社会去学习、借鉴的内容。就是在繁重的工作之余，参观一下石窟里动人的雕塑与壁画作品，既可以丰富我们的历史知识，增加文化素养，提高艺术鉴赏力，还会使我们解除紧张工作之后的疲劳感。所以，中国古代的石窟寺艺术，从宗教与文化角度而言，仍然具有一定的现实意义。

下面，就让我们一起按照自然的地理区划，由西向东、从北到南，去探访中国石窟寺里的一些奥秘。

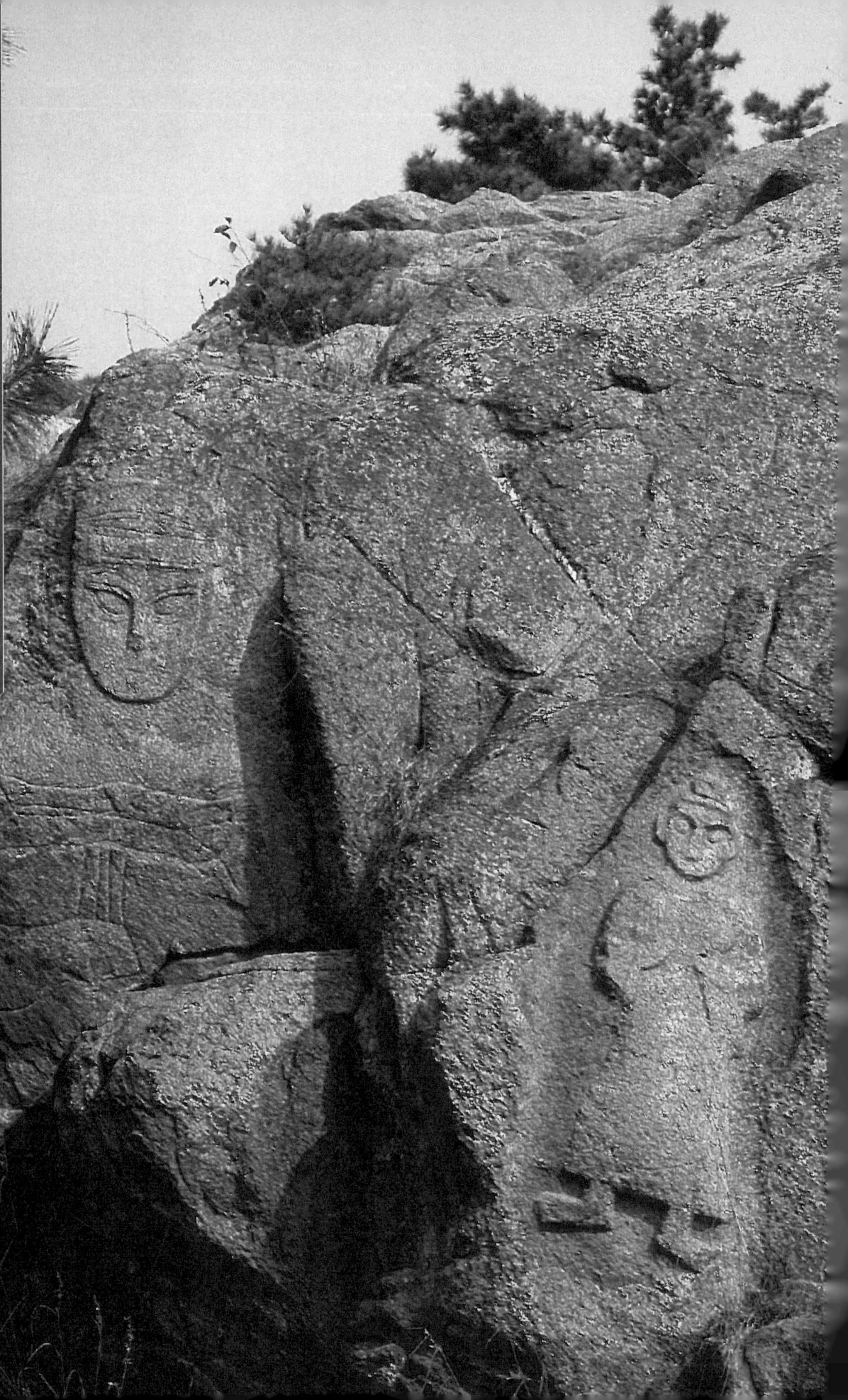

西天灵光

宝窟里的魔影

在探访中国的石窟寺之前，先来追忆一下中国最后一个封建王朝行将灭亡之际，发生在石窟里的故事，也许能更加引起我们对中国古代文明的深思，以及对佛教艺术的兴趣。

中国的甘肃西部和新疆地区，是古代贯通欧亚的丝绸之路的必经之地，也是东西方文明和印度佛教文化的交汇之地。千百年的历史岁月，在这里积淀下了深厚的古代文化根基。自从工业革命以来，过去繁忙的内陆交通，渐渐被海上的运输所替代，以至于这条古老的道路湮没荒废、无人问津了。到公元 19 世纪末至 20世纪初期，西方发达国家在文化领域里掀起了一股去遥远的东方探险的热潮，他们认为在这寂寞荒凉、杳无人迹的沙漠之中，蕴藏着巨大的古代文化财富。于是，探险者们沿着古老的丝绸之路，纷纷踏上这片东方神秘的国土。

1895 年 12 月，一个名叫斯文·赫定（Sven Anders Hedin，1865 ~ 1952 年）的瑞典地理学家和探险家，完成了一次穿越塔克拉玛干沙漠的危险旅行。1899 年9 月，在瑞典国王奥斯卡二世（Oscar II，1829 ~ 1907 年），和百万富翁诺贝尔（Alfred Bernhard Nobel，1833 ~ 1896 年）的支持下，赫定再次进入塔克拉玛干，发现了久已湮废的楼兰古城，震惊了西方世界。在 1900 年 5 月，英国考古学家和探险家斯坦因（Marc Aurel Stein，1862 ~ 1943 年）开始在塔克拉玛干沙漠南沿发掘古代佛寺遗址。1902 年，德国和日本的探险队也出现在新疆的古道上。最后相继有 7 个国家的探险者加入了这场竞争的行列，然后带着他们的考察成果凯旋。于是西方著名的大学、研究所、博物馆，就成了他们去宣讲中国古代文明，研究、收藏获取文物的重要领地。一时间，在物质发达的西方国家涌现出了"东方文明"这个热门话题。从历史发展的角度来看，这对弘扬中国的古代文明无疑是有好处的。然而不幸的是，这些被西方冠以英雄称号的著名人物，也把中国的石窟寺当成了他们探险的重要对象，给这些保存了 1000 多年的佛教艺术品带来了人为的破坏与灾难。

1902 年，德国柏林民俗学博物馆的三位研究人员——格伦威德尔教授（Albert Grünwedel，1856 ~ 1935 年）、休思博士和巴塔思，由军火大王克虏伯资助，前往吐鲁番地区工作了近 5 个月，满载着 46 箱佛教壁画、手写文书和雕塑回到柏林。他们的行动，引起了德国皇帝威廉二世（Wilhelm II，1888 ~ 1918 年在位）的注意，因此而特别组织了一个委员会，克虏伯和威廉二世以个人的名义捐助了一笔巨大的经费，计划进行一次更大的远征行动。由于休思中途死亡和格伦威德尔的健康状况不佳，就势必要物色一个新的领导人选。于是，他们选定的一位意志坚强、卓越超群的人物登场了。

勒科克（Albert von Le Coq，1860 ~ 1930 年），1860 年 9 月 8 日出生于柏林，曾经学习过东方的阿拉伯语、突厥语和波斯语，以及印度古代的梵文。1902 年，在他 42 岁时参加了柏林民俗学博物馆印度部的工作。1904 年 9 月，勒科克和巴塔思组成的远征队从柏林出发。11 月 18 日到达吐鲁番以后，他们先在高昌故城发掘了一段时间，然后转移到了位于吐鲁番东北约 50 公里处的柏孜克里克石窟，把他们的总部设立在石窟南端的一所旧庙里。

勒科克在《中国土耳其斯坦被埋藏的宝藏》一书中写道：在柏孜克里克石窟的前面，勒科克沿着高高的沙堆往上爬，他的脚蹬下了一堆沙土，"犹如耍魔术一样，我蓦然看见在露出来的我的左右两边的墙壁上有用各种颜色绘画的光彩夺目的壁画。画是那样的鲜明，好像艺术家们刚刚完成似的"。"既然我们能得到这些壁画，我们的胜利就有保证了。"他们开始挖掘清理沙土，发现的壁画越来越多，还有不少彩塑佛像。勒科克后来写道："凭借长时间和艰苦的工作，我们成功地把这些壁画都割切下来。经过 20 个月时间的运输，最后安全地把它们全部运到柏林（图 6）。在那里，它们整整填满了博物馆的一个房间。"他接着说："这是一

图 6 德国柏林原民俗学博物馆展厅中的柏孜克里克石窟壁画（1945 年以前）

个佛堂中的全部壁画。能把一个佛堂的全部壁画运到柏林的还为数不多。"

　　1905 年 12 月，勒科克和格林韦德尔领导的第三次"德国探险队"合并，把目标指向了塔克拉玛干沙漠北沿的库车与拜城一带。当他们赶到拜城县东南约 60 公里处的克孜尔地区时，一个当地的仆人告诉他们，在山的近旁隐藏着一个石窟群。过去几个日本人曾经到过那里，并在那里干了三个月。勒科克和巴塔思立即骑马前去察看，发现在"河边一座山岭的峭壁上有数百石窟组成了一个奇异的村落"。勒科克租了一个当地农民的两间简陋的茅屋，就开始对这里的石窟进行一系列勘探与发掘（图 7）。勒科克自己在描写一所洞窟中的壁画时说："这里的壁画是我们在土耳其斯坦任何地方所找到的最优美的壁画。它包括传说中的佛陀的种种形态和他所处在的种种场面，而且又几乎都具有纯粹的古希腊的特征。"勒科克主张把洞窟里的所有东西都一股脑儿搬走，尤其是壁画，他甚至打算把一座小佛堂画有图画的整个圆屋顶运回柏林去。但格林韦德尔却不同意，他认为应该把遗址作为一个整体来测量画图研究。这一次勒科克妥协了，但在紧接着他所领导的又一次远征中，还是把一个壁画圆屋顶运走了。

　　令人遗憾的是，格林韦德尔和勒科克历次从新疆带回柏林的佛教艺术品，约

图 7 勒科克在新疆拜城克孜尔石窟前（1906 年）

图 8 华尔纳从敦煌莫高窟唐代第 328 窟搬走半跪式菩萨彩塑（1924 年）

有三分之一在第二次世界大战中被毁坏了。

德国人的探险收获并不是一个孤例。大谷光瑞（1876 ~ 1948 年）是日本净土真宗西本愿寺派第 22 代法主（1903 ~ 1914 年在位），曾经向中国西北地区派出探险队，以搜寻古代佛教艺术品。早在 1903 年，他的探险队员渡边哲信和崛贤雄就曾经在克孜尔石窟切割走了一批壁画，并发掘了不少文物。1924 年，美国哈佛大学福格艺术博物馆东方部主任华尔纳（Langdon Warner，1881 ~ 1955 年），在敦煌莫高窟用胶布粘去与毁损了壁画共 26 方，约 32006 平方厘米，并搬走了优美的唐代半跪式菩萨彩塑一尊（图 8）。这批珍贵的艺术品现藏在美国哈佛艺术博物馆。所有外国人拿走的中国西部古代文物，如今散布在欧洲、美国、俄罗斯、印度、日本的 30 处以上的博物馆和文化机构之中。

1956 年，英国旅行家戴维森也沿着丝绸之路来到了新疆，看到了柏孜克里克石窟中被割成空白的墙壁，便在他的《活着的土耳其斯坦》一书中写道："这是令人感到悲哀和厌恶的景象。许多壁画已经经历了千年以上的时间。如果它们能够再存在哪怕是半个世纪，今天它们也会安然无恙地留存在那里。"

这些探险队员们的所谓壮举，引起了外国古董商们的极大兴趣。历史进入了 20 世纪 20 年代以后，对石窟的人为破坏，就变成了一种肮脏的纯金钱交易——由外国商人来雇用中国人中的败类进行了。

1934 年间，洛阳市南郊的龙门石窟前，白天是车水马龙的交通要道，过往的行人可随时进石窟观赏佛像。可到了晚上，这里仍不是太平之地。有偃师县的王姓石匠三人，常常借着微弱的星月之光，从南岸渡河进入著名的宾阳中洞，去盗凿前壁精美的《帝后礼佛图》浮雕，那是描绘北魏孝文帝（471～499年在位）和他的皇后礼佛场面的作品。原来，这是一起早有预谋的盗窃行动。这是北京古玩奸商岳彬（1896～1954年）和美国大都会艺术博物馆东方部策展人普爱伦（Alan Priest，1898～1969年）先签订了秘密合同，再由洛阳的古玩奸商马龙图出面，勾结偃师县的保长与土匪，持枪胁迫这三个石匠秘密进行的。如今，这两幅无与伦比的皇帝与皇后礼佛图，分别保存在美国纽约大都会艺术博物馆和堪萨斯城纳尔逊艺术博物馆（图9）。据调查，类似这种有目的的盗凿留下的痕迹在龙门石窟有720处，且这些被盗凿的都是雕刻中的精品。

无独有偶，还有一些石窟寺也在民国时期遭到了严重破坏。在大同云冈石窟，被盗劫和破坏的佛像达1400余躯。在太原天龙山石窟，有150多件精美雕刻品被日本的古董商会——山中商会凿下贩卖到了欧洲、美国、日本等地。河北邯郸的响堂石窟也遭到严重破坏，佛像头部大都被盗凿失去，不少雕刻精品散失在日本和欧美各国。这时期盗窃石窟狂潮与西方人探险不同的是，被盗的雕刻品绝大部分下落不明。于是收集与复原这些作品，就成了一项专门的学问。这方面，美籍

图9 美国纽约大都会艺术博物馆藏龙门石窟宾阳中洞北魏孝文帝礼佛图

华人雕塑家、摄影家陈哲敬先生，就是最杰出的一员。

陈哲敬先生在 20 世纪 60 年代由中国大陆移居美国，他风尘仆仆、孜孜不倦地从事着中国石窟（特别是龙门石窟）雕刻的收藏和研究，默默工作达 30 年，足迹遍及欧、亚、美。1992 年秋，在龙门石窟终于确认古阳洞景明三年（502 年）高树龛主佛头像和火顶洞一件唐代佛头的原来位置，这是一项多么可喜的成就！

1993 年 10 月，在洛阳市召开"龙门石窟 1500 周年（公元 493 ~ 1993 年）国际学术研讨会"之际，我有幸和陈先生相识。他当时对我说：刚到美国时，他常常出入于纽约大都会等博物馆，原本是想学习西方雕塑的。但令他惊奇的是，在这些博物馆里，对来自云冈、龙门、天龙山等石窟雕刻的收藏条件，比同样被收藏的来自西方的雕塑还好。经过细心地琢磨，他惊奇地发现，这些与西方雕像迥然有别的佛雕，另有一种独特的艺术魅力，令人流连不忍离去。

曾在敦煌莫高窟临摹过壁画的中国美术大师张大千（1899 ~ 1983 年），一次去欧洲拜访美术大师毕加索（Pablo Ruiz Picasso，1881 ~ 1973 年）。毕加索却奇怪地对他说：你们东方的艺术远比西方人高明得多，你来欧洲学习什么呢？！

这些事例也许会使我们想到很多。

石窟寺的起源

公元 399 ~ 412 年间，东晋的大旅行家法显（334 ~ 420 年）游历了印度和斯里兰卡，回国之后写了一本《佛国记》，上面记载了很多当年释迦牟尼和弟子们坐禅修行用的石窟。公元 628 ~ 645 年间，唐代的高僧玄奘（602 ~ 664 年）前往西天取经求法，也见到了一些相传是释迦牟尼时代的石窟，记录在他的《大唐西域记》中。在释迦牟尼最初传播佛教时，是不是真的有石窟寺存在，我们现在还找不到任何实物证据。不过印度确实存在着很多提供给僧人起居修行用的石窟，叫作"毗诃罗"（vihara），意思就是僧房，一般是一个平面方形的大厅，周围环绕着许多小型的起居小室。但这种石窟目前在印度发现最早的，也是在佛祖涅槃三四百年以后开凿出来的（图 10）。

图 10 印度阿旃陀石窟第 12 窟（公元前 2～公元前 1 世纪）

　　印度现存最早的石窟寺，是比哈尔邦加雅城北部的巴拉巴尔（Barbara）石窟群，大约是在公元前 3 世纪的孔雀王朝（约公元前 324～前 185 年）时代开凿出来的，著名的洛马斯里什窟（Lomasa Rishi）和苏达马窟（Sudama）就是其中的代表作。孟买地区的玛哈卡里（Mahakali，也叫 Kondivite）石窟群的第 9 窟也是同类型的早期塔堂窟（图 11）。这些石窟的平面一般是长方形的，顶部是纵券形，窟的最里端有的是椭圆形，这里一般是安置一个覆钵形塔，信徒们可以环绕着塔做礼拜活动。窟室虽然是在岩石中刻凿出来的，但它的外形却仿照木构小屋，其中的柱、梁、檩、椽等象征性的建筑部件清晰可见。也许最早的出家修行者住的就是这种木构小屋。巴拉巴尔的这些石窟都不是佛教徒的，而是被佛教贬称为"邪命外道"的生活派教徒修行窟。时隔不久，这种石窟的基本构想就被佛教徒接受了。

　　德干高原西部的孟买附近，分布着巴雅（Bhaja）、贝德萨（Bedsa）、卡尔拉（Karle）、纳西克（Nasik）、阿旃陀（Ajanta）、埃罗拉（Ellora）等著名的石窟寺。每个石窟群在组合搭配上都是有规律的，一般是若干僧房窟围绕着一个塔堂窟。所谓塔堂窟，也就是佛教徒们进行礼拜、讲经说法的佛殿，是进行集体佛事活动的场所。塔堂窟的平面是长方形的，最里端凿成半圆形，并安置一个覆钵形的佛塔，环绕着佛塔和大厅的两侧布置列柱，在列柱与窟室墙壁之间就形成了一个礼拜道

（图 12）。石窟的顶部也是仿木构建筑的纵券形，空间与规模虽然越来越大，但仍然可以看出对"邪命外道"修行窟的继承与发展。塔堂窟是我们从形状与用途上给它们起的名字，而传统的名称则是"支提窟"（chaitya），意思就是用作礼拜的带有一座塔的佛堂。因为"塔"在古代印度是坟冢的意思，释迦牟尼涅槃以后，

图 11 印度孟买玛哈卡里石窟第 9 窟（约公元前 3 世纪）

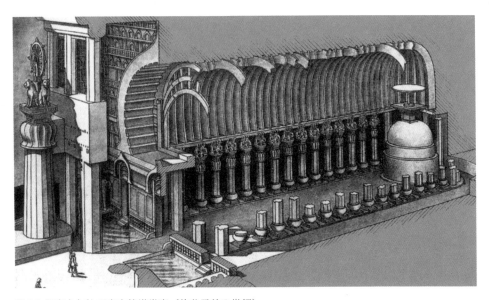

图 12 印度卡尔拉石窟中的塔堂窟（约公元前 2 世纪）

弟子们把他的遗骨（舍利）也按照印度古老的习惯葬在了塔下，于是塔就成了佛祖涅槃的象征了。佛教认为，如果能经常性地围绕佛塔做礼拜，就可以在来世获取无上的功德和福报。所以，环绕着佛塔作右旋礼拜，也就成为僧侣们每日必做的功课了。石窟里的塔是用石头雕出来的，它的里面没有舍利，只是象征性的。

　　我们知道，中国的石窟寺里主要供奉佛像，而印度的这些早期石窟里却没有佛像，在其他类型的佛教雕刻中也是这样的。这是因为小乘佛教只崇拜释迦牟尼佛，认为他是超人间的特殊存在，是不能用普通凡人的形象来表现的。所以在释迦涅槃后的数百年间，如果遇到需要雕刻佛本人形象的地方，就用脚印、宝座、菩提树、佛塔等象征物来表现佛的存在。自从公元1世纪大乘佛教在印度兴起之后，佛在人们的心目中，就不再像以前那样神秘而令人不可接近了。人人都能够成佛的思想，要求在佛教艺术界变佛的抽象为具象，于是佛像便应运而生了。

　　印度现存最早的佛像，是公元1世纪于西北部的犍陀罗地区兴起的。这一带曾经受到过希腊亚历山大大帝（Alexander III of Macedon，公元前356～前323年）东征的强烈影响，保留了很多希腊雕刻艺术传统。有趣的是，这些最早的石雕佛像，在脸型和衣衫的刻画方面直接借用了希腊艺术的特色，很像希腊固有的救世主阿波罗神，有着典型的欧洲中年男子面孔，只是在佛的头顶刻出肉髻，眉间刻出白毫，头后刻出圆形光轮，以显示佛之不同于普通人的神圣特征。同时，它们双目俯视，嘴含微笑，又表现了佛陀特有的慈悲情感。这种希腊式的佛像艺术，就是被艺术家们命名的所谓"犍陀罗艺术"。

　　在犍陀罗地区刚刚出现佛像不久，印度的秣菟罗地区又产生了一种风格迥异的佛像，被人们称为"秣菟罗艺术"。这种佛像有着圆圆的面庞，厚厚的嘴唇，与以前印度人所雕刻的神灵形象作风是相同的，因此它应该是在印度传统的雕刻艺术基础上产生的佛祖形象。这种风格的佛像在以后的笈多王朝（319～550年）中又经过了改进，吸收了一些犍陀罗艺术因素，使原来的秣菟罗艺术更加优美成熟了。

　　一个是外来，一个是土生土长的，那么究竟哪一种才能代表佛祖的真容呢？佛教，既是一种宗教，也可以看成是一种文化现象。这种宗教和文化是在印度产生的，那么在表现形式上可以借鉴一些外来的东西，但归根结底是要印度的佛教徒能接受它们。以后发展的事实表明，犍陀罗艺术虽然也流行了数百年，而信徒们最终选择的是印度本民族的秣菟罗艺术。所以，当佛的形象出现在印度石窟里的时候，信徒们为之顶礼膜拜的正是笈多风格的佛像（图 13）。

石窟寺在印度诞生了，佛祖的象征像和真容像被陆续请进了这些神圣的石凿殿堂。印度僧侣们所选择的这种修行场所和礼拜供奉方式，随着佛教北、南两线的向外传播，在中亚、东亚、南亚以及东南亚开放出绚丽多姿的艺术之花。而东亚佛教艺术发展的中心，就是中国大陆。

图 13 印度阿旃陀石窟第 26 窟（6 世纪）

神州迎来了释迦佛祖

相传，东汉明帝（公元 57～75 年）有一天晚上做梦见到了一个身体高大的金人，头上闪耀着太阳般的光芒。第二天上朝时，汉明帝把这件事告诉了群臣。有一位大臣上奏道："在我们国家的西方有一位神，人们都叫他'佛'。他的身体据说有一丈六尺高，表面呈现出黄金色。我想，陛下梦见的，很可能就是这位佛了。"汉明帝于是相信他确实梦见了佛，就派遣郎中蔡愔与博士弟子秦景等出使天竺（今印度），去了解那里的情况。

汉朝的使者行走到了大月氏国（即贵霜），遇到了天竺高僧摄摩腾和竺法蓝，获得了一些佛经和佛像。于是蔡愔、秦景等人就邀请天竺的高僧到汉朝去传法，他们用白马驮着佛经和佛像一同回到了东汉的首都洛阳。汉明帝一看到佛像，就说那正是他在梦中遇见的神人，不由得内心肃然起敬，立即下令在洛阳城的雍门西建造了一座白马寺，作为外国和尚们进行活动和生活起居的场所。

这个被记载在南朝宋时期的历史学家范晔（398～445年）编撰的《后汉书·西域传》以及很多古书里的故事，标志着西方的佛祖从此步入了神州大地。在东汉的王公贵族当中，汉明帝的异母弟楚王刘英（？～公元71年）是最早接受佛教思想的，但他却是把道家的始祖老子和佛放在一起祭祀供奉，因为在他的眼里，西方的佛教和当时社会上流行的神仙道术差别并不算太大。像白马寺那样的佛寺，也主要是供从西域来的僧侣和商人参拜使用，当时还没有汉人出家为僧。到了东汉末年，汉桓帝（147～167年）对神仙很迷信，经常去祭祀佛和老子，贵族和普通百姓当中渐渐也有人信仰佛了，并且越来越兴盛。与此同时，从西域来内地传播佛教的僧人也越来越多，他们翻译出了不少佛教经典，印度的小乘与大乘佛教被大量介绍到中国。

江苏连云港海州锦屏山东北的孔望山，东西长约700米，高有100多米，相传儒家的圣人孔子当年曾登临这里以望东海，因得此名。在孔望山的西端，依着山势凿有100多个人物图像，其中就有身穿袈裟、头后刻着神圣圆光的佛像，以及手持佛教中象征洁净的莲花奉向佛祖的世俗人物（图14）。它们的雕刻手法很像当时汉朝流行的画像石艺术，这是在用中国人自己的艺术表现方式来刻画西方的佛教神灵。

无独有偶，在四川乐山东汉时代的麻浩崖墓中，中间后室的门额上刻了一尊高37厘米的坐佛像。乐山柿子湾崖墓后室的门额上，也有两尊坐佛像（图15）。另外，在抗日战争期间，曾经在彭山崖墓中出土了一个摇钱树陶座，上面浮雕着一身坐佛像，现藏于南

图14 江苏连云港孔望山摩崖造像（东汉，2世纪下半叶）

京博物院。四川发现的这四尊东汉末年的佛像，我们能从中看到一些来自印度西北部犍陀罗艺术的影响成分，表明了当时的人们不仅已经按自己的理解方式接受了佛教，而且也在以传统的技艺和参考外来的样本，开始制作佛的偶像了。

三国时期的曹魏和西晋朝，统治阶层很重视玄学与清谈，佛教徒们为了迎合他们，就用老子和庄子的玄学思想来解释佛教教义，这也是佛教徒们为传播佛法的一种权宜之计。

图 15 四川乐山麻浩 1 号崖墓后室门额门上的坐佛像（东汉，2 世纪下半叶）

公元 4 世纪前半期，北方的五个少数民族相继进入中原，开始了东晋十六国时期。连年不断的战争，使百姓们的生活极端困苦，生命朝不保夕，而佛教关于彼岸幸福世界和轮回转世的宣传，不仅给动荡不安的社会一个"合理"的解释，也给惊慌中的人们带来了无限的精神寄托。当时在中国的新疆地区，以及葱岭（旧对帕米尔高原和昆仑山、喀喇昆仑山脉西部诸山的总称）西部的国家，佛教事业已经相当发达了。塔克拉玛干沙漠北沿的龟兹国（今新疆库车和拜城一带）石窟寺艺术（以克孜尔石窟为代表），南沿的于阗国（今新疆和田市）的寺院艺术，都已经取得了辉煌的成就。内因和外因相结合，为汉族地区佛教的广泛传播提供了方便的条件。

在十六国时期的北方，西域高僧佛图澄（232～348 年）很受后赵国统治者的尊奉，他的弟子道安（312～385 年）为汉译佛经做了初步整理，提出了解释佛经所应遵循的格式。道安还为僧侣团体制定了应该遵守的法规、仪式，为以后中国汉族地区的寺院制度打下了基础。公元 5 世纪初，后秦国王姚兴（366～416 年）迎请龟兹高僧鸠摩罗什（344～413 年）到首都长安翻译出了佛教经典约 35 部、

300 多卷，其中包括很多大乘佛教中的重要经典，使后秦国的长安一度成为中国北方佛教发展的中心。也就在公元 5 世纪初期的二三十年时间里，深受长安佛教影响的后秦国天水麦积山石窟、西秦国永靖炳灵寺石窟、北凉国武威天梯山石窟等相继问世，组成了汉族地区最早的一批石窟寺。中国佛教也从此摆脱了以往的附庸地位，进入独立发展的新时代。

在南北朝时期，佛教得到了国家统治集团的进一步支持和扶植。尤其是北朝的佛教以修习禅定作为他们的根本特色，在统治者的直接参与和提倡下，开凿出了一系列为僧侣们的修行实践服务的石窟。如北魏文成帝（452 ~ 465 年在位）、献文帝（466 ~ 471 年在位）、孝文帝开凿的大同云冈石窟，孝文帝、宣武帝（499 ~ 515 年在位）、孝明帝（516 ~ 528 年在位）开凿的洛阳龙门石窟，东魏的摄政大丞相高欢（496 ~ 547 年）创始的太原天龙山石窟，北齐文宣帝高洋（550 ~ 559 年）创始的邯郸北响堂石窟，使佛教的石窟寺艺术完全步入了汉民族化的轨道，出现了第一个遍地开花的高峰期。与此同时，由于南朝的社会局面是相对稳定的，佛教信徒们的主要精力是放在深入探讨佛教理论上，他们希望能够避免艰苦的累世修行，寻求一条快速的解脱途径，以便在来世往生到西方极乐世界中去。经过南北朝的发展，佛教就成为人们精神生活中的一个重要组成部分，深深地在中国扎下了根。

隋唐时期的中国，封建社会的政治、经济、文化、科技发展都进入了鼎盛时期，佛教也在皇室贵族的提倡下，发展到辉煌的顶峰。由于寺院经济的发展，佛教僧侣们采取把庙产传给嫡系弟子的方式，这样在不同学派的背景下，就形成了一个个相对独立的佛教宗派，如三论宗、天台宗、法相宗、华严宗、禅宗、净土宗、密宗、律宗等。名僧辈出、广译佛典、中外佛教僧侣的频繁交往，是隋唐时期佛教昌盛的重要标志。在这社会政局相对安定的大一统时代，人们更加关心自己的来世能不能进入天堂乐土，于是全国各地区的石窟造像都普遍流行着西方极乐世界的思想主题。位于唐朝东都洛阳南郊的龙门石窟，在这时扮演了指导性的重要角色，它与西京长安寺院中的雕塑像与壁画艺术一道，为全国的佛教艺术界提供了典型的唐代模式。在东西两京的推动下，全国的佛教事业呈现出一派山花烂漫的繁荣景象，以石窟造像壁画为代表的佛教艺术，也迈向历史发展中的最高峰。

唐代以后，佛教越来越趋向于世俗化，去迎合民间的欣赏口味，同时汉化程度也更加深入。具体表现在各宗派之间逐渐互相融合，并以纯中国化的佛教宗派——禅宗逐渐处于主导地位。人们既乐于将汉民族传统的神灵或题材纳入佛教之中，也乐于将传自印度的佛教因素用中国的形式加以阐释和表现。在这种历史背景之下，很多佛教艺术题材便被冠以中国的因素与表现方式，如在印度的十六罗汉组群之上再增加两位，形成了中国特色的十八罗汉；不见于印度的五百罗汉在中国被创作出来了；中国艺术家创作的汉民族形式的水月观音得以流行；用禅宗僧人来代表印度弥勒佛的化身形象；从印度传来的佛、菩萨、罗汉等神灵也越来越像中国人了，等等。这种发展趋势直接影响了当代佛教艺术。此外，从西夏国开始，特别是从元代开始，西藏佛教及其艺术逐渐对一些汉族地区产生影响，创作出了许多藏式或汉藏合璧的艺术作品，为汉地佛教艺术界注入了新鲜血液。

印度佛祖带来的西天灵光，为中国大地造就了近两千年灿烂的佛教文化艺术。如今的中国佛教事业仍在向前发展着，地面上的寺院香火依然向彼岸极乐世界传达着信徒们的祈愿与祝福，而往日繁盛的石窟寺艺术却变成了历史的陈迹，一份珍贵的人类文化遗产。我们带着历史文化的眼光，再去游览这些石窟寺，不仅能使我们领略到中国古代高度发达的佛教文化事业，还能从这些琳琅满目的美术作品当中获得一份高雅的艺术享受。

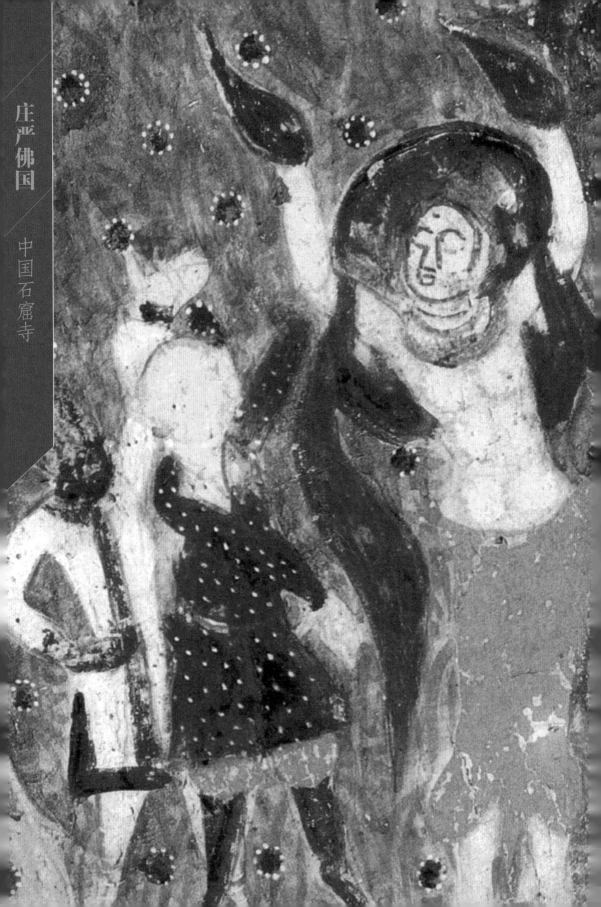

庄严佛国

中国石窟寺

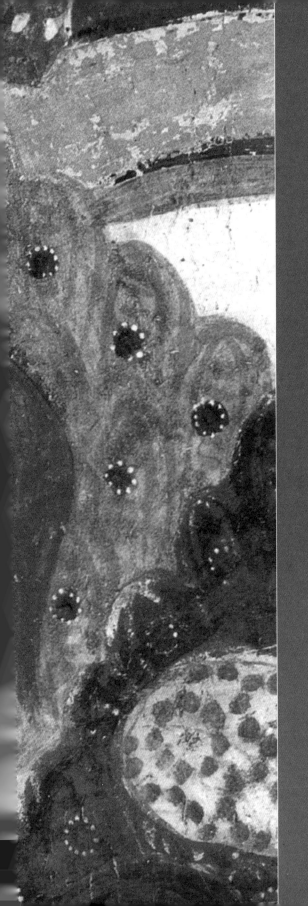

天山以南的艺术瑰宝

　　在耶稣基督降生的前一个世纪，一个名叫张骞（？~前 114 年）的胆大而又富
有冒险精神的中国青年旅行家，担负着汉武帝（公元前 141~前 87 年在位）交给他
的联络印度西北部的大月氏人，共同抗击北方匈奴人的秘密使命，从中国出发，到
当时西方的那个遥远而又神秘的地区去。虽然他的直接目的最后以失败而告终，但
在中国历史上证明，这是一次具有重大和深远意义的旅行，因为它使中国人发现了
欧洲。从此，一条横贯亚洲腹地直通地中海的欧亚陆路交通——丝绸之路，被张骞
凿通了。

　　丝绸之路，是从当时西汉王朝的首都长安（今西安市）出发，朝着西北方向
前进，经过甘肃的河西走廊到敦煌城，然后分开成两条路：一条向西北出玉门关进
入新疆，紧紧靠着天山山脉的南麓，沿着塔克拉玛干沙漠北边被星罗棋布的绿洲所
点缀着的路线前进，途中经过吐鲁番、焉耆、库车、阿克苏到达新疆最西边的城市
喀什；另一条出敦煌西南方的阳关，沿着大沙漠的南缘，经过若羌、且末、尼雅、和田、
叶尔羌，再绕过沙漠的尽头转而向北，在喀什和北路会合。丝绸之路从喀什继续西行，
翻越葱岭，分别通向印度、波斯（今伊朗），最后到达地中海沿岸。

　　古老的丝绸之路，维系着东西方文明古国间的经济文化往来，也造就了中国古
代的西域文明。位于中国西北端的新疆地区，是中国历史上狭义的西域。天山以南
的塔里木盆地，从地理位置上看正当亚洲的中部，频繁的中西陆路交通，使西亚两
河流域的波斯文明，希腊罗马的古典文明，印度的佛教文化和中国内地汉族的传统
文化，都在这里碰头交汇了，使这一地区的文化呈现出了一种独具特色的西域风貌。
分布在天山山脉南沿的佛教石窟寺艺术，就为我们勾画出了一幅灿烂多姿的图画。

"三仙洞"里无神仙

　　喀什，是新疆最西边的一座城市，处于丝绸之路从中国通往西方的咽喉要道。
在中国历史上，从汉朝至唐朝，这一带属于疏勒国，与中原的汉族政权保持着密
切的关系。在唐代，中央政府为了有效地管理西域，特地设置了安西都护府，统
辖四镇，疏勒就是四镇之一。公元 7 世纪初，玄奘大师从西天取经归来，越过了

葱岭山口进入了疏勒国，在他的《大唐西域记》里是这样记载的：

　　佉沙国（即疏勒国）方圆有 2000 多公里，境内有很多沙碛，很少有适于耕作的土壤。……气候温和，风调雨顺，居民性格粗犷暴躁，常常玩弄诡诈伎俩，很少看重礼义，学识、技艺也十分浅薄平庸。当地有一种风俗，生了男孩以后，把男孩的头用扁夹板捆扎起来，使他们的容貌变得粗陋。这里的人有文身的习惯，眼睛是绿色的。……人们笃信佛教，勤于祈求福德与好报。国境内有寺庙几百所，僧徒有 1 万多人，他们研习的是小乘佛教中的说一切有部。但他们对佛教经典并不深入研究，而只求多念一些文句，所以当地佛教徒中从头到尾通诵过经律论三藏的人为数很多。

　　今日的喀什，到处是一派浓郁的伊斯兰情调，佛教早已荡然无存了。但在喀什市北郊约 20 公里的地方，还保存着三所古代佛教的石窟寺，是名副其实的中国最西端的石窟遗迹（图 16）。

　　三仙洞，开凿在伯什克里木河北岸的峭壁上。这里的山崖陡峭如削，高约三四十米，三个左右毗邻的洞窟奇迹般地镶嵌在崖壁的中部偏上处。为什么叫"三仙洞"呢？也许当地人以为这里曾经是神仙们隐居的地方吧！但实际上，这里并

图 16 新疆喀什三仙洞外观（6～8 世纪）

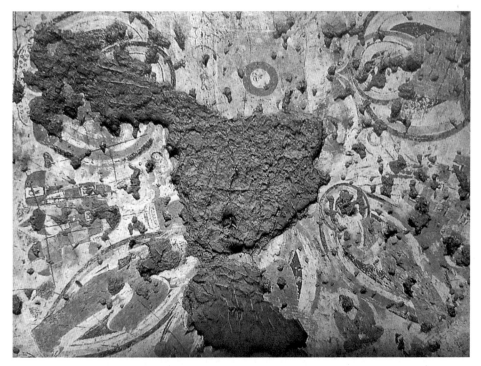

图 17 三仙洞石窟东窟前室卷顶八方佛壁画残迹（6～8 世纪）

没有什么神仙，而是保存着一些佛教雕塑与绘画艺术残迹。

这三所洞窟的形制相近，大小相仿，都是 4 米多进深，宽、高在 2.5 米左右，应该是同时布局规划的一组三窟。三窟都由前室和后室组成，前室较大，顶部是纵券形；后室较小，顶部呈横券形。其中东窟和西窟后室正壁前有石质的台座，中窟后室正壁前有一尊石胎泥塑的坐佛像，下面有方形的石质佛座。西窟壁面不见有泥层和壁画迹象，中窟的表面都被白色覆盖了，只有东窟还能看到一些最原始的壁画残迹：壁画曾经被人有意用利器划残多处，现存的壁画，都是一些大小不等的坐佛、立佛、七佛和比丘像等，没有什么特定的故事情节。东窟前室顶部画着象征性的莲花和方形水池，方形水池外有四个半圆形围成的装饰物，很像一朵四瓣莲花，莲花的外围，分别向东、西、南、北和东北、东南、西北、西南画着 4 身坐佛和 4 身立佛像，它们的头部都朝向窟顶中心的莲花小池（图 17）。这很可能是大乘佛教题材中的十方诸佛里的八方佛，而省略了上方和下方佛。

按照玄奘的记载，这里在古代是流行小乘佛教的，怎么会有大乘的内容呢？在公元 8 世纪初期，新罗国（今朝鲜半岛）僧人慧超（704～783 年）曾经由疏勒游历印度，在他的《往五天竺国传》中记载道：疏勒国有汉族的军队驻守，还有一所汉人建造的大云寺，寺里的住持，是来自岷州（今甘肃岷县）的汉族和尚。这说明在唐代，疏勒国里有汉族的军队、寺院和僧人，而汉族地区所流行的正是大乘佛教。最近新的研究成果表明，三仙洞里的壁画表现手法与新疆地区的早期石窟壁画差异较大，而同敦煌地区的公元 6 世纪晚期以后的石窟壁画却比较接近。因此，喀什的三仙洞，很有可能是在公元 6 至 8 世纪之间，由来自汉族地区的僧人开凿制作成的。

三仙洞虽然并不代表着新疆石窟的创始，但却形象地反映了这个西部边陲的重要城市，与中原地带的文化联系是多么密切，这就是西域文明表现的一个方面。

沙漠南沿的艺术瑰宝

在大沙漠南沿的绿洲上，从葱岭以西到敦煌以东主要是古代鄯善、于阗两个大国的领地。包括精绝在内的东部地区为鄯善所有，精绝以西则属于于阗。历史上的神秘古城楼兰，就曾经是鄯善国的都城所在地（图 18）。大约在三国时代，鄯善国就已经盛行佛教信仰了。20 世纪以来，在原属于鄯善国领地的尼雅、楼兰一带曾经发现了近千件的佉卢文书。佉卢文又叫犍陀罗语，是古代印度西北部俗语的一个变种，主要流行在今巴基斯坦白沙瓦一带。这些佉卢文书的内容有国王下达的各项命令，以及各种诉讼的判决书、通告、契约等等。巴基斯坦的白沙瓦一带曾经是贵霜帝国的中心区域，那里的语言文字能够普遍地在鄯善国中流行，则是贵霜帝国移民带来的，而古代的鄯善国与贵霜帝国之间一直保持着极为密切的关系。那么，鄯善国的佛教艺术又是表现着什么样的风采呢？

若羌的米兰，位于罗布湖的南面。1907 年初，英国探险家斯坦因（1862～1943 年）第二次中亚考古期间，在这里发掘过十四座佛教寺院遗址，其中的第 2 号遗址是一处塔院建筑，中间有一座佛塔，在外墙对着廊柱的地方并排安置着六

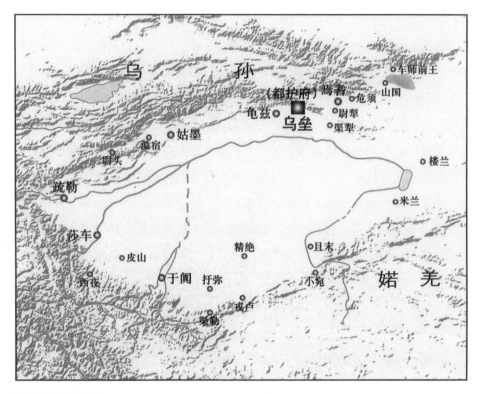

图 18 汉代西域局部

尊高大的坐佛像，它们的体型与衣纹塑造具有鲜明的犍陀罗与笈多艺术风格，而佛头的面相却表现出了汉族地区特有的容貌。3号遗址是一个外方内圆的建筑物，它的中间有一座用土坯砌造的佛塔，佛塔的周围有方形的围墙，每边长约有9米，围绕着佛塔就形成了一个1.2米宽的回廊。令斯坦因大吃一惊的是：在这亚洲腹部中心荒凉寂寞的罗布淖尔岸上，他居然看到了七个欧洲古典式的"天使"画像，它们都睁着大眼灵活地注视着，小小的唇部微微收敛着，绘制在3号遗址回廊的中腰部位，使斯坦因联想到了古代希腊少女画像的美丽的头部（图19）。它们并不是西方的天使，而是代表着佛教八部护法中的擅长音乐与歌舞的乾闼婆与紧那罗，敦煌石窟壁画中的飞天所指的也是这些可爱的神灵，它们在佛国世界里经常用音乐舞蹈的形式向人们传播着佛法的微妙境界。但是，它们的原型又是来源于希腊、罗马古典艺术中的天使形象，因为亚历山大大帝早已把欧洲的古典艺术带到了犍陀罗地区，随着鄯善国与贵霜帝国文化交流的发展，这些来自西方世界的天使形象才被请进了沙漠南沿的佛教殿堂之中，充当了佛法的守护者与宣传者。

在米兰 3 号遗址中还有一幅精美的壁画残片，画的是释迦牟尼佛和他的六位弟子，这些人物都是睁大着眼睛，也表现着中亚特有的人物面貌，其中可能包含着一个与佛有关的故事的情节（图 19）。在 3 号遗址南面的 5 号遗址回廊中，有一幅壁画表现的是须大拏太子本生故事，这位须大拏太子是释迦牟尼的前身，他乐善好施，扶危济贫，深得人民的爱戴，画中的须大拏太子表现出了典型的中亚男子形象。在须大拏太子本生画的下方，画着一些青年男女扛着波状花缆，一个个也是睁大着眼睛，这种题材我们在巴基斯坦雀离浮图出土的迦腻色迦王（约 127 ~ 151 年在位）舍利容器的表面也能看到。

米兰佛寺壁画的年代可以定在公元 3 至 4 世纪，也正是佉卢文在鄯善国中流行的时代。这些壁画在表现形式上都带有浓厚的犍陀罗艺术风尚，这种文化色彩应该和徙居到鄯善的贵霜国移民有一定的关系。

玄奘在《大唐西域记》一书中记载道：瞿萨旦那国方圆有四千多里，一半以上的地区是沙碛，国境内有佛寺一百多座，僧徒有五千多人，大多研习大乘佛法。相传，印度孔雀王朝阿育王（公元前 304 ~ 前 232 年在位）的太子被人挖去了眼睛，阿育王一怒之下，就流放了

图 19 新疆若羌米兰 3 号遗址出土的有翼天使壁画（上）和释迦牟尼佛与六弟子壁画（下）（印度国家美术馆藏）

许多辅臣僚佐和豪门大族。这些人被迫迁徙到了瞿萨旦那国的西界，建立了自己的国家。不久，东土的一位皇子获罪被流放到了瞿萨旦那国的东界，并且自立为王。后来，两国发生了战争，东土王子获得了胜利。王子到了垂暮之年，苦于没有后嗣，于是就到毗沙门天王的住处去祈祷，从天神像的前额剖出了一个男孩。但是这个男孩却不吃人奶，国王怕他活不长久，只好再去请天神替他养育婴儿。这时，神祠前面的土地忽然隆起了乳房，婴儿靠吸吮这里的乳汁，终于长大成人，继承王位。从此，这个国家的人民就称他们是毗沙门天王的子孙，而瞿萨旦那就是"地乳"的意思。

玄奘书中提到的瞿萨旦那国，就是古代沙漠南沿的于阗国。《大唐西域记》中还记载了于阗国最早建立的佛寺与佛像，都和西北印度与中亚的贵霜帝国存在着密切的关系。1901 年初，斯坦因在和田县东北约 40 公里处玉陇哈什河的对岸发现了拉瓦克寺院遗址，它是一座平面接近于正方形的寺院，寺院的中间有一座三层圆形佛塔，直径大约有 9 米，塔的周围是长近 50、宽约 43 米的围墙，在南墙和西墙与南墙交接的一段发掘出了九十多尊浮塑的立佛像。从这些佛像身上，我们可以看到其中所包含的来自印度犍陀罗式和笈多式的艺术风格，它们的制作时代大约在公元 5 至 6 世纪之间，为我们探讨于阗国佛教与印度、中亚的关系提供了珍贵的实物资料。

1900 年底至 1901 年初，斯坦因第一次在新疆考古期间，曾经对和田东北沙漠之中的丹丹乌里克寺院遗址进行过发掘（图 20），为研究沙漠南沿的古代佛教美术带来了绝好的材料。丹丹乌里克 2 号寺址中有一幅精美的壁画，是以白描微施淡彩的技法画成的，画中是一位全身裸体的青年女子站在一个长方形的莲池之中，她的左下方有一个形如童子的裸体男子正双手抱着她的右腿，并且抬头仰望着；莲池的左侧画着一匹空马。这是根据古代于阗国龙女索夫的传说故事画成的，在《大唐西域记》中也有着精彩的描述：

在于阗王城东南一百多里的地方有一条大河，是国内人民得以灌溉农田的主要水源。后来河水突然枯竭断流了，河里的龙女凌波前来传话说：因为我的丈夫早死，使我没有了主夫之命可以遵从，所以河水才断流了。你们要是能在国内选择一位贵臣做我的丈夫，水就会像以往那样常流不断了。于是，于阗国王挑选了

图 20　1907 年斯坦因在新疆和田丹丹乌里克发现的 2 号寺院遗址

国中的一位大臣，让他骑着一匹白马走进了河中。过了一会儿，只有白马浮出了水面，从此河水又奔流不息了。

在龙女索夫这幅壁画中，龙女左下方形如童子的裸体男子，表现的就是龙女的新夫。

类似这样的于阗古代传说故事画在丹丹乌里克还发现了不少。例如在 10 号寺址中有一幅木板画，中间画着一位贵妇人，左边有一位青年女子用左手指着这位贵妇人的高发髻，这里表现的是东国君女把桑蚕的种子传到于阗的故事。10 号寺址中的另一块木板中间画着一位长着鼠头的神灵，左端是一位男子持着花正供养它。据《大唐西域记》记载，这位鼠神曾经帮助于阗国王战胜了匈奴人的侵犯。当年于阗国的佛教艺术家们把这些与佛教思想本来毫无关系的神话传说绘制在神圣的佛教殿堂之中，是为了充分表现他们的虔诚崇敬心情的，因为这些画中的人物曾经给于阗人民带来了幸福与安宁，在某种意义上说，它们与佛法的作用也是相近的。在丹丹乌里克 10 号寺址发现的木板画中，有一件

图21 丹丹乌里克10号寺址中的波斯菩萨绘板（大英博物馆藏）

双面的单人坐姿神像，一面画的是一个四臂武神形象，颔下画着浓重的络腮胡须，被斯坦因称为"波斯菩萨"（图21），因为它的确具有很多古代波斯人的形貌特征；它的背面画着一位三头四臂的神像，全身赤裸，腰间系着虎皮，身下坐着两头卧牛，面相又带有印度壁画艺术中的男子形象特征。它们所表现的可能是佛教中的某位天神和于阗当地的某位守护神。从画中我们可以清楚地看到来自波斯、印度的艺术风格对于阗国所产生的深远影响，以及这两种地区的文化特色又是怎样在于阗国中相互依存、共同发展的。

龟兹古国的神秘崖穴

在玄奘法师的《大唐西域记》卷一中记载了这样一个故事：古代龟兹国有一位国王，很崇信佛法，他打算去云游四方，瞻仰朝拜佛祖的圣迹，把国事委托给胞弟管理。国王的弟弟受命之后，暗地里割下了自己的生殖器，用一个金匣密封好献给了国王。国王问是什么，弟弟回答说："等陛下返驾以后，打开看就知道了。"等到国王游历归来后，立即就有人向他报告："国王命令弟弟监国，而他却淫乱宫中的妃妾。"国王大怒，要对弟弟严刑惩处。弟弟说："请大王打开那个金匣看一看，就知道是怎么回事了。"国王打开金匣，见里面放着一具被割断了的生殖器，原来当初王弟之所以这么做，就是为了防止谗言的陷害。从此，兄弟间的感情愈加深厚了。有一天，国王的弟弟在路上遇见一个男子，正赶着500头牛要去骟割，这些同样不幸的生灵的遭际使他倍加伤感："我现在形体已经亏损，难道不是因为前世的罪孽造成的吗？"他随即拿出财宝赎取了这一群牛。由于慈善的力量，竟使他的男性器官又逐渐具备了。国王知道了事情的始末，深感奇特，于是建立了一座寺庙，以使弟弟的功德流芳百世。

这个寺院就是古代龟兹国的阿奢理贰寺，即"奇特"的意思。龟兹国，是丝绸之路新疆北道上的一个大国，今天的库车和拜城一带，就是当年这个国家的中心地区（图18）。大约在公元2世纪中期，印度西北部贵霜王国的僧侣陆续进入中国翻译佛经、传播佛法，龟兹也就开始有人信仰佛教了。公元3世纪中期，有不少龟兹国的著名高僧来到三国时代的曹魏国，为弘扬佛法做出了自己的努力。到了公元4世纪，龟兹的佛教已经相当盛行了，据史书记载，当时有僧侣1万多人，仅都城一带的佛寺佛塔就有1000多座，连王宫里都供奉着雕塑佛像，有的寺院装饰华丽，规模极为宏大。公元5～6世纪，是龟兹佛教发展的鼎盛时期，连续兴起了一系列的石窟寺院。公元7世纪，玄奘去印度经过龟兹国时，发现这个国家在管弦歌舞方面的技艺，明显地超出邻近的其他国家。这里佛教徒们研习的是小乘佛教，在教义、戒律上都直接取法于印度。而小乘佛教是很重视信徒们的个人修行的，那些开凿在幽静山林中的石洞穴，更能适合出家人的胃口。于是，龟兹国的佛教僧侣们就选择了以石窟作为佛寺的一种重要形式。

在龟兹国东西狭长的地界里，散落着不少石窟群，库车和拜城两地是它们最

图22 新疆拜城克孜尔石窟外景

集中的区域。其中库车有库木吐喇、克孜尔尕哈、玛扎伯哈、森木塞姆，拜城有克孜尔、台台尔、温巴什，新和县有脱克拉克埃艮等。克孜尔石窟是龟兹地区规模最大、延续时间最长的石窟群。

克孜尔石窟，位于今拜城县克孜尔镇东南木札提河谷北岸的悬崖上（图22），共有236所洞窟，其中有70多所保存有壁画。最早的洞窟建于公元3世纪末或4世纪初，最晚的建于7世纪末至8世纪初。这些洞窟原先大部分是属于一座座寺院的，在相对独立的寺院里，有佛堂、讲堂、说戒堂、僧房和其他生活用房。如今，我们从洞窟的形制上看，则包括用于礼拜的中心柱窟和大像窟，用于讲经的方形窟，以及僧人起居用的僧房和坐禅修行用的小禅窟等。由这些不同性质的洞窟相互搭配组合，就构成了一个个功能完整的寺院体系。

提供给僧侣们礼拜佛祖的中心柱窟和大像窟，是石窟群体里的中心环节。这里所谓的中心柱窟，并没有在窟室中间留出塔柱。我们在前面已经了解了印度的塔堂窟，当那种环绕着佛塔往复礼拜的思想传到龟兹国时，便被这里的信徒们接

图23 新疆拜城克孜尔石窟第8窟主室内景（7～8世纪）

受下来了。但是克孜尔石窟所在的砂岩质地太松散了，不能完全模仿印度那样开出高大宽敞的窟室。于是，工匠们按照僧侣们的主导思想，把西方的塔堂窟变成了一个长方形纵券顶的宽大洞窟，在正壁中部开凿一所佛龛，安置释迦牟尼像，作为窟内最主要的崇拜偶像。然后再在正壁主龛的两侧分别向内凿一个半圆形的甬道，这样就可以环绕着甬道做礼拜，而中心留出的粗大实心体和正壁的佛龛，就象征着印度塔堂窟里的佛塔了（图 23）。大像窟的使用功能也是这样，所不同的是，在这种洞窟的主室正壁不开龛，而是塑制一尊身高在 10 米以上的大立佛像，在大佛的两侧下方同样向后开凿了可供信徒们礼拜的甬道（图 2）。龟兹国独创的中心塔柱窟和大像窟就这样诞生了。

中心柱窟里的壁画内容，是以释迦牟尼为主题而展开的：在前室正壁佛龛的上方，一般画在未来世界成佛的弥勒菩萨说法图（图 24）；窟顶的中脊绘出日、月、风神等天象图和持钵立佛像；在纵券顶的正中画金翅鸟、飞翔的立佛、风神、日、月等，以表示天空；在纵券顶的弧形面上画菱形格交错排列的佛救度众生的因缘和本生故事画（图 25）；在左右两侧壁分出上下两层方格，格内画以佛为中

图 24 新疆拜城克孜尔石窟第 38 窟主室前壁（3～4 世纪）

图 25 新疆拜城克孜尔石窟第 38 窟主室券顶菱格壁画全景（3～4 世纪）

图 26　新疆拜城克孜尔石窟第 38 窟后甬道（3～4 世纪）

心的佛传故事。在以甬道构成的后室壁面上，一般是围绕着释迦涅槃的情节来绘制壁画，有释迦太子降生、入涅槃与众弟子举哀图、焚棺图和八位国王分舍利供养图等（图 26）。

为什么要在礼拜窟中绘出这么多与释迦有关的故事画呢？这是因为小乘教徒是很注重个人修行解脱的，而坐禅修行又是龟兹小乘佛教的一个重要特征。禅是印度梵文"静虑""思维修"等意思，它要求佛教徒要"心注一境、正审思虑"，排除现实中的一切杂念，最后达到彻底解脱的境界。既然佛教徒们在坐禅时是以释迦牟尼为榜样，那么佛在累世修行中的成功经验对于他们来说是无比珍贵的。因此，他们要先去观看：进入中心柱窟，首先看到的是正壁龛内的佛塑像，再看侧壁与窟顶的佛传、因缘、本生画。然后向右绕行进入甬道，看到的是佛诞生时的情景，转到后室是佛涅槃的场面，再转到另一条甬道有八王分舍利和建塔供养的壁画。像这样反复地右旋礼拜观看，次数越多越能表现出他们虔敬的礼佛之心，越能使佛祖一生与前世的光辉形象深入他们的心灵之中。接下来就是独处寂静的禅室之中去冥想。这种观与想的结合，就为他们架起了一座通向幸福彼岸的桥梁。

据唐代高僧义净（635～713 年）翻译的《根本说一切有部毗奈耶杂事》记载，古印度王舍城的国王阿阇世皈依了佛法，成了佛的俗家弟子。当佛涅槃以后，佛的大弟子迦摄波恐怕阿阇世王乍听到噩耗，会经受不住而呕血死去，就把他身边的亲信大臣行雨找来，预备了几个供急救用的装满生酥和牛头旃檀香水的澡罐，然后把国王请到了花园中。阿阇世王在园中看到了一幅行雨为他展示的《四相图》，上面画着释迦牟尼的出生、降魔成道、第一次给弟子说法（初转法轮）、涅槃等情节，向他暗示着佛祖一生必然要走过的道路。阿阇世王猛然醒悟：佛已经涅槃了！他号哭了几声，便昏厥过去了。大臣们急忙把他放进生酥中，再投入香水罐内，才渐渐使他苏醒。在第 205 窟左甬道的内侧壁，就有一幅描写这个故事的壁画，它是在通过阿阇世王闻佛涅槃的情景，来间接地向信徒们叙述佛的生平。可惜的是，这幅精美的壁画早已被德国人切割去，并毁坏于第二次世界大战中了（图 27）。

本生，就是关于佛祖前生的各种行善、舍己为人、大智大勇的故事。按照佛教的观点，释迦牟尼也是经过了累世的修行，才最终达到了涅槃的境界。到达彼岸世界的修行有六个方面，即布施、持戒、忍辱、精进、禅定、智慧。而佛在前生，不论曾是国王、太子、普通人，还是鹿、狮、猴、兔等，都称得上是众生学习的典范。

第 38 窟主室券顶东侧壁，有一幅菱格画，画着一位上身裸露的男子，双手托膝，

图 27　德国柏林印度艺术博物馆藏克孜尔第 205 窟西甬道内侧壁阿阇世王知佛涅槃故事画（4～6 世纪）

图 28 克孜尔第 38 窟主室券顶东侧壁慈力王本
生（3～4 世纪）

图 29 克孜尔第 17 窟主室券顶东侧壁萨薄燃臂当炬本
生（4～6 世纪）

坐在高方座上。他的左右两侧各坐着一个蓝色皮肤的夜叉，双手前举（图 28）。这里描写的是《贤愚经》里的一段故事：佛在前生曾经是一个国王，叫慈力王，他乐善好施，爱护黎民百姓，使得国内民风纯正、四海仰慕。那时候，有五个昼宿夜行的恶鬼夜叉，专靠吮吸人的血液来生活。但是在慈力王统治的地方，正气旺盛，邪恶鬼魅们都不敢靠近这里的人们，这五个夜叉就没有人血可饮了。当他们饿得奄奄一息的时候，只好挣扎着去恳求慈力王救他们一命。慈力王看到他们一个个疲惫憔悴的样子，垂怜之情难以抑制，于是毅然拿起一把刀子在两条腿上刺破五处，鲜红的血水滚滚而出。五个夜叉急忙爬起来张口痛饮。不一会儿，夜叉们恢复了元气，再次跪在慈力王的面前，感谢他的大恩大德。慈力王告诫他们今后要改恶从善，修成正果。五个夜叉俯首听命，然后高高兴兴地跳跃而去。

像这样的菱格本生故事画还有很多，都是用一个最主要的情节来概括故事的全部内容。如第

17 窟主室券顶西侧壁菱格画中的快目王施眼本生，讲的是一个婆罗门双目失明了，他请求快目王把自己的眼睛施舍给他。快目王立即给他一把刀，让他剜去了一只眼。再如第 17 窟主室券顶东侧壁的一幅菱格本生故事画，描写的是萨薄与 500 商人行走到山谷间，四周漆黑一片使他们迷失了方向，萨薄就用白毡缠着自己的两条臂膀，再灌上酥油点燃了，用这两条人臂作的火炬指引着众商人走出了黑暗的山谷（图 29）。还有第 38 窟主室券顶西侧壁的一幅菱格本生画，画的是梵王梦见了一只锯陀兽，长着美丽的金色皮毛，就招来猎师前去搜寻捕捉。有一位猎师进山搜捕时遇难，被那只锯陀兽救了性命，最后，锯陀兽还向猎师施舍了自己身上的金色皮毛等。这一桩桩感人的故事，会使信徒们深深地感受到佛祖心灵的慈善与伟大。

克孜尔石窟的壁画艺术不仅体现着强烈的龟兹国特有的风格特征，还可以使我们看到来自印度和中亚波斯文化的影响成分。这些艺术现象，充分显示着龟兹地区与葱岭以西地区文化间的内在联系。

"沙漠中的烽火台"

我们知道，烽火台是古代的军队用于传递紧急军情的。在新疆库车县西南约 30 公里处，有一个叫作库木吐喇的地方，是维吾尔语的译音，意思就是"沙漠中的烽火台"。但这个名称目前却成了古代龟兹地区第二大石窟寺群的代名词了。

库木吐喇石窟群，分布在渭干河下游东岸的山麓和断崖上，分为南北两区，彼此相距约有 3 公里，其中北区有编号洞窟 80 个，南区有编号洞窟 32 个。这个石窟群的开凿时间比克孜尔要晚一些，大约在公元 5 世纪，而最晚的洞窟则是 11 世纪或稍晚些的作品。清代的地理学家徐松（1781 ～ 1848 年）曾经对这里进行过考察，在他的《西域水道记》中这样记载道：在渭干河边的丁谷山西陡峭悬崖上，有五所高丈余、深二丈多的石窟，里面的壁上凿了几十尊佛像，还保留着色彩斑驳的痕迹。在洞门口的石柱上，可以辨认出"建中二年"字样，还有一位沙门（僧人）的题名。这是中国古代文献中有关库木吐喇石窟最早的记录。建中是唐德宗李适（779 ～ 805 年在位）的年号，建中二年也就是公元 781 年。在这距内地遥远的龟

图 30　新疆库车库木吐喇石窟谷口区第 21 窟主室穹隆顶壁画

兹国土中，果真会有汉人的艺术作品吗？让我们去看看库木吐喇的实际情况吧。

　　库木吐喇石窟的洞窟形制主要是中心柱窟、方形窟和僧房窟等。中心柱窟主室的平面为长方形，纵券形顶，在正壁的两侧凿出甬道，分别连接着后室或后甬道，僧侣们可以环绕着甬道做礼拜，这些都与克孜尔石窟差别不大。方形窟的平面是方形或长方形的，顶部大部分是纵券形，有的在地面正中靠后的地方设置一个方形低坛。所有洞窟的塑像都已经不存在了，壁画一般是绘制在中心柱窟和方形窟的壁面上。年代早一些的壁画，仍然是和克孜尔相似的有关释迦牟尼的本生、因缘、佛传故事内容，在中心柱窟券顶的两侧壁上也有使用菱形格山峦的表现形式，具有显著的龟兹艺术特色。有的方形窟的顶部为穹隆形，如谷口区第 21 窟，顶部中心绘一朵大莲花，四周画十三身装饰、姿态各异的立菩萨像，在肌肤部位有凹凸晕染，形象生动，色泽如新，也表现着龟兹绘画风格（图 30）。但有一批中期以后开凿的洞窟却出现了新的情况，如第 10～14 窟，第 15～17 窟，第 68～72

窟，第 42、45 窟，第 74、75、79 窟，第 7～9 窟等，它们的洞窟形制虽然还是龟兹人所创造的固有样式，但里面的壁画内容却大为改观了。

第 15～17 窟是统一设计开凿完成的，排列成了"品"字形。第 16 窟居于三室的主要地位，是一所中心柱窟。有趣的是，在这个龟兹式的礼拜窟主室两侧壁，却绘着场面巨大的经变画。所谓经变，就是用图画的形式来说明佛经内容。北壁画的是《药师经变》。据玄奘翻译的《药师琉璃光如来本愿功德经》等经典的记载：药师佛是东方净琉璃世界中的教主，当他还是菩萨的时候，曾经发过十二大愿，要解救所有苦难中的生灵。药师成佛以后，凡是敬奉他的人，死后可以不被坠入畜牲和地狱道中，可以摆脱生、老、病、死、盗贼、难产等等痛苦，甚至可以免掉九横死，即九种非正常性的凶死。这幅大经变画的中间部分已经看不清楚了，而两侧相配合的条幅画中，西侧是"十二大愿"，东侧是"九横死"的情节，而且都有汉文的墨书榜题把内容写得明明白白。

第 16 窟主室南壁画的是《观无量寿经变》，这是根据刘宋畺良耶舍（383～442年）《观无量寿佛经》的内容绘制的以无量寿（即阿弥陀）佛为主宰的西方极乐世界的繁华场面。画面的中间部分，在天空中悬浮着各种不奏自鸣的乐器，下面有水榭楼台、歌舞伎乐等，好一派幸福欢乐的情景（图 31）。在画面东西两侧的条幅画中，表现的是经中"未生怨"和"十六观"的故事情节，描写古印度的阿阇世王心生恶念，幽禁自己的父王母后。王后韦提希祝愿自己能脱离苦难的现实，往生到西方极乐世界中去，于是释迦牟尼前来为她讲说十六种可以往生的观法的情景。画面的旁边也都有汉字解说榜题。

这种大幅经变画，在新疆地区还没有发现相同的画例，但我们却在敦煌莫高窟的唐代石窟中看到了不少

图 31 新疆库车库木吐喇石窟第 16 窟《观无量寿经变》壁画中的飞天、乐器、楼台（8～9 世纪）

图 32　新疆库车库木吐喇石窟第 45 窟主室右券顶千佛壁画（8～9 世纪）

同样题材的壁画。药师和无量寿佛，都是大乘佛教尊奉的神灵，与龟兹地区早期流行的小乘佛法是有区别的。另外，第 16 窟经变画中的人物，无论是佛还是菩萨、天人，都是标准的汉族地区唐代佛教人物形象，表现出了浓郁的汉族绘画风格。与此同时，在库木吐喇的其他具有同样汉风的洞窟中，有的在中心柱窟的甬道、后室侧壁画出立佛和立菩萨，然后在像的旁边用汉文题写着"南无阿弥陀佛""南无救苦救难观世音菩萨"等名称；有的在窟顶画出莲花、团花、茶花、云头等中原地区流行的图案；还有内地汉族石窟中盛行的大乘千佛题材画（图 32）。在有的壁画下面，还绘出了头戴幞头、穿盘领窄袖长袍的汉族供养人像，也就是出钱开洞窟的主人自己的模拟画像，他们的服装完全是唐朝式样的。看来，在公元 8 至 9 世纪间，确实曾有不少来自内地的唐朝画工在这些洞窟创作描绘壁画。

在古代的龟兹国里，怎么会有这么多的汉人绘制的佛教壁画呢？我们翻开历史书，就会发现在唐朝建立之初，唐太宗李世民（627～649 年在位）曾于公元 648 年把控制西域的安西都护府转移到了龟兹，下面统辖着焉耆、于阗、疏勒以及龟兹四个镇。到了武则天执政时期（690～704 年）的公元 692 年，又再一次确立了龟兹的重要军事地位，并派遣了多达 3 万人的汉兵驻守在那里。从此，内地的汉文化便在龟兹地区产生了巨大影响。那些远离故乡的戍卒们，身居大沙漠的腹地，在孤寂的军旅生活中，是非常需要一种精神寄托的，更需要西方的佛祖保佑他们能早日与家人团聚。于是，龟兹地区的汉人寺院就建立起来了，内地的一些僧人也就来到这里主持佛事活动。新罗僧人慧超于公元 727 年从印度游学归来，途中经过龟兹，他看到了两所由汉族僧人住持的佛寺，其中大云寺主秀行，原先是长安七宝台寺的僧人。公元 690 年，武则天曾经命令在普天下各州中都要建立一所大云寺，以纪念她荣登女皇宝座的功德。看来，这个圣旨宣布不久，在长安以西遥远的天山南麓，就有一所大云寺建造起来了。我们可以想象当时长安和库车两地间的往来关系是多么的密切。

让我们再回到库木吐喇，就会明白那些数目可观的汉风壁画石窟，原来也是客居龟兹的汉族人捐资开凿、由汉族僧人担任住持的佛寺！那些汉族的佛教信徒们有着大乘佛教的信仰习惯，喜欢欣赏用汉族技法绘制的佛教人物形象。在这些汉风壁画洞窟中，思念故乡的游子们就如同走进了家乡的佛堂，面对那些塑绘出来的佛祖真容，他们可以寄托心中无限的祈祷与祝愿。

焉耆县的"千间房子"

在今天的新疆焉耆回族自治县一带，是汉朝至唐朝的焉耆国所在地（图 18）。当年玄奘去印度取经，从今天属吐鲁番地区的高昌国向西出发，第一个到达的就是焉耆国。在玄奘的《大唐西域记》里，我们可以看到一些焉耆国的情况：

阿耆尼（即焉耆）国的幅员东西有 300 多公里，南北 200 多公里。这个国家的大都城方圆 3 公里以上。四面有山作为屏障，道路艰险难行，因而易于防守。境内泉水溪流交织如带，水便被引来灌溉田地。……四季气候温和，舒畅宜人。风俗淳朴，人们真挚相处。……国境内有寺庙 10 余座，僧徒有 2000 多人。他们研习的是小乘教说一切有部……这些信徒恪守戒律仪轨，持身清洁，刻苦勤奋……

玄奘看到的焉耆国佛教盛况，已经一去不复返了。从焉耆县向西北大约行走 30 公里，有一处保存着很多古代遗址的地方，叫七格星明屋，这是维吾尔语，意思就是"千间房子"，它是由南、北两个寺院遗址和一个小型的石窟群所组成的（图 33）。南、北大寺的规模是相当可观的，如果要用"千间房子"来形容当年这里的佛寺景象，是再恰当不过了。它们都是由大殿、僧房、佛塔等建筑遗迹构成的，这些建筑物的墙址是采用土坯间杂苇草的砌筑方法，很可能是唐朝到元

图 33 新疆焉耆七格星佛寺遗址

朝期间的建筑遗址。但从南大寺的大殿后面所采集到的残佛、菩萨造像，以及一些残砖的情况看，这处寺院的开创时间就可以上推到南北朝时期了。

在北大寺西北山的南面，大约开凿了 10 所石窟，其中有与克孜尔石窟群中相同的洞窟形制。但第 1、2、3 等窟的构造显得比较特别：在洞窟的地面当中设置了一个长方形低坛，低坛的后面立着一个大背屏直通窟顶，环绕着这个低坛和背屏，同样也能起到中心柱窟的功能与使用效果。这就是模仿地面寺院殿堂做法的佛坛窟，在新疆的其他地区，我们没有发现与它们类似的石窟，但在位于焉耆东方的敦煌莫高窟中，晚唐与五代时期流行的大型佛坛窟基本就是这样的形制。另外，焉耆佛坛窟顶部画出的云朵纹、缠枝花纹，以及第 4 窟主室窟顶画着以波状套连的枝蔓组成的一幅大图案，每一个单元内都画一尊菩萨或化生童子，枝蔓上还缀饰着云头、茶花和卷叶纹样，都具有强烈的汉民族艺术风格。公元 692 年，武则天把焉耆确立为安西都护府下面的四镇之一，因此汉族人在这里的活动应该是很频繁的。那么，七格星石窟里的汉族洞窟形制和壁画风格，可能是在 8 世纪以后由汉族僧侣传到这里来的。从七格星第 7、8 窟里残存的壁画，我们又能看到龟兹风格的菱形方格纹，这种艺术手法自然是来自库车、拜城一带了。这些艺术现象，表明了东来西往的佛教僧侣，都在焉耆这个沙漠北道中的重镇，留下了深深的文化烙印。

在焉耆国的南、北大寺遗址表面，我们可以看到当年曾经发生过火灾的迹象，但目前不论是寺院还是石窟，我们都极难找到当年最主要的崇拜偶像——雕塑像的踪迹了，这是历史给现代的中国人留下的遗憾。早在 20 世纪初期，英国探险家斯坦因、德国探险家勒科克等人就曾经对焉耆国佛教遗迹进行过调查与发掘，将大量的精美佛教雕塑品运到了国外，主要收藏在大英博物馆、柏林亚洲艺术博物馆。这些雕塑品绝大多数是在公元 7、8 世纪期间制作的，相当于汉族内地的唐朝最盛期，也是焉耆国佛教发展的高峰期。下面，我们就来看看这些早已流往域外的焉耆国佛教雕塑的大概情况。

柏林亚洲艺术博物馆收藏了一件泥塑坐佛像，是勒科克从七格星石窟中得来的，这尊塑像有 66 厘米高，在肉髻与发髻的表面装饰着水波纹。佛的面相呈瓜籽状，双目俯视着下方，充满了慈悲的情怀。它的眉毛与鼻子的做法完全是犍陀罗佛雕塑像的特征，而整体的面相也给人以欧洲白种人所特有的形象感。它身穿着袒裸右肩式的袈裟，衣服紧贴着身体，衬托出了挺胸、细腰、收腹等优美的体型特征（图 34）。从它的身上，我们可以看到犍陀罗的雕塑艺术风格即使到了公元 7、8 世纪，也仍然对沙漠北道上的国家产生着的影响。当然，犍陀罗风格的影响力已远不如早期那样强烈了，因为，焉耆国在继承犍陀罗传统艺术的同时，还在吸收着大唐帝

图 34 德国柏林亚洲艺术博物馆藏七格星石窟坐佛塑像（7～8 世纪）

国的文化素养。例如，在七格星石窟洞中发现的立佛塑像当中，就不乏与唐朝佛像相似的。

　　七格星石窟中的天人塑像都具有浑圆的面庞，下颌稍尖，眉与鼻的塑做保持着希腊、罗马雕塑的传统，但在整体面相上却是龟兹地区所常见的。天人的头上一般都戴着花冠，长披覆在双肩之上，袒裸着上身，佩戴着项圈、臂钏、璎珞、手镯等装饰，下半身穿着长裙，体型给人以丰满、健康的感觉。它们一般都披戴着帔帛，并且在双肩的后面绕成了大半个圆环（图 35），表现了丝绸之路新疆北道上天人塑像的共性，因为在龟兹国所包含的拜城与巴楚等地区都曾经发现过类似做法的天人塑像。看来，焉耆国的天人像也是主要继承着龟兹国的艺术传统，这是它们发展的主流。同样，在七格星明屋的佛寺遗址中，也发现了少量的与唐朝菩萨像风格完全相同的泥塑天人头像。这些天人塑像很像大乘佛教雕塑中的菩萨像，但它们所代表的并不是菩萨。天人指的是生活在天界乐土之中的众生，它源于古代印度的民间信仰，后来被小乘佛教的思想所吸收了，于是就成为信仰佛法的神灵，在七格星石窟中也找到了它们自己的位置。按照玄奘法师的记载，焉耆国当时流行的是小乘佛教，小乘认为，在现在这个世界，佛只有释迦牟尼一人，教徒们修行所能达到的最高目标只能成为脱离轮回之苦的阿罗汉。那么，对于一般的信众而言，如果能在来世上升到天界中去，也是一件快乐之事，因为在他们的眼里，天界毕竟要比人间美好得多，所以在焉耆国小乘佛教的寺院与石窟之中，就制作出了这么多的天人偶像。

　　七格星明屋中出土了大量的被西方探险家们称作"婆罗门"的泥塑像，表现出了极为鲜明的中亚人

图 35 德国柏林亚洲艺术博物馆藏七格星石窟天人塑像（7～8 世纪）

的形象特点：它们一般在头顶用布包裹着发髻，大眼高鼻，凝眉瞪目，留着八字形髭与络腮虬髯，一脸的愤怒相。从保存完好的几尊全身像我们可以看到：它们都是上身赤裸着，仅仅穿着短裤，而在上身表面却装饰着与菩萨像相同的项圈、璎珞、臂钏、手镯等，帔帛也是在双肩的后面绕成了大半个圆环（图 36）。婆罗门在古代印度属于社会中的最高种性，在佛教徒的眼里，他们是外道，是被佛陀释迦牟尼度化的对象。在释迦众多的弟子当中，许多人在追随释迦之前，就是婆罗门教的信徒。在佛教艺术中，婆罗门教徒常常被表现为全身赤裸、仅围着遮羞布的形象，而且个个形体干瘦、弯腰驼背，与佛陀健康的形象

图 36 德国柏林亚洲艺术博物馆藏七格星石窟婆罗门塑像（7 ～ 8 世纪）

形成了鲜明的对比。但七格星明屋出土的这些婆罗门塑像，却个个身体饱满、健壮有力，而且为数众多，佩戴着与天人像相同的装饰品。婆罗门像大量出现在七格星明屋之中，是为了充分表现佛陀普度众生的伟大业绩，它们与天人塑像一道，在艺术设计方面也起到了陪衬佛陀光辉形象的作用。

　　在七格星明屋中，还出土了不少身披铠甲的武士塑像，马、象等动物形象，以及用范模制作的烧砖天人像等，它们可能是为了表现特定的佛教内容而设计的。还有一块反映某个佛教故事的木雕像，表现的是佛陀释迦牟尼传播佛法的故事情节。从这些雕塑遗物中，我们可以了解到：当年的焉耆七格星明屋不仅具有规模宏大、辉煌壮观的佛寺建筑，而且在寺院与石窟当中还制作了丰富多彩的精美雕塑作品。在这些佛教人物塑像身上，不仅凝聚着佛陀的伟大思想，也给信众们带来了通往佛国净土世界的希望。

火焰山下的清静乐土

在古典小说《西游记》里，孙悟空保护唐僧往西天取经，途经火焰山，向铁扇公主借用芭蕉扇的故事，早已是家喻户晓了。这个火焰山，就位于吐鲁番的东部。有趣的是，在火焰山下这片美丽富饶的绿洲之中，曾经培育出了耀眼夺目的佛教艺术之花，为火热的吐鲁番盆地带来了一缕清爽宜人的雅静空气。

相传，汉武帝曾经派遣了一支征讨西域的军队，经过吐鲁番盆地时，有一部分人就留下来不想走了。这批定居下来的汉朝官兵看到这一带地势高敞、人庶昌盛，就把这个地区称作高昌。从此以后，高昌就成了内地政权经营西域的一个前沿重镇。公元460年，阚伯周（？～477年）在高昌建立了一个相对独立的国家，以后，高昌国的国王相继由阚氏、张氏、马氏、麹氏担任。公元628年，玄奘西行到达高昌，被当时的高昌王麹文泰（？～640年）尊为上宾。麹文泰不但拜玄奘为国师，还与他结为兄弟，并且常常带着自己的妃子去寺院听玄奘讲经说法。麹文泰深知玄奘学识渊博、见识非凡，建议玄奘留在高昌参与他的治国大业。但玄奘却立志要前往西天，并以绝食来表示自己的决心。麹文泰只好向玄奘赠送了大量盘缠，依依不舍地把玄奘送到了百里开外的交河岸边。

公元640年，唐王朝统一了高昌国，在这里设置了西州，进行行政管理。到了公元840年，回鹘人又在吐鲁番地区建立了高昌国。回鹘是中国北方一个古老的民族，以前主要在天山以北至蒙古草原上的克楞格河、鄂尔浑河流域过着游牧生活。直到公元1283年，回鹘王室臣属于蒙古人后被迫东迁到甘肃永昌，他们在吐鲁番盆地生活了近400年时间。据历史文献记载，唐代的高昌人口已达到了37000多，佛教寺院有50多所，都是唐朝赐的寺额。这一带除了佛寺以外，还有摩尼教的寺院，来自中亚波斯的僧人，都严格遵守着自己的宗教法规。于是，吐鲁番盆地就成为内地汉文化，中亚的波斯文化，以及回鹘民族文化的交汇点了。而吐鲁番一带保存至今的吐峪沟、柏孜克里克和雅尔湖石窟，就清晰地反映出了这些文化相互碰撞的艺术面貌。

吐峪沟石窟位于鄯善县西南约40公里处，高昌故城东北约15公里的吐峪沟内。这里的洞窟有40多所，而仍保存有壁画的却不到10个。没有壁画的洞窟大部分是供给僧侣们居住用的僧房窟，有壁画的洞窟主要是中心柱窟和方形窟。中心柱窟的平面呈方形或长方形，在洞窟中部有直通窟顶的方形塔柱，塔柱的侧面开凿出佛龛，四周形成可以右旋做礼拜的甬道，甬道的顶部为券顶，有的近似于平顶，左、右、后甬道与塔柱前的窟顶高度很接近。很明显，这里的中心柱窟，是直接模拟了方形塔的样式，与龟兹地区的低矮甬道做法有很大的不同，而与敦煌莫高窟北朝时期的中心柱窟却比较接近。方形窟的平面有方形或长方形两种，有的方形窟在后壁和左右侧壁凿出供僧侣坐禅修行用的小禅窟，又和莫高窟北魏晚期开凿的第285窟很相似。还有的方形窟在窟内中央有一个高度在1米左右的方形柱体。方形窟的顶部形制，有纵券顶、覆斗顶和穹隆顶等几种。

从残存有限的洞窟壁画来看，千佛壁画是中心柱窟里的主要题材，几乎布满了窟中的各壁面。在有的方形窟四壁和顶部也出现了千佛壁画。那一尊尊用妙笔绘出的小坐佛像，横竖整齐地排列着，这种表现形式和莫高窟北朝洞窟中的千佛比较接近。

吐峪沟第44窟，是一所制作精美的方形窟，在地面中间置有方坛。平顶中间凿出隆起的圆形藻井，藻井中央是一朵硕大的莲花，在四周的莲瓣之间各放射出了一条白线，白线之间又各画着一身立佛像，下面再绘两周坐佛，如同在光芒中显现的千佛。藻井以外顶部绘制环形分布的千佛（图37）。在窟内四壁，上半部壁面绘制千佛，中层采取连续衔接的方式画出了大约20多幅本生故事画，每幅都是横长方形的，在独立的画面里，又有几行白色竖写的榜题，这样交错安排着故事里的几个情节。例如在正壁的一幅中，用三个典型的情节描绘出了羼提婆梨本生故事：

有一天，迦梨王率领群臣和宫女们进山游观，感到有些疲劳，就卧地休息。宫女们乘机去别处玩耍，她们看见一位仙人在一个草庐中端坐思维着，心中对他充满了敬意，于是纷纷向这位仙人撒花。原来是羼提婆梨仙人正在这里修行忍辱。迦梨王一觉醒来后，发现宫女们都跑去听仙人说法了，顿时大怒，便提着一把宝剑来到仙人面前。迦梨王听羼提婆梨说他在修行忍辱，就提剑砍下了他的手和脚。看见仙人不为所动，又用剑削去了仙人的耳朵和鼻子。只见仙人仍面不改色，口称"忍辱"。迦梨王问他用什么来证明？羼提婆梨回答说："我如果没有动一丝

图 37　新疆吐鲁番吐峪沟石窟第 44 窟内景（约 6 世纪）

一毫的怒意，就让我的肢体立即复原如初。"话音刚落，仙人的肢体就愈合如初了，迦梨王不得不口服心服。

第 44 窟其他可以辨认出的本生故事画，还有慈力王施血济夜叉、昙摩钳太子舍身求法、尸毗王割肉贸鸽、毗楞竭梨王身钉千钉等。在每一个情节画面的旁侧，都有用墨书写成的汉文榜题，来解释画面中的内容。这种本生故事画的表现方式，与龟兹地区的菱格状单幅故事画完全不同，而与莫高窟北魏中期第 275 窟的本生故事壁画非常相似。另外，在这些故事中，还出现了穿汉民族服装的人物形象。这几个方面说明了，高昌地区的佛教艺术有直接来自汉族地区的成分，而吐峪沟这些带有汉风壁画的洞窟，有的是制作于唐代以前的高昌国时期，当时很可能就有汉族的工匠参与其事。

柏孜克里克石窟，位于新疆吐鲁番东北约 50 公里的木头沟内、木头沟水西岸的断崖之上（图 38）。这里的石窟结构比较特殊，一种是在崖间开窟，前面再由土坯垒砌成前室。另一种则完全是用土坯砌成，再装饰成石窟的样式。洞窟的形制主要是方形窟、长条形窟和中心柱窟。其中，平面呈长条形的洞窟是最有特色的，洞窟的进深是宽度的好几倍。有的洞窟在正壁筑出像坛，用来安置佛像，有的则在洞窟的左右壁塑出立像，不过这些塑像都已经不存在了。中心柱窟的数量虽然不多，但有一种是在塔柱的体内凿空，形成了独立的方形窟，而顶部则高高隆起呈穹隆状，是较为别致的做法。目前，在柏孜克里克发现的石窟已经超过了 80 所，最早的大约开凿在唐代，绝大部分是属于回鹘高昌国时期，个别的则可以晚到元代初年。

图 38 新疆吐鲁番柏孜克里克石窟外观

柏孜克里克，就是维吾尔语"美丽的装饰之所"。的确，这一带石窟里绚丽多姿的壁画艺术，曾经令外国探险家们叹为观止。1904 ~ 1905 年间，德国探险家勒科克在这里剥取了数百箱精美壁画。1914 年底来这里的英国考古学家斯坦因，后来在他的《西域考古记》里赞美柏孜克里克说："就丰富和美术方面而言，吐鲁番盆地中任何同样的遗址都比不上，而同敦煌千佛洞丰富的古画可以相抗衡。"

在柏孜克里克最具特色的壁画，应当首推因缘故事画，他们大都画在窟室的左右侧壁或甬道的侧壁上。所谓因缘，就是指形成事物、引起认识和造就"业报"等现象所依赖的原因和条件。佛教认为，人们在现实社会中所遇到的各种痛苦和疑难问题也都是由某种因缘造成的，只有虔诚地信仰佛教，才能正确地认识到现象后面的本质。在佛教世界各式各样的人物当中，释迦牟尼自然是向人们讲解因缘的最佳人选了。所以，因缘故事画，一般是以佛为中心，而位于佛的下角部位的人物则往往代表着这个故事所反映的内容，龟兹石窟中的菱格因缘故事画就是这样的。而柏孜克里克石窟里的因缘故事画都比较壮观，都是长方形的画面，一尊高大的立佛像占去了画面中央绝大部分面积，而在立佛的两侧空隙处填充着弟子、菩萨、诸天神、护法金刚力士和各种世俗人物等形象。点明画面主题的情节和人物，一般是画在立佛下方的两侧。

德国柏林亚洲艺术博物馆收藏的一幅取自柏孜克里克第20窟北甬道内侧壁的壁画，是该石窟因缘故事画中的代表作。这幅画高3.6米，宽2.3米，画幅上端的垂帐下面，有用中亚婆罗密字夹用梵文写成的一句话，它的大意是：当本商主看见天宫具力神驾临河边时，随即将这尊神渡往河的对岸。画面中央是一尊高大的立佛，佛举起右手，像正在说法的样子，佛是站在一只平底木船上，船又是放置在水波之中（图39）。在立佛的两侧，共画着九位供养礼拜人物，其中上方是二弟子与二菩萨，并不表示特殊的含义。而下方的五位世俗人物是跪拜供养于水池岸边，应与这个画面的情节有关：有黑须黑发红眉绿眼者，有褐须红眉黑眼珠者，

图39 德国柏林印度艺术博物馆藏取自柏孜克里克第20窟北甬道内侧壁的因缘故事壁画（9～12世纪）

有发须全白的老者，有发黑须灰眉黑眼尖鼻长者。这五位人物的帽子与服装完全是来自中亚波斯国的样式，我们在画面的左下侧还能看到驮着圆顶宝箱的骆驼和灰毛驴。因此，这五位世俗人物，正是当时来自中亚波斯国商旅的真实写照。

除了因缘画，经变画也是柏孜克里克石窟的重要壁画题材，一般是画在洞窟的侧壁和顶部。其中《涅槃变》《净土变》《法华经变》《药师经变》等，在构图上有的和敦煌莫高窟的唐代经变画有明显相似的地方，说明了回鹘佛教是

深受中原地区影响的。千佛壁画也是这里常见的题材，在有的千佛像背后还画着悬幡佛塔，有的还用汉文题写着佛名。位于窟门两侧前壁上的回鹘族供养人像，很具有时代与民族地方特色：其中的男供养人像身穿盘领长袍，腰间束带，头上戴着桃形高冠，颌下留着络腮胡须。德国柏林亚洲艺术博物馆收藏的第20窟的"沙利家族人像"是男供养人中的佳作。该博物馆还收藏了一幅取自第20窟的女供养人像，画的是两位手持鲜花的回鹘族少女，皮肤白净，表情虔敬，右侧的回鹘文榜题写的是："喜悦公主殿下尊像"，应该是回鹘贵族女子的真实形象（图40）。在柏孜克里克晚期的洞窟中，又出现了蒙古族的供养人形象。

图 40 德国柏林印度艺术博物馆藏取自柏孜克里克石窟第 20 窟"喜悦公主殿下尊像"（9～12 世纪）

在回鹘高昌国时期，吐鲁番盆地与中原、河西走廊的文化交流相当频繁。所以，在柏孜克里克石窟，我们既能看到中原佛教艺术对这里的强烈影响，也能看到回鹘族本身具有的艺术特色，还能看到一些来自龟兹和波斯地区的文化因素。所以，吐鲁番盆地真不愧是东西方文化和各民族艺术的交汇区域。

柏孜克里克还有丰富的摩尼教洞窟。摩尼教又称明教，为公元3世纪中叶波斯人摩尼（Mani）创立。一般认为，摩尼教主要吸收犹太教和基督教等教义而形成自己的信仰，同时也采纳了不少古波斯的琐罗亚斯德教（即祆教）教义。传播到东方以后，又染上了一些佛教色彩，有自己的戒律和寺院体制。它的主要教义是二宗三际论。二宗指明暗，即善恶。善宗即光明王国，恶宗被称为黑暗之王（魔王），住在黑暗王国里。三际指初际、中际、后际。初际阶段，明暗是分开的。中际阶段，黑暗侵入光明，光明与黑暗斗争，两者混合。后际阶段，明暗重新分开，黑暗魔王将被囚禁。摩尼教在唐武则天执政时期（690~704年）正式传入中国，

于公元 763 年又传入回鹘，受到回鹘统治者的大力扶持。公元 840 年，回鹘西迁，
在吐鲁番建立高昌王国，摩尼教继续处于回鹘国教地位。在公元 10 世纪回鹘改信
佛教之前，在吐鲁番地区留下了大量文献和石窟寺院、壁画、绘画等遗物。

　　在柏孜克里克石窟，摩尼教徒把前期的一些洞窟作了改建，在壁面绘制摩
尼教壁画。壁画题材有摩尼教的三干树、摩尼宝珠、守护灵、摩尼教伎乐等，
都与讲解教义有关。如第 38 窟拱券部位的壁画表现摩尼教徒礼赞生命树的场
景（图 41）。根据摩尼教教义，光明王国中生长着生命树，它有三根树干，象
征光明王国统治世界的东、北、西三方。三树枝叶繁茂，果实累累。摩尼教通
常将教团比作善树，将教徒比作树上结出的一颗颗果实。画中的摩尼教徒多穿
白衣，因为白衣象征着光明纯净，无染污秽。吐鲁番地区发现的摩尼教艺术品，
是研究摩尼教在中国发展史的珍贵实物资料。

　　最后，我们再来看一下位于吐鲁番市西约 10 公里处、交河故城西南河谷南岸
的雅尔湖石窟。这里现存的洞窟有 7 所，窟前有宽约 4.5 米的统一长条形平台。除
第 4 窟外，其余六窟都是长方形纵券顶的中型洞窟，第 1 窟还带有侧室。位于窟

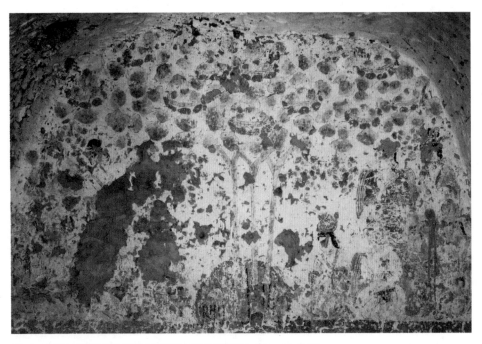

图 41 新疆吐鲁番柏孜克里克石窟第 38 窟摩尼教壁画（9 ～ 11 世纪）

图 42 新疆吐鲁番雅尔湖石窟第 4 窟千佛与说法图壁画（9 ～ 12 世纪）

群中心的第 4 窟主室长 14.7 米，宽 4.3 米，也是长方形纵券顶的，不过它还带有后室与侧壁的四个小禅窟。在窟群的东西两侧，原来可能是僧人生活起居的僧房。只有第 4、7 窟中绘有壁画，第 4 窟的上层壁画题材有加汉文榜题的千佛、佛说法图（图 42），有回鹘文榜题的回鹘族男女供养人像，属于回鹘高昌国时期的作品。第 7 窟的千佛、一佛二菩萨、供养人壁画可能与第 4 窟下层壁画是同一时代的。因此，雅尔湖石窟表现了一些回鹘高昌国及其以前的佛教艺术面貌。

河西走廊的祈福宝地

从甘肃最西部的城市敦煌出发，经过安西、玉门、酒泉、张掖到达武威，南面是雄伟壮丽的祁连山脉，北面是包尔乌拉山、龙首山、合黎山和马鬃山，中间是一条东西长约 1000 公里，南北宽几公里至 100 多公里的狭长地带，形同走廊。由于它位于黄河西部，又是中原地区通往西域的重要交通通道，所以被人们称作"河西走廊"。这里的古代居民是以汉族为主体的，东西方文化间的频繁交流，为这里带来了丰厚独特的古代文化素养。佛教的石窟寺，也犹如镶嵌在这里的一串璀璨的明珠，更是被世人津津乐道。

鸣沙山的宝藏

敦煌，是甘肃省最西边的一个城市。古代的阳关在敦煌城西南 70 公里处，广为流传的唐代著名诗人王维（约 701～761 年）写的"劝君更尽一杯酒，西出阳关无故人"诗句，指的就是这里。阳关的北面还有一道关隘叫玉门关，位于敦煌城的西北，它们三者之间恰好形成一个三角形。敦煌，正处在丝路古道的咽喉要地。作为中西文化的荟萃之地，敦煌又不愧为沙漠中一颗璀璨的明珠。举世闻名的莫高窟就开凿在敦煌城东南方的鸣沙山东麓峭壁上，与对面的三危山遥遥相望（图 43）。一千多年的中西文明往还，给这片沙漠中的绿洲培育出了这座举世罕见的文化艺术宝库。

在前秦苻坚的建元二年（366 年），有个名叫乐僔的和尚，很具有佛学修养。一天，他游化到了敦煌东南的三危山下。当时已是傍晚，忽然间他的眼前出现了奇景：三危山高高的三个山峰在夕阳的辉映下发出了灿烂的金光，仿佛有千万个佛在金光中显现。这位虔诚的和尚立即向三危山顶礼膜拜。乐僔似乎有一种预感：这里将成为佛家的圣地！于是他就到处化缘，募集了一些钱，请来了工匠，在三危山对面的鸣沙山上开凿出第一个石窟。以后不久，又有一位法良禅师从东方来到这里，他朝拜了这个地方，并在乐僔的石窟旁边开凿了第二所石窟。这个揭开敦煌石窟营造史第一篇章的生动故事，就记载在唐代武周圣历元年（698 年）的李克让《重修莫高窟佛龛碑》中。

图 43 甘肃敦煌莫高窟局部外景

  但是，直到今天，我们还没有找到这两所洞窟的确切位置。有的学者猜测，最早开凿的这两个石窟，只是供给僧人们静坐修行的禅室，很可能没有塑像和壁画。乐僔与法良都是修禅的大师，他们选择了这个流水萦回、草木葱茏的山谷来修行，就是因为这里具有既远离尘嚣又接近人间烟火供应的优点。至于现存最早的敦煌石窟的开凿，则是一百多年以后的事情了。不过，从这时起，莫高窟一带的佛教活动就逐渐多起来了。以后，经过北魏、西魏、北周、隋、唐、五代、宋、西夏、元、明、清等朝代的艺术家们的辛勤创作，使鸣沙山崖面的洞窟发展到了 493 所，彩绘泥塑像 3000 多身，壁画 45000 多平方米，成了名副其实的世界上最大的佛教艺术宝库。

  1965 年，敦煌的文物工作者在莫高窟第 125 窟与第 126 窟之间的崖体裂缝中的沙土内发现了一件古代刺绣画，上面绣着佛祖正在说法的场面，旁边还有两身菩萨像。这件绣品是北魏的广阳王于孝文帝太和十一年（487 年）发愿制作的，是由当时的北魏首都平城（今山西省大同市）一带的人带到敦煌来的，它说明了敦煌这个边远的重镇和国都之间保持着密切的关系。石窟中所表现的雕塑与绘画艺术情况也是这样的。当时的中国北方中原地区，大同的云冈石窟和洛阳的龙门石窟相继兴起了，那里曾经先后是北魏皇家开窟造像作功德的主要地区。当内地的佛教艺术思想和样式传到敦煌以后，在敦煌艺术家的辛勤创作下，就形成了保留至今的三十多所莫高窟的北朝洞窟。

　　敦煌莫高窟的北朝洞窟，是以中心塔柱式的洞窟形制为主的。所谓中心塔柱式，就是在洞窟的中心竖立一座通顶方柱的洞窟，它象征着佛塔的内部空间（图44）。这种窟形是从印度古代的塔堂窟发展而来的，不过印度的塔堂窟是在里端雕出一座覆钵形的佛塔，窟内的两侧环绕着廊柱。相比之下，敦煌的中心柱窟各壁间出现的汉民族特有的阙形建筑、塔柱前的人字披形的窟顶（图2）、后室顶部的平棋装饰等等，都展示出了敦煌的佛教殿堂正在一步步迈向中国的民族化轨道，这也是中西文化交流的必然结果。

　　将石窟的内部空间装扮成佛塔的内部样子，还与中国北朝时期的佛教特点有着密切的关系。早在西晋末年，八王之乱就已拉开了社会大动乱的序幕，紧

图44 甘肃敦煌莫高窟第254窟内景（北魏，6世纪初）

接着便是北方五个少数民族相继侵入中原，一个个短命王朝像走马灯一样往复更替着。然而在王朝取代的背后，却伴随着多少人家流离失所，多少百姓人头落地。公元 5 世纪前半期，北魏虽然统一了北方，但他们与南朝间的战争却从没有停息过。在这二百多年的时间里，人们的安全毫无保障，命运也越来越不可捉摸。为什么会有这样不合理的现实世界呢？这是北朝的人们所普遍关心的问题。就在这时，佛教给予了当时的人们比较满意的回答，也给人们的心灵带来了慰藉：

图 45 甘肃敦煌莫高窟第 275 窟左壁交脚弥勒菩萨及胁侍壁画（北魏，5 世纪下半叶）

今世的苦难，是由前世的恶果造成的。不必去抱怨人生的悲苦，只需要按照佛教的方法去思索、修行，去净化自己的罪恶，来世就可以上升到没有痛苦的幸福世界去。当时修行的主要方法，就是要求僧人们灭绝一切尘世间的杂念，把自己的思想高度集中在对佛全身各个细部的苦思冥想之中，从而使自己的精神进入的佛国世界。这就是"坐禅"与"观想"，而坐禅观想的前提，就是首先进入佛塔，烧香散花，供养佛像，礼佛忏悔。莫高窟的中心柱窟就是进行这种宗教活动的庄严殿堂。

莫高窟中的彩塑像，是举行佛教活动的主要崇拜对象。北朝时期的彩塑人物主要有佛和菩萨像，如未来的弥勒佛（图 45），过去的释迦与多宝佛像，现在的释迦牟尼说法像、禅定像、思维像，以及位于中心柱四面的宣扬释迦牟尼生平事迹的苦修、降魔、成道等情节内容的塑像等等。这些主像的身旁一般都有侍从的菩萨像，组成了一佛二菩萨的形式。到了北周时期又增加了两位弟子。在塑像的配置方面，既突出了主体人物，又使整铺塑像的结构形式统一和谐。

与塑像相比较，作为辅助表达佛教思想内容的壁画就显得更加丰富多彩了，这也是敦煌石窟艺术的主要部分。北朝石窟中的壁画，一般都有一定的整体规划：洞窟的顶部画着装饰图案，如藻井、平棋、椽间的自由图案等；在四壁的腰部画佛像和主题性的故事画，下面画形体较小的供养人行列；四壁上端绕窟一周，画天宫伎乐人物；四壁的最下方画金刚力士；其余壁面则密布着千佛像，组成了一个庄严神圣的佛国世界。壁画中的佛像画，主要是以佛为主的说法图。故事画主要有宣扬释迦牟尼生平事迹的佛传故事，宣扬释迦牟尼前世各代教化众生、普行善事的本生故事，宣扬与佛有关的度化众生皈依佛教的因缘故事。这些故事画的思想是与僧人们的坐禅观想生活密切相关的，但在艺术的表现手法方面却带有深深的时代生活烙印。比如说，故事画中的人物明明属于古代印度的，却常常穿着中国汉民族的服装；人物的活动空间也离不开古代汉民族的建筑与庭园等等。充分说明了宗教的艺术是离不开世俗生活的，而这些丰富的壁画作品又可以折射出当时人们的社会生活的一个侧面。

公元 589 年，隋文帝杨坚（581 ~ 604 年在位）结束了南北纷争的时代，统一了全中国，以往在南北方分别侧重义理研讨和修行实践的做法也开始相互补充、融合了。公元 618 年以后，大唐帝国的繁荣与昌盛，又将中国佛教推向了辉煌发展的顶峰。在这二百多年的时间里，人们更多面对的是人世间的歌舞升平，美满丰厚的物质享受，而不再像南北朝时期那样担心忍饥挨饿、流离失所了。在这种历史前提下，人们更加关心的是自己死后，这样的幸福日子能不能继续下去？自己的下辈子能不能托生到无比幸福的佛国天堂里去呢？面对这样的众生心理，如果再去提倡北朝时期的艰苦修行，显然就不合时宜了。于是，敦煌北朝的那种中心塔柱式洞窟就开始退居于次要地位，被一种新型的佛殿窟所取代了。据敦煌的专家们统计，莫高窟的隋代洞窟约有八十多所，而唐代洞窟约有二百多所，其中的绝大多数都是这种佛殿窟。佛殿窟的形制一般是方形的平面，覆斗形的窟顶，在正壁开出一所大佛龛，龛内安置一铺彩塑像，有佛与二弟子、二菩萨、二天王等等（图 2）。这样使窟内就具有了一个宽敞的活动空间，僧侣和在家信徒们可以在这里举行各种讲经、说法、礼拜等佛事活动。

隋唐时期的莫高窟壁画，仍然是洞窟内起辅助性思想内容的表现形式。在洞窟的顶部一般绘制华盖和千佛，而宣扬佛法智慧无边、佛国世界快乐无比的各种经变画，已经占据了窟内两侧壁的大部分壁面。在前壁的门洞两侧，也往往绘制出左右对称的经变画。所谓经变画，就是以图像的形式来说明某部佛经的思想内容，绘制它的目的是为了向信徒们宣扬佛经的真正思想内涵。在莫高窟的隋唐时代洞窟中，流行的经变画有《阿弥陀经变》《观无量寿经变》《药师经变》《维摩诘经变》《弥勒经变》《法华经变》《涅槃经变》《观音经变》（图 46）等等，都是根据当时在朝野上下极为流行的佛教经典绘制而成的。在经变画的画面中部，一般是表现佛国世界的欢乐场面，而在它的左右两侧或画面周围则穿插着经中描述的佛教故事。这些经变画个个结构布局严谨而精巧，场面富丽而宏伟，能真正体现出大唐盛世的精神与气魄。在那一个个壁中的佛国世界里，我们还会看到中国汉民族式的楼台亭阁、金碧辉煌的佛教寺院和色调幽远的自然景色，都是当时人间社会的真实写照。因此，这些艺术品形象地再现了中古社会的人间风情。

随着李唐王朝的寿终正寝，中国的佛教艺术也开始走向了世俗化。在敦煌莫高窟中，依然为我们保留着异常丰富的艺术作品。五代时期的莫高窟，真正称得上是古代各民族的艺术荟萃：在窟内中心设立佛坛的形制，是模仿汉民族佛寺殿

图 46 甘肃敦煌莫高窟第 45 窟南壁《观音经变》壁画（盛唐，7 世纪上半叶）

堂的做法（图2）；在比前朝高大的供养人画像中，我们可以看到古代回鹘国的国王和新疆南部于阗国国王的形象。莫高窟的西夏艺术，又是全国最为丰富的西夏佛教艺术宝库。在西夏艺术的后面，还有元代的艺术作品，它包含着来自汉民族地区的和来自西藏地区喇嘛教的艺术形式，都是不可多得的珍贵的古代文化遗产（图47）。

　　敦煌莫高窟开凿在鸣沙山东麓长约1700余米的断崖上。我们常说的莫高窟，其实仅仅指的是南区的492所洞窟，那里是佛教徒们修行、礼拜、讲经、说法的活动场所。在北区一长700余米的断崖上也开凿有洞窟，洞窟与洞窟间上下相接，左右毗邻，密集地分布着，有的地方可达四层或五层（图48）。这些洞窟的总数有243个，绝大多数没有壁画和塑像，这是因为它们主要是提供给僧侣们生活起居用的，是他们的居住区。这部分洞窟的类型有僧房窟65所，一般由前室、甬道、主室三部分构成，主室平面呈方形或长方形，顶部形制可分为人字披顶、覆斗顶、平顶，内有炕、灶等生活设施；禅窟，是提供给僧人禅修、诵经的地方，可分为单室和多室两种，其中单室禅窟有68个，多室禅窟有10个；廪窟，即仓库窟，是用来存贮物品的洞窟，共发现2所；瘗窟，是埋葬僧人、俗家弟子的洞窟，共有几十所。此外，还有少量的礼佛窟。还有少量性质不明的洞窟。在这些洞窟中发现了很

图 47　甘肃敦煌莫高窟第 3 窟南壁千手千眼观音与胁侍壁画（元）

图 48 甘肃敦煌莫高窟北区洞窟外景

多与僧人生活有关的遗物。北区最早的洞窟大约开凿于北朝时期，晚的可至元代，是与南区洞窟大体同步陆续完成的。可以看出，南区和北区洞窟相结合，才构成了一个完整的石窟寺院体系。

敦煌的艺术既古老又年轻，它是一首有形的宗教诗篇，又是一部形象的历史画卷，向我们述说着中华民族祖先们的辉煌成就，又给我们当今社会带来了一份高雅的艺术之美。它是中国的，也是世界的，因为中国离不开世界，而敦煌的艺术正是古代东西方文明碰撞所发出的灿烂火花。

北凉国的石窟艺术

在东晋十六国时期，中原一带战乱频繁，河西走廊也分别由前凉、后凉、西凉、南凉、北凉五个国家往复更替着。公元 412 年，匈奴族的沮渠蒙逊（368 ～ 433 年）占领了姑藏（即凉州），统一了河西走廊，自称为"河西王"，使北凉国发展到了极盛。沮渠蒙逊本人是很相信佛法，也怀有弘扬佛教的远大志向，他不但在国内修建了华丽壮观的佛寺，还特意邀请了很多中外著名高僧前来凉州翻译佛经，使凉州成了当时全国的译经中心之一，河西佛教的重要基地。北凉国佛教有一个显著特点，就是很重视禅定修行，也出现了很多历史上有名的习禅僧人，对以后中国佛教中的禅定与观想修行影响很大。要想安静地修行禅定，就需要寻找一个幽雅僻静的场所，而位于河边山崖间的石窟就为习禅僧人们提供了优良的修行地。因此，石窟寺的开凿就在北凉国境内兴盛起来了。从历史文献记载来看，在中国的新疆以东年代最早的具有一定规模的开窟造像活动，是开始于凉州的南山。

据唐代和尚道宣（596～667年）的《集神州三宝感通录》等书记载：沮渠蒙逊曾经在凉州以南百里的地方为他的母亲祈福雕凿了一尊5米多高的石佛像，还开凿了几所石窟，里面的佛像有泥塑的，也有石雕的，千变万化，常常令前来礼拜的信徒们心惊目眩。一些中原来的僧人在经过这里时，有时会远远地望见那尊大佛正在来回不停地走动着，但等他们走到跟前时大佛就又恢复了静止，不过它的脸上还显露着刚刚活动过的神态。有的人不相信，就取来一些细土撒在地上，想看看它到底会不会走动。撒土人刚刚走远，大佛就离开了山崖不停地行走起来，它的双脚踏着大地，留下了清晰可见的足迹。几百年来，这尊大佛就是这样经常地向人们显示着它的灵异。

但在公元7世纪以后的中国历史文献中，就再也看不到有关这处凉州南山石窟佛像的记载了。直到20世纪40年代初，著名历史学家向达先生（1900～1966年）

图 49 甘肃武威天梯山石窟群

才开始怀疑武威东南40多公里的张义堡天梯山大佛寺，有可能就是沮渠蒙逊开凿石窟的地方（图49）。1954年，浙江美术学院的史岩先生（1904～1994年）亲往天梯山进行了勘查，从而确定了那里就是沮渠蒙逊开创石窟寺的地点。但是这

图50 甘肃武威天梯山石窟第18窟（北凉，20世纪50年代拍摄）

位北凉国的国王当年凿出的石窟与大佛像已经不在了，据记载这一带自隋朝以后，平均每60年发生一次大地震。所以，最先开凿出来的大佛像可能早已毁坏于大地震了。

图51 甘肃武威天梯山石窟第4窟中心柱右向面下层龛外右侧第1层提瓶立菩萨壁画（北凉）

天梯山石窟群大约有15座洞窟，其中有4座是中心塔柱式洞窟，还有一些唐代开凿的石窟。中心柱窟都是中等规模，平面近似于方形，中间立着一座通顶的方柱，象征着楼阁式的佛塔，方柱的每面开出二或三层佛龛，再在龛内塑制佛像（图50）。在20世纪50年代末，天梯山一带修建水库，甘肃省文物管理委员会对包括第1、4这两所中心柱窟在内的几座重要洞窟进行了拆迁保护，发现在这两个中心柱窟壁面上有两层壁画，上层的和敦煌莫高窟北魏时期的壁画很相似，那么下层的就很有可能是比北魏更早的北凉国壁画了。在那些下层的壁画中，有手提净水瓶的观世音菩萨立像（图51），有手握兵器的天王形象，有

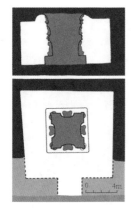

图 52 甘肃张掖金塔寺东窟平、剖面图

双手合掌蹲跪着的供养菩萨像，还有体现西方极乐世界思想的化生童子形象。这些壁画人物在绘制时都是以线描为主，面相也很有自己的特色。壁画中所表现的主要是大乘佛教思想，与龟兹地区的甬道式中心柱窟有很大的不同。所以，来自印度的绕塔礼拜思想被北凉国佛教徒接受以后，就开始形成了最初的具有中国内地特色的石窟艺术，并对以后中国石窟的发展产生了一定的影响。

令人瞩目的是，在同属于北凉国境内的肃南与酒泉地区，也发现了类似于凉州石窟的北凉国的中心柱窟。

在张掖县以南约 60 公里的祁连山脚下，有一处颇具规模的马蹄寺石窟群。从马蹄寺向东南再走大约 5 公里，就会看到在高约 100 米的峭壁上，开凿着两座石窟，这就是肃南的金塔寺石窟。这两座东西相邻的石窟，都是平面近似于方形的中心柱窟，其中东窟宽 9.7 米，高 6 米，正中的方形中心塔柱每面开凿了三层佛龛，龛内龛外安置着彩塑的佛、弟子、菩萨、千佛、飞天等像（图 52、53），窟室的左、右、后三壁都绘制着壁画，共有三层，而最内的两层壁画内容却

图 53 甘肃张掖金塔寺东窟中心柱东面（北凉）

图 54 甘肃酒泉文殊山千佛洞窟顶飞天与侧壁千佛壁画（北凉）

不太清楚。西窟的规模稍小一些，方形中心柱的每一面也是开凿了上下三层佛龛，在龛的内外有彩塑佛、菩萨、思维菩萨、弟子、千佛、天王等形象。窟室的左、右、后三壁也保留了三层壁画，最里面的一层画的是千佛题材，很有可能是北凉国时期的作品。西窟顶部在环绕中心柱的地方画着供养菩萨，外侧还绘着一系列飞天，象征性地表现着无际的碧空。

　　从酒泉城向南大约行走 15 公里，就到了文殊山石窟群，它们分别开凿在前山和后山两处，在前后山之间还有六七所小石窟。其中前山的千佛洞和万佛洞都是平面近似于方形的中等规模的中心塔柱窟（图 2）。千佛洞的宽度在 3.8 米左右，高 3.6 米，在主室的前部还有前室，但原来的进深已经不清楚了。中心塔柱的每面都开了两层佛龛，一般是在龛内塑坐佛像一尊，在龛外的两侧各塑一尊胁侍菩萨。窟室西、北两壁的壁画保存较好，其中北壁的壁画分上下两部分，上部画的是排列整齐的小千佛像，下部画的是 10 身立佛像；西壁的中部画着西方极乐世界的阿弥陀佛与观世音、大势至菩萨，阿弥陀佛的两侧上部也画着千佛，下部画的是供养人行列。千佛洞的窟顶环绕着中心塔柱画着翱翔于空中的飞天与伎乐天（图 54）。万佛洞也是北凉国的石窟，不过窟内的表面都被西夏的壁画所覆盖了。

　　金塔寺与文殊山的北凉国石窟艺术，具有鲜明的时代特色：在壁画方面，金塔寺石窟顶部的菩萨与飞天都是高鼻深目的形象，有着体高肩宽的身材。它们的画法是用朱色线条准确而又简练地勾出人物的形体，再用石绿、浅黄或纯白等色来涂绘衣饰部；文殊山前山千佛洞壁画中的佛与菩萨也表现出了魁梧的体格特点，它是先用土红或白色绘出人物的基本形象，再用较深的宽线在颜面和肢体边缘勾出轮廓，然后以红线或黑线勾勒，以鲜艳而又浓厚的色彩涂衣裙和饰物，衣裙的边缘最后还要用较深的颜色晕染一次，以增强人物的立体效果，这种技法与龟兹早期石窟艺术有着不可分割的渊源关系。在塑像方面，主要是金塔寺石窟的塑像，佛和菩萨都是面相浑圆，眉眼细长，深目高鼻，身躯健壮；菩萨与飞天姿态多样，造型生动。特别是在中心柱表面大量采用高塑的方法，使一些塑像贴壁而坐或凌云飞翔，烘托得佛国世界更加热闹非凡。

　　看到北凉国的石窟，会使我们联想起克孜尔石窟象征性中心塔柱，的确，这两个地区之间同样盛行的绕塔礼拜思想应该存在着相互继承的关系。龟兹地区虽然流行的是小乘佛教，但与它隔着大沙漠对峙着的丝路南道间的于阗国里，流行的却是大乘佛教，而且在当时兴建了许多带有佛塔的寺院。龟兹与于阗的佛教艺术传到了河西走廊的北凉国，才造就了这里崭新而独特的石窟艺术。真正体现汉民族精神的佛教石窟艺术，就是从这里起步的。

万佛峡的观音倩形

　　党项族是羌族的一个分支，他们最初生活在今青海和四川的西北部，过着游牧和狩猎的生活。到了北宋初年，党项族已经逐渐迁移到了河套地区，并伸向甘肃的河西走廊。1038 年，他们的首领李元昊（1003 ~ 1048 年）以兴庆（今宁夏银川市）为首都，建立了"大夏"地方政权。李元昊自称皇帝，他通过兼并战争，控制了今甘肃、宁夏、青海和陕西、内蒙古的一部分，历史上称这个国家为"西夏"，与辽、金先后成为与北宋"三足鼎立"的政权。直到 1227 年，西夏国最终被蒙古族消灭了。在这建国的 190 年时间里，西夏为我们留下的文化遗产数目是相当惊

图 55 甘肃安西榆林窟外景

人的，而佛教的石窟寺艺术就是其中灿烂的一页。

党项族的历代皇帝都崇奉佛教，连开国皇帝李元昊本人从小就了解佛教的基本理论，而且学会了吐蕃和汉族的语言文字。在他们的提倡与扶持之下，西夏国的佛教出现了兴盛景况。我们所了解的西夏石窟艺术，绝大部分集中在河西走廊地区，因为这个地区自古以来就富有开凿石窟的传统。由于缺乏能工巧匠，西夏时期的石窟在相当程度上是对北宋原有艺术的学习模仿，并且对过去的石窟寺加以保护、装饰和利用。到了中期以后，才逐渐孕育成了具有党项民族风格和特征的壁画艺术，穿着党项民族服装的世俗供养人也手拿着鲜花，堂而皇之地被画到了庄严佛殿的壁墙之上。武威天梯山、张掖马蹄寺、酒泉文殊山、玉门昌马、安西榆林窟、安西东千佛洞、敦煌莫高窟和西千佛洞，以及肃北蒙古族自治县的五个庙石窟中，都留下了西夏时期开凿或重新装饰的佛教艺术遗迹。

公元 12 世纪下半叶，西夏国发生了内乱，当时的皇帝李仁孝（1139～1193 年在位）一度被迫迁居到了敦煌和安西一带，整日地祈祷佛祖保佑，大造功德。于是，西夏独力开凿的新洞窟，就在这个时期出现了。位于安西县城南约 70 公里处的榆林窟，又称"万佛峡"，开凿在榆林河东西两岸的峭壁上，共有 41 所洞窟（图 55）。第 29 窟是一所方形平面覆斗形顶的洞窟，它的地面正中设置了一个方形佛坛，坛上有四层圆锥形塔状的佛座，然后在座上安置佛像。可以看出，

图 56　甘肃安西榆林窟第 3 窟内景（西夏）

这也是一种佛坛窟，不过它的坛中央做得更像一座佛塔。第 3 窟也是一座方形平面的覆斗形顶洞窟，在窟内地面中央有一平面八角形坛，坛上安置一组彩塑像，应该是一个简单的曼荼罗。在窟顶绘制藏传佛教的曼荼罗坛城。按密教的说法，曼荼罗坛城以密教的最高尊神大日如来（即毗卢遮那佛）为中心，四周围绕着四方佛和诸菩萨、护法等，表现着密教的宇宙观。第 3 窟四壁相间绘制着藏传密教和汉传内容的壁画，是一所十分难得的汉藏合璧式洞窟（图 56）。位于安西县城东南约 70 公里处的东千佛洞，开凿在长山子北麓，共有 9 所洞窟。第 2、4、5、6 窟是在西夏国晚期开凿成的，它们都是长方形平面，前部窟顶呈覆斗形，在正壁的中央位置开龛或者修凿基坛安排主像，在正壁的两侧再沿着左右侧壁向后面凿出环形甬道，这样就形成了很类似龟兹地区那样的中心柱窟。这个时期出现这样的窟形是很特别的，榆林窟的那所塔形佛坛窟，也可能更多地具有这种环绕礼拜的功能。

西夏石窟中的壁画丰富多彩，它们除了沿袭唐、宋的一些题材外，又增加了很多新内容，而且佛教密宗题材的壁画也越来越兴盛。其中最能代表西夏壁画特色的，是一种"水月观音"画，为我们增添了不少新鲜的感觉。

水月观音，就是正在观看水中月的观音（图 57）。在画面上，观音菩萨宛如一位盛装的美丽少女，自由自在地坐在水边石上，有时她的一只脚还下垂踏着水中的莲花，观音的身后有很大的圆光。天上的暮色苍茫之中挂着一轮明月，观音菩萨正在俯视着碧波中的月亮倒影。在绿水的远处，是峰峦叠嶂，再加上整个画面之中云烟缭绕，使人们仿佛身临缥缥缈缈的仙境一般。

据历史记载，水月观音像最初是由盛唐著名画家周昉创作的，参考了一些《华严经》等书中的描述。以后越来越被人们喜爱了。迄今所见最早的纪年明确的水月观音像保存在四川绵阳魏城圣水寺石窟第7窟中，年代是唐中和五年（885年）。我们今天能看到的最早的水月观音画，是敦煌藏经洞里发现的唐朝末年或五代时期的作品。入宋以后，水月观音题材才真正流行起来了，其绘

图 57 甘肃安西榆林窟第 2 窟西壁北侧水月观音壁画（西夏）

画作品在规模、内容、表现技巧等方面都大大地长进成熟了。在当时的社会上，人们普遍喜欢山水画，特别是欣赏画中透出的意境之美。西夏的水月观音画正好迎合了这种审美口味，信徒们不仅可以从中得到美的享受，还能自然悟出画中的哲理。

水中月、镜中花，都是不现实的虚幻中的东西。唐代著名诗人白居易（772～846年），在一次目睹了水月观音画后，写下了这样的诗句："净渌水上，虚白光中；一睹其相，万缘皆空。"世界上的万事万物、功名利禄，只不过是虚无缥缈的过眼云烟。只有佛祖的伟大思想，才能揭示这个真理，并且引导人们去进入绝对的快乐幸福世界。这就是水月观音画的真正含义。

更有意思的是，榆林窟和东千佛洞的几幅水月观音壁画以及普贤变画中，还画出了唐僧玄奘和他的徒弟猴行者拜谒观音或普贤菩萨的情景。在水波岸边的大树下，画着一位中年僧人，他的身后是猴行者牵着一匹白马，他们正遥望着观音（或普贤），恭敬参拜（图 58、59）。唐玄奘西天取经的故事，家喻户晓、妇孺皆知。传到了五代和北宋时，就已经有说书的艺人们向群众说唱了。在广泛流传的过程中，艺人们不断地加入神话色彩，最后，终于形成了一部作为评书底本的文学作品——《大唐三藏取经诗话》。在这本书中，唐僧取经就多亏了一位神通广大、

变化多端、善能降妖的猴行者的帮助，才能逢凶化吉，屡脱险境。其中正好就有一段猴行者保护唐僧在虚白光中向观音菩萨敬礼的情节。佛教石窟中的壁画加入了市民阶层中流传的神话故事内容，这在前朝是看不到的。也只有在佛教及其艺术不断地世俗化与生活化的历史背景下，才能出现这样奇怪的、在当时却是合理

图 58 甘肃安西榆林窟第 3 窟西壁南侧普贤变（西夏）

的作品。因为在普通市民眼里，唐僧与猴行者的故事并不是神话，而是现实。这样神通广大的人物，也对观音如此恭敬，就更增加了画面的神圣境界与艺术感染力。不过，这时的唐僧主要只有一位徒弟，在明代吴承恩（约 1500 ~ 1583 年）的小说《西游记》中，猴行者就取名悟空了，还有了猪八戒与沙和尚两位师弟，再上西天取经就更热闹了。

除了水月观音画外，西夏石窟的壁画内容大部分是形象比较单一的千佛、供养菩萨等，画幅的规模都比较大。还有一些根据

图 59 甘肃安西榆林窟第 3 窟西壁南侧普贤变中的唐僧和猴行者（西夏）

佛教经典绘制出的《西方净土变》壁画。榆林窟第 3 窟中的《文殊变》和《普贤变》图，分别以骑狮的文殊师利菩萨和乘象的普贤菩萨为中心，前后簇拥着侍从人物，后面是青山绿水、云烟环绕，山中林木葱郁、楼阁掩映，构成了气势雄浑的山水画卷，也是西夏石窟壁画中的佳作（图 58）。

西夏王朝早已成为历史，党项族也已经被汉族等融合了，然而他们遗留在河西走廊的佛教石窟艺术，在中华民族的文明史中，却构成了一个光辉的篇章。

祁连山下的喇嘛宝窟

生活在青藏高原上的吐蕃人是藏族的祖先，相传唐太宗李世民把宗室女儿文成公主嫁给了他们的赞普（国王）松赞干布（617 ~ 650 年）以后，佛教的信仰也随之来到了这个世界屋脊之上。西藏的佛教又叫"喇嘛教"，喇嘛是上人、师长

的意思，是信徒们对西藏僧侣的尊称。因为藏族地区的佛教是全民化的，那里的人们非常尊崇上层喇嘛，从生产到日常生活都要接受他们的指导，并且用大量的财物和劳役为寺庙服务。到元朝的大一统时代，蒙古族的统治者非常推崇喇嘛教，于是在原来汉传佛教盛行的地区，就出现了一些喇嘛教的石窟艺术。其中，张掖马蹄寺的北寺是规模最大的一处。

在河西走廊的张掖马蹄区公署背面的马蹄山中部崖壁上，南寺和北寺石窟群遥遥相对着。北寺有大小窟龛30多所（图60），第8窟又称作马蹄殿，是一所平面方形的大中心柱窟。相传在这个窟的地面上有马蹄印，是二郎神（也有说是西藏的格萨尔王或清朝的乾隆皇帝）的马路过时踏下的，所以这个地方才叫马蹄寺。这一带最醒目的，还是元朝开凿的巨大的第3窟和第7窟。

第3窟，又名"三十三天"，最高处距地面42米，从它外观上看分为五层。第一、二、三层都是并排开凿的5个洞窟，第四层有一排3窟，最上层只开1窟，共有19所洞窟，很像一座宝塔（图60）。各层之间与各洞窟之间都有石台阶和通

图60 甘肃张掖马蹄寺北寺石窟群外观（20世纪80年代拍摄）

道相连。因此，它们是一个统一的整体。这19所洞窟的形制可以分为两类：一是平面方形的人字披顶窟；二是平面方形的覆斗式四面坡顶窟。每窟的正壁都开了一个大龛，龛内塑一身坐佛像，四壁上还满满地粘贴着压模印制的小方块泥塑千佛像，上下左右排列得很整齐。造像的内容虽然简单，但都是典型的元代来自印度和尼泊尔地区的梵式作风。关于"三十三天"名称的来历，有一种说法，是因为登上最高一层佛洞的石阶共有33级而得名的。

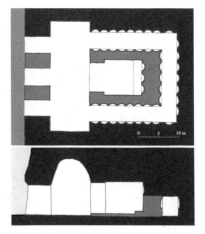

图 61 甘肃张掖马蹄寺北寺第 7 窟平、剖面图

第 7 窟位于第 3 窟的西侧，俗称站佛殿。关于它的修建，当地人民是这样传说的：从前有一位印度来的大法师杀死了一个恶魔，把它的头和尾巴埋在这所洞窟内的青石板下面，并在上面造了一尊站佛来镇压它，以免这个魔鬼再出来害人，所以就有了"站佛殿"的名称。这是一所平面呈纵长方形、平顶的巨大佛殿和中心柱复合式洞窟，高 15、宽 26.3、深 33.5 米〔图 61〕。最前面开了三个窟门，进门以后是一个宽敞的横长方形前庭，前庭后面正中开了一所平面呈纵长方形的佛殿窟，佛殿的正壁凿了三个圆拱形佛龛，龛下还有一条长方形的基坛。佛殿窟入口的两侧分别向后开出了甬道，并且环绕连接了起来，形成了一条礼拜道。这条礼拜道的两侧，总共又开凿了 46 个佛龛，每个龛内都有一尊坐佛像，也是属于元朝喇嘛教的艺术风格〔图 62〕。从总体情况看，我们可以把第 7 窟看成是一个大中心柱窟，只是在这个巨型中心塔柱的正面，又开凿出了一所大佛殿。

中国的中心柱窟，进入唐朝以后就逐渐消亡了，怎么这个时期又突然出现了呢？如此大的规模，又在塔柱中间掏出了佛殿，是前朝的中心柱窟从来没有的情况。既然窟内的梵式佛像风格是从印度来的，我们也就只能再去印度寻找它的原形了。

印度的特姆纳尔（Dhamnar）石窟，位于拉普塔纳的恰尔勒巴登西南约 77 公里处，共有六七十所洞窟。在主要窟群偏东的地方有一所石窟，窟前的露天小院中央立着一座佛塔，塔的后面开了一所小佛殿窟，正壁有一尊坐佛像。这个小佛

图 62 甘肃张掖马蹄寺北寺第 7 窟侧壁龛中的佛像（20 世纪 80 年代拍摄）

殿的周围也开着可以环绕礼拜的甬道，与上述第 7 窟情况完全相同。另外，在特姆纳尔东南约 35 公里的地方，还有一处克洪尔维（Kholvi）石窟群，这里最显著的特点是出现了大约七座圆形的佛塔。有一座高约 6.1 米的大塔名叫阿尔均庙，它的里面开了一所佛殿，中间供着一尊坐佛像。还有一所中型规模的塔堂窟，中间直径仅 2.4 米的佛塔也被掏空，并且在里面安置了佛像。这些例子都是印度塔堂窟发展的最后形式了，它们的年代大约在公元 7 ~ 8 世纪。

可以看出，马蹄寺北寺的这所大型喇嘛教中心柱式佛殿窟，正是从印度地区学习来的，应该称它是梵式的石窟了。

与此同时，西藏的喇嘛们把印度的覆钵式塔又直接引进了汉族地区。马蹄寺的南寺和千佛洞区的北段，保存着众多的浮雕佛塔，都是仿照印度覆钵塔的形状刻成的（图 63）。这种塔的中部是略呈半圆形的覆钵体，在它的上面刻着高大挺拔的塔刹，塔刹分刹座、重叠的相轮、刹顶三个部分；覆钵的下面有一个高大的须弥座。这些浮雕塔的覆钵塔中部，一般都开了一个方形的深龛，这是安放高僧骨灰的位置。因此，它们仍然属于坟冢性质。所以，这些崖面峭壁间的塔林，正是喇嘛们圆寂安息的地方。

目前，在中国有确切年代的最早的一座大型喇嘛教覆钵式塔，是位于北京妙应寺的白塔，它是由来自尼泊尔的元朝佛教艺术大师阿尼哥（1244 ~ 1306 年）亲

图 63 甘肃张掖马蹄寺千佛洞区浮雕佛塔群（20 世纪 80 年代拍摄）

自设计并主持修建的。著名的北海公园内的白塔虽然也是同一种类型的，但它却是以后清朝顺治皇帝时代（1644 ~ 1661 年）建造的。毫无疑问，在马蹄寺石窟群一带，元朝的喇嘛教香火是极其兴盛的，地上盛大的寺院，崖间巨型的石窟，峭壁间庄严的塔林，组成了一个相当完美的喇嘛教佛寺体系。幽静的山谷和清澈见底的河水，为喇嘛们提供了一个良好的修行环境。就是我们今天再去身临其境，也不能不被那些宏伟的喇嘛宝窟所震撼！

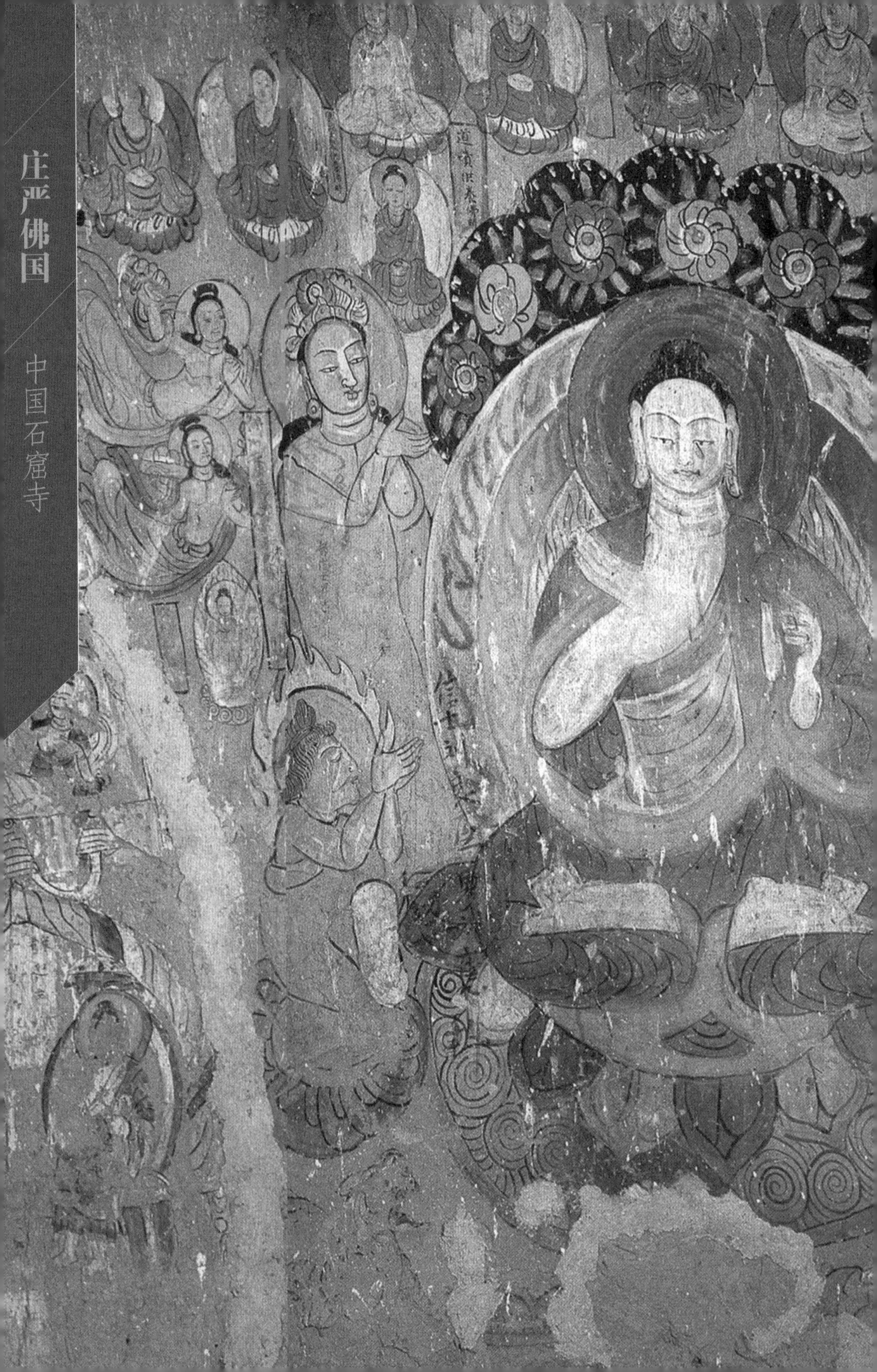

陇山东西的佛教香火

　　陇山山脉，如同一道南北走向的天然屏障，将甘肃省的东部划分成了陇东和
陇西两大区域。陇东包括今天的平凉地区和庆阳地区，它的范围东界子午岭，南
邻陕西省的关中平原，向北还深入到了宁夏的固原地区，是泾河流经的重要地区。
陇西则主要包括今天的天水、定西、兰州一带，是黄河与渭河上游流经的主要区域。
这两块东西对峙却又联系密切的地区，是属于中国西北部的黄土高原地带，有的
地方黄土厚达100余米，绝对的海拔较高，而相对的高差不很大。境内的黄土层
中沟壑纵横，在被河流冲刷和沟壑深切的黄土层下面，暴露出了沉积岩的地质结构。
这种沉积岩又称红砂岩，石质柔细，很容易进行雕凿。于是，这两个地区的古代
僧侣们选择了一些河流两岸与沟壑崖间的红砂岩断面，开凿了为数众多的石窟寺，
就形成了中国西北以红砂岩为主要材料的佛教雕刻艺术。

麦积崖的晨曦

　　在甘肃省天水市的东南方，距天水市约45公里的地方，是秦岭山脉的西端。
在这青松参天、山涧溪流喷翠、林中鸟语莺啼的小陇山中，有一座奇峰恰似从平
地拔起，峰的顶部还耸立着一座佛塔。这座山峰的形象很特别，它的顶部略呈圆
锥形，向下逐渐缩小，很像农村里收割后堆积的麦秸，所以当地的人很早就把它
称为麦积山（或麦积崖）。它的周围山石壁立，风景优美，气候宜人。麦积山石
窟就开凿在这座奇特山峰东西两面的悬崖峭壁间（图64）。

　　根据宋代祝穆（？~1255年）《方舆胜览》等历史文献的记载，麦积山石窟
创建于后秦国的第二代君主姚兴（366~416年）统治时期，它的名义上主持者很
可能就是姚兴本人，以后就成了天水一带的胜境。那么它开创的时间，就应该在
公元396年后秦占领秦州（今天水）以后，公元416年春姚兴死之前。姚兴的弟
弟姚嵩（？~416年）也是热忱的佛教徒，他曾多次通过书信与姚兴探讨佛教理
论，如果遇到疑难问题，姚兴就去向来自龟兹的高僧鸠摩罗什（344~413年）请教。
不仅如此，姚兴还把已故皇后遗留下来的佛珠、佛像赐给了姚嵩。姚嵩立即上表
谢恩，并且称赞姚兴亲自经营的造立佛像的伟大业绩。而姚嵩当时的职位，正是

图 64 甘肃天水麦积山石窟外景

麦积山所在地秦州的刺史，因此，姚嵩应该是创建麦积山石窟的积极支持者。

公元 417 年，即姚兴死后的第二年，后秦国被南方东晋王朝的刘裕（363 ~ 422 年）带兵消灭了，割据今兰州、临夏一带的西秦国占领了秦州地区。当时著名的禅僧玄高（402 ~ 444 年）就在这时来麦积山隐居，跟随他在山中学习禅法的有 100 多人。这时正是关中长安一带兵荒马乱的年代，长安的昙弘和其他一些后秦高僧早已来到此地避难。他们与新近到达的玄高共同探讨佛教问题，推动了麦积山佛事活动的蓬勃发展。

遗憾的是，我们至今还没有发现可以明确归属到后秦时代的石窟。有的学者认为，现存的个别洞窟就是利用后秦的石窟重新改造成的。这是一个有待解决的问题。不过，现存年代明确的最早石窟，则属于半个多世纪以后的北魏王朝。

麦积崖现存洞窟和佛龛共有 194 所，主要是北魏、西魏、北周、隋代的艺术，唐代以后，在这里还进行了很多重新妆修和改塑的活动（图 65）。窟龛里的佛教塑像主要是敷彩的泥塑，而只有少量的石雕作品，总计约有 7000 余尊，是中国保存泥塑造像数量较多的石窟之一。此外，在石窟内还保存了 1000 多平方米的壁画，也是极为珍贵的佛教美术作品。

在麦积山现存最早的一批洞窟中，第 75 和 78 窟是形制相似的一组双窟，其中第 78 窟的平面为横长方形、平顶，在正壁和左右壁的下部有倒凹字形的高佛坛，坛上分别贴壁塑制了一尊造型古朴、身躯雄健的坐佛像（图 66）。正壁主佛的两

图 65 甘肃天水麦积山石窟全图（1976 年测绘）

侧各有一尊胁侍立菩萨，正壁两侧的上方圆拱形小龛内分别塑了一尊交脚菩萨和思维菩萨像，它们的身旁又各有二胁侍菩萨像。1965 年，文物工作者曾经在第 78 窟坛座的侧壁剥离出了最底层的壁画，是一列身穿北魏鲜卑族胡服的男供养人画像，画像的旁边各有一方榜题，上面书写着供养人的籍贯和姓名。其中一方榜题中有"仇池镇"的字样。这个仇池镇是北魏政权于公元 446 年建置的，地点在今天甘肃省西和县的西南，到了公元 496 年，又将它改为"梁州"。因此第 78 窟就有可能是在公元 446 ~ 496 年间开凿出来的。还有第 70 和 165 等窟，窟内的塑像题材也是三佛、思维菩萨等，它们的时代和第 78 窟是基本相同的。

第 115 窟内保存了一则"大代景明三年（502 年）九月十五日"施主张元伯的

图 66 甘肃天水麦积山石窟第 78 窟正壁和侧壁坐佛（北魏）

长篇发愿文，这是麦积山石窟群中现存最早的一条造窟纪年题记。第 115 窟是一所小型的平面方形的平顶洞窟，在正壁的方形高座上塑了一尊坐佛像，两侧是胁侍立菩萨像，那则发愿文就是用墨书写在佛座的前面。大代是北魏王朝的另一种称谓，景明是北魏宣武帝（499～515 年在位）的年号，第 115 窟的规模虽然不怎么醒目，但它却是文物工作者用来判定北魏洞窟年代的一个重要标准。与第 115 窟同属于北魏晚期的洞窟还有一些其他的形制，有的是平面方形的平顶窟，在侧壁上都开了一个大龛，在窟内四壁的上方还加凿了小型的列龛；有的洞窟平面呈马蹄形，顶部则是穹窿形；还有顶部呈套斗形藻井的洞窟和形制特殊的大窟等。这些洞窟里的塑像题材除了以前的三佛外，还出现了一佛二弟子二菩萨或者再加二力士的新组合形式，以及七佛、十大弟子等。

石窟内的壁画题材则有佛本生故事、飞天和用于装饰性的莲花等图案。在麦积山这些北魏晚期开凿的洞窟中，不论是塑像，还是壁画，其中的人物都具有体型修长、面容清秀削瘦的特点，它们体现的是当时风靡全国的"秀骨清像"式造型艺术，这种艺术是南朝士大夫们的精神面貌在佛教世界里的反映。这是因为信佛的人离不开现实社会，而创作佛教艺术形象的匠师们同样也会受到社会上流行的审美情趣的影响。长相清秀、身体瘦弱，就是当时的北魏和南朝社会上所共同推崇的美的形象。

根据唐李延寿等编撰的《北史·后妃列传》记载，在公元 538 年，由于西魏国不断地遭受来自北方柔然民族的侵扰，为了缓解这种民族矛盾，西魏文帝元宝炬（535～551 年在位）不得已废掉了自己的皇后乙弗氏（510～540 年），而迎娶柔然公主郁久闾氏（525～540 年）为皇后。乙弗氏便离开了长安宫室，来麦积山出家，她死后，就是在麦积崖上开了一所洞窟来安葬的。当时随同乙弗氏来到麦积山的几十名侍婢，也都在这里出了家。这些历史记载反映了西魏时期麦积山佛教活动一定是盛况空前的，因为当时这里已经成为西魏皇室高度重视的佛教圣地了。

麦积山的西魏洞窟除了继续发展北魏晚期流行的那些形制以外，在窟外崖阁的制作上越来越模仿汉民族传统的木构建筑形式。它们一般是在窟外雕出八角形列柱，柱上雕出仿木构建筑的屋脊、瓦垄和斗栱等，列柱以内是前廊，在廊的后部再开凿出洞窟，来供奉三佛等题材的塑像。第 127 窟中出现了中国石窟现存最早的经变壁画——《西方净土变》，画中以气势宏伟的建筑和众多的佛教人物组成了佛教净土世界的美妙景象。第127窟后龛中还有一尊石雕佛像，在佛像的背光上雕刻了十二位伎乐飞天，每一位飞天都抱持着一种乐器，姿态柔媚地飞动着，绕成了一个大圆环；中间的佛像正在举掌端坐，透露出慈祥和悦的神情。有的洞窟还在塑像的组合中新增加了站立于佛两侧的童男和童女像，这类造型写实的现实中的人物，给佛教的洞窟带来了一些世俗的气氛。有的洞窟还根据后秦鸠摩罗什翻译的《维摩诘所说经》中的内容，在侧壁分别塑出了维摩诘居士和文殊菩萨，用来表现他们正在对坐着互相问答佛法。

　　麦积山的西魏佛教泥塑艺术，使北魏孝文帝时从南朝引进的褒衣博带装佛像达到了更加完美的境界。石窟里的主要题材，仍然是北魏时流行的三世佛，佛的服装塑做依然显得厚重，但已基本上看不到那种秀骨清像的作风了。佛与菩萨像的体型比例精确适度、肌肤细腻、丰满圆润，面容娟秀、和蔼、慈祥，表现出了一种母性特有的温婉善良的性格与浓郁的人情味（图67）。

北周时期的麦积山，涌现出了一组规模宏伟的大型洞窟：位于东崖最高处的第4窟，俗称上七佛阁或散花楼，下距地面约有50米，是由北周的秦州大都督李允信出资营造的（图68）。它的前面是八柱七间的殿堂式崖阁，列柱以内是高大的前廊，前廊后部并列凿出了七所方形大窟，窟内都安置着佛、菩萨等众多的彩塑像；第9窟俗称中七佛阁，是一组并列开出的七所大佛龛；第3窟俗称千佛廊，是依着山崖雕出的六列千佛像，像前是人字披顶的长廊。这些极为壮观的窟龛造像，说明了北周时期的麦积山佛

图67 甘肃天水麦积山石窟第44窟正壁坐佛与菩萨（西魏）

教活动仍然保持着兴旺的景象。除大型石窟外，北周在这里还开凿了一批中小型洞窟，它们的平面一般是方形的。顶部呈盝形，在窟内的四角雕出石柱，四壁的顶端还雕出横梁窟顶，四个坡面的相交处还有斜梁，这些仿木构的梁柱相互连接，就组成了窟内象征性的梁架结构，起到了一定的装饰效果。北周石窟中的造像题材是以七佛、三佛为主，在最主要的佛像旁再配置弟子和菩萨像（图69）。这些佛教人物的面相都有低平的肉髻，颈短肩宽，塑

图 68 甘肃天水麦积山石窟第 4 窟前廊（北周）

图 69 甘肃天水麦积山石窟第 62 窟内景（北周）

造出了健康丰腴的身躯，但一般不显示身段，代表了北周典型的佛教人物造型。
第4窟在七个列像窟的顶部上方，有一组薄肉塑飞天形象，展示了麦积山北周佛
教艺术界的高超技艺（图70）。

　　隋文帝仁寿四年(604年)，麦积山的僧人按照皇帝的命令修建了一座佛舍利塔，
也制作了一些新窟龛与造像。隋代麦积山的洞窟形制大多是方形平面、四面坡式
的窟顶，有的是马蹄形平面、穹隆形的窟顶。俗称为牛儿堂的第5窟，在前廊的
后部开出了一大窟和二大龛，窟前的天王脚下踏着一只神牛，形象特别温驯可爱，
是佛教雕塑中难得的佳作（图71）。第13和98号的主尊高达10米以上，是麦积
山现存最大的摩崖造像。在麦积山石窟中，还保存了很多唐代以后补做的塑像。
也正是由于这里保存着北朝及其以后的珍贵稀有的彩塑作品，才使麦积山确立了
它在中国艺术史上的独特地位。

图70 甘肃天水麦积山石窟第4窟前廊壁薄肉塑飞天之
一（北周）

图71 甘肃天水麦积山石窟第5窟中龛
前廊左侧天王（隋）

鬼窟里的"仙影"

在甘肃省永靖县西南35公里的小积石山中，有一处远近闻名的大寺沟，沟口的那两根亭亭玉立的石柱高峰，就是著名的姐妹峰，它们仿佛是一对相依相存的姐妹，热情地迎接着前来这里的中外游客。大寺沟周围的群山诸峰，有的像宝塔，有的像层楼，有的如被刀劈一般，真是千姿百态，别具一格，在刘家峡湖水的映衬下，恰似北方的桂林风光。但是真正引人入胜的，还要数大寺沟内神秘岩穴中的佛教艺术。

北魏著名的地理学家郦道元（？ ～ 527年）在《水经注》一书中记载了一些大寺沟的情况：相传，居住在周围的人们常常看见一些神人在这里活动，以为他们都是神鬼。其实这不过是些前来修行的出家人。由于当地的羌族人把鬼称作"唐述"，因此，这里就被称作"唐述山"，而岩间出家人活动的洞穴就被称作"唐述窟"了。到了明清时代，大寺沟里主要是一些藏传佛教的喇嘛们在修行和制作他们的艺术品，他们把这里称作"炳灵"，藏语的意思就是"十万佛"。于是，大寺沟里的佛教艺术又有了一个沿用至今的名称——炳灵寺石窟。

在大寺沟西岸南北长350、高30多米的峭壁上，保存了较为完整的洞窟和佛龛共183所（图72），内有彩塑像和石雕像770余尊，壁画约900平方米，上自西秦，

图72 甘肃永靖炳灵寺石窟外景局部

下迄元明，都有雕凿或重修等佛教活动。到了清朝末年以后，炳灵寺石窟就逐渐湮没、不被世人所知了。直到 1951 年，这处古老的佛教艺术群体才重新被人们所发现。

位于炳灵寺窟群北端的第 169 窟，是一所巨大的自然溶洞，相传就是郦道元书中所指的唐述窟。1963 年，甘肃省文物工作队首次凭借着最原始的攀登工具进入这所古老而神秘的洞窟，发现了众多的佛教彩塑和壁画作品（图 4）。北壁的第 6 龛内塑的是西方极乐世界的无量寿佛和观世音、大势至菩萨（图 73），还绘有释迦牟尼佛、药师佛、弥勒菩萨、十方佛和男女供养人列像。就在这所龛的左上方崖面上，有一方高 46、宽 87 厘米的墨书发愿文，最末一行有"建弘元年岁在玄枵三月廿四日造"的字样。建弘，是十六国时期西秦国王乞伏炽磐的年号，建弘元年也就是公元 420 年。这是一项重要的发现，因为时至今日，第 6 龛的这方发愿文，是中国石窟有明确纪年的最早题记，它为我们研究中国早期石窟的发展，和判定十六国末期石窟艺术的年代，提供了重要的标尺。除了第 6 龛外，第 169 窟第 8 龛的三身立

图 73 甘肃永靖炳灵寺 169 窟第 6 龛西秦无量寿佛和观世音、大势至菩萨彩塑像（西秦建弘元年，420 年）

图 74　甘肃永靖炳灵寺 169 窟壁画（西秦建弘元年，420 年）

　　佛像、第 9 龛的双立佛像，以及位于它们南侧的大面积的壁画，也都是西秦国时期的作品（图 74）。

　　当时西秦国的首都袍罕，就是今天的甘肃临夏，历史上记载东来西往的佛教僧侣有很多曾经在这个国家传播佛法。炳灵寺石窟的第 1 窟立佛像和第 172 窟崖面上的坐佛与二立菩萨像，还有野鸡沟一所洞窟中的千佛壁画，也是制作在西秦国时期。这些西秦国佛教艺术的显著特点是，并不直接在崖间开凿洞窟，而是充分利用天然的溶洞稍加修整，再依靠洞中的岩体来塑像、绘壁画。看来，炳灵寺石窟在创始的时候，就已经被西秦的佛教界当作一处佛教活动的重要区域了。

　　到了北魏晚期，炳灵寺的凿窟活动主要转移到了崖面的下方，保存至今的窟龛共有 33 处。其中的 8 所洞窟大部分是方形或长方形的平面，低穹隆形的窟顶，在窟内的正壁和左右壁下部凿有倒凹字形低坛，在坛上雕出了供奉的佛、菩萨等偶像。第 126、128、132 窟是左右毗邻、形制相近的一组洞窟，它们的正壁主尊都是释迦牟尼佛和多宝佛并坐像（图 75），在左右壁分别雕出佛与二菩萨，或者

图 75 甘肃永靖炳灵寺第 132 窟西壁释迦多宝佛像（北魏，6 世纪初）

是交脚坐的弥勒菩萨与二菩萨像。根据鸠摩罗什翻译的《妙法莲华经》中的《见宝塔品》记载：在过去的东方世界里，有一位多宝佛，在他还做菩萨的时候，曾经立下了一个誓愿，等到他成佛并涅槃以后，如果有佛正在讲说《法华经》，那么供养他的佛塔将会涌现在这位佛祖的面前，去聆听他讲解这部经典。释迦牟尼成佛以后，有一天他正在给弟子们讲说《法华经》，忽然在释迦面前涌出了一座七宝塔。释迦用手打开了塔门，果然看见那位多宝佛正端坐在狮子座上。最后，多宝佛在宝塔中把宝座的一半让给了释迦牟尼，于是释迦也进入了这座七宝塔中，与多宝佛并排坐在了狮子座上。释迦与多宝佛并坐像，是北魏时期流行全国的雕塑题材，它表明了《妙法莲华经》在当时的社会上是相当盛行的。第 126 窟外还保留着北魏宣武帝延昌二年（513 年）的造像铭刻。在北魏的窟龛中，造像题材还有七佛、五佛、释迦涅槃像、思维菩萨、供养菩萨、力士、千佛等，人物的形象都是面部长而削瘦，形体修长的北魏晚期时代特征，穿着宽大的服装，刻出了密集的衣褶。

北周与隋代洞窟的数量不多，如北周时期在第 172 窟塑制的五尊立佛像、第 6 窟和隋代的第 8 窟等，都表现出了北朝向唐代过渡时期的艺术风尚。

炳灵寺的唐代窟龛现存有 134 处，其中大部分是露天的摩崖小龛，只有少量的平面方形、圆形或者马蹄形的洞窟，窟顶大部分是平的。这些唐代窟龛中的造像多数是由佛和二弟子、二菩萨、二天王相组合的形式，窟龛中的主要崇拜者有阿弥陀佛、药师佛、弥勒佛、观世音菩萨等。这些造像人物身材较长，体态丰满，婀娜多姿，身体的表面还加绘色彩，用来表现人物的肤色或衣饰的细节特点（图 76）。在洞窟的造像之间与顶部，还往往绘制出精美的壁画。

第 171 窟的高达 28 米的大型倚坐弥勒佛像（图 72），是大寺沟内最为壮观的佛像作品，根据有关历史文献记载，它是由凉州观察使薄承祚于唐玄宗开元十九年（731 年）建造的。这尊大佛体态庄重，仪容落落大方，显示了盛唐社会的雄伟气魄。在中国的佛教史上，弥勒的信仰源远流长。佛经上说，弥勒将是继释迦牟尼之后在未来世界成佛的未来佛，而未来的弥勒佛国又集中了人世间一切最美好的愿望。当时的人们信仰弥勒，供奉这位未来佛，就是希望自己的来世能投生到弥勒佛国之中，享尽现实世界所无法想象的幸福与欢乐。

宋代以后，炳灵寺石窟的开凿活动就逐渐衰落了。今日的炳灵寺，除了保持着往日的宗教价值以外，还在向每日前来这里参观的人们讲述着中国古老而伟大的艺术成就。

图 76 甘肃永靖炳灵寺第 38 龛唐代佛菩萨雕像

骁勇武将的不朽功德

甘肃陇东，是佛教石窟寺比较集中的地区，这一带分布着大大小小的 20 多处石窟群体，有泾川县的王母宫石窟、罗汉洞石窟、丈八寺石窟，镇原县的石空寺石窟，华亭县的石拱寺石窟，庄浪县的云崖寺石窟、主林寺石窟、陈家洞石窟，合水县的何全寺石窟、张家沟门石窟和莲花寺石窟等等。其中最主要的是庆阳地区的南、北石窟寺，更有趣的是，这两处甘肃陇东的重要石窟寺，都是由一位北魏骁勇善战的将军所开创的。

奚康生（467 ~ 521 年），据北齐魏收（507 ~ 572 年）编撰的《魏书》与唐朝李延寿《北史》记载，他的祖先是鲜卑族的酋豪，本姓达奚，后改为奚氏，并随同北魏孝文帝从平城（今山西大同市）迁都定居到了洛阳，所以史书上说他是河南洛阳人。奚康生武艺高强，勇力过人，经历了北魏孝文、宣武、孝明三朝，为北魏王朝建立了赫赫战功。他还曾先后出任南青州、华州、泾州、相州刺史，由于他特别崇信佛法，并多次施舍自己的住宅用来建立佛教的寺院，所以在这四个州中都留下了他敬佛的功德。公元 509 年，泾州（今甘肃泾川县北泾河北岸）的和尚刘慧汪聚众造反，宣武帝诏命奚康生领兵征讨。平叛以后，奚康生就留在泾州担任了近三年的刺史。也就在这短短的三年时间里，奚康生动员了全泾州的人力和财力，经过千百名工匠穷年累月的劳动，终于造就了南、北两座佛教艺术殿堂。

北石窟寺（图 77），位于甘肃省庆阳西峰西南 25 公里处，石窟坐东面西，前面有蒲河和茹河交汇流过。这里现存的窟龛共计 295 所，大小石雕佛教造像 2000 多尊，包括了北魏、西魏、北周、隋、唐、宋等朝代的作品，是甘肃陇东地区内容最丰富的一处石窟群。在北石窟寺中，雄踞窟群中央、最大和最有代表性的第 165 窟，就是由奚康生在公元 509 年主持修建的。它的平面呈横长方形，盝形顶，窟内高 14、宽 21.7、进深 15.7 米，窟门外立着两身高达 6 米的神情愤怒的护法天王像，天王的外侧还各有一头蹲狮；在窟内正壁与两侧壁的坛基上，共雕出了七身高 8 米左右的立佛像，其中正壁三身，两侧壁各二身（图 78）；在立佛之间还有十身胁侍立菩萨像；前壁的窟门两侧各雕了一身呈交脚坐姿的弥勒菩萨像，门左侧还雕造着一尊乘象的菩萨，象前有一身深目高鼻、表情愤怒的

图 77 甘肃庆阳北石窟寺外景

驭象奴，而门的右侧则雕着三头四臂、手持日月和金刚杵的阿修罗天像，这是佛教里的八部护法神之一（图 79）。

在这所巨大的洞窟中，原来是布满了浮雕内容的，如今幸存下来的已为数不多了。如窟顶前披上巨幅的萨埵那太子舍身饲虎图，表现的是释迦牟尼在前世舍身救众生的故事；这样场面宏大的佛本生故事浮雕，不愧为北魏的艺术杰作。另外，窟顶北披还有另一幅佛本生故事浮雕——尸毗王割肉贸鸽；东南角还残存着浮雕三坐佛与两身分别手持矩、准相对跪着的人物形象，这是在表现成佛以前的悉达多太子正在向老婆罗门学习工巧

图 78 甘肃庆阳北石窟寺第 165 窟正壁佛像之二（北魏永平二年，509 年）

图 79 甘肃庆阳北石窟寺第 165 窟偏侧壁与前壁（北魏永平二年，509 年）

明的故事情节。东北角残存的浮雕中，有佛坐在熊熊火焰之上，佛的身边分别立
着一人像，这可能是佛传里降服火龙的故事情节。看来，第 165 窟内的大部分浮
雕内容，原来都是与佛传故事或本生故事有关的。

第 165 窟中的七身大立佛，是中国佛教艺术中所常见的题材。佛教认为，在
释迦牟尼以前，就已经相继出现了六位佛祖，而释迦正是继这六佛之后在现在世
界成就佛道的。将来还会有弥勒佛继承释迦牟尼降临人世间。这样就在过去、现
在、未来的时空中，形成了一套完整的佛陀崇拜体系。而第 165 窟中的主要造像，
正是这种宗教信仰观念的形象说明。

南石窟寺，位于泾川县东 7.5 公里的泾河北岸崖壁上。它濒临泾河、坐北面南，
共有五所洞窟。其中的第 1 窟是奚康生在公元 510 年主持建造的，第 5 窟属于唐
代，其他几窟已空无一物。第 1 窟在洞窟形制和造像布局方面，都和北石窟寺的
第 165 窟基本相同，如出一辙，只是在规模上略小一些。窟室内部高 11、宽 18、
进深 13.2 米，盝形的窟顶，方形窟门，在门上还设置了一个明窗。窟内环绕壁的
台基上雕造了 7 身高 6 米的大立佛像（图 80），还有 14 身高 3.5 米的胁侍菩萨像，
前壁的门两侧也各雕着一身交脚坐姿的弥勒菩萨像，只是不见北石窟寺第 165 窟
中的乘象菩萨和阿修罗像。在这些佛教人物的身体比例方面，头部显大，身材粗短，

是奚康生造的这两所大窟的共同特点，不过相比之下，南石窟寺第 1 窟的佛像显得略微清俊一些。

第 1 窟顶部的正（北）、东、西三个坡面都有浮雕的佛传故事，内容有表现释迦牟尼在树下诞生、阿私陀仙人占相、宫中看歌舞、逾城出家、犍陟马辞别、树下思维等情节。原来的作品似乎包括了佛传中由乘象入胎到涅槃的比较完整的各主要段落，现在的首尾部分有所残缺。窟顶的前（南）披面有浮雕的萨埵那舍身饲虎本生故事，但因为石质风化严重，现在仅仅保存着三位王子骑马出游的情节。

泾州是北魏王朝的西北重镇之一，正位于丝绸之路的东段北道之上，北魏历任的泾川刺史，大多数是由当时的朝廷权臣来担任的，我们可以想象北魏统治者对陇东地区的重视。泾川县文化馆保存着一块《南石窟寺之碑》，记载了公元 510 年奚康生创建南石窟寺的功德，在碑阴还刻着出资修建石窟的施主人名，其中有陇东一带的地方官吏以及富豪大姓等等，对他们来说这是一件极为荣耀的事情。而陇东地区除了南北石窟寺外，还分布着众多的北魏石窟龛像，并且在雕造技艺

图 80 甘肃庆阳南石窟寺第 1 窟内景（北魏永平三年，510 年）

方面都达到了相当高的水准。像奚康生这样在北魏王朝有些权的人物，对这种佛教活动的倡导，有着不可低估的推动作用。即使到了唐代，信佛的地方官吏仍旧是促进陇东石窟艺术繁荣的一个重要因素，因为在北石窟寺约占总数三分之二以上的唐代窟龛中，第32窟内的武则天如意元年（692年）奉义郎、行泾州临泾县令杨元裕造的阿弥陀佛像一铺，以及武周证圣元年（695年）丰义县令安守筠营造的第257窟，都具有唐代独特的造像艺术魅力，是我们研究北石窟寺唐代雕刻的代表性作品。

佛教神山留胜迹

在佛教的观念中，世界的数量是数不清的，就像印度恒河里的沙粒一样。在每一个小世界里，都有一位起主宰作用的佛，而每一个小世界又都是以须弥山为中心。须弥山是古代神话里的名山，以后就成了佛教世界的中心神山。相传这座山高八万四千由旬（印度古代计里数的单位），山顶上住着帝释天，四面的山腰处分别为四天王，四周围有七香海、七金山。第七金山外有铁围山所围绕的咸海，咸海的四周有四大部洲，而中国在佛教世界中所处的地域，属于南瞻部洲。

宁夏南部的固原地区，遍布着黄土山脉和丘陵。就在固原城西北55公里的地方，有一处六盘山的支脉，裸露着红色砂岩体，丛生着生命象征的绿色植物。它的南面有寺河流过，无疑给荒凉广漠的黄土地带注入了一点灵气，仿佛人间的仙境一般。这座山恰恰又起了一个佛教中神圣的名字——须弥山，经过历朝历代佛教徒们的祈愿与营造，这里已经成为宁夏南部最重要的佛教圣地了。

须弥山南北长1800米，东西宽700米，有132所石窟分散开凿在山麓的东南向崖面上，从南向北可以分为大佛楼、子孙宫、圆光寺、相国寺、桃花洞、松树洼、三个窟、黑石沟等八个区域，创于北魏，兴盛于北周和唐代，直到明代，仍然有石窟开凿活动（图81）。从北魏末年开始，这一地区称作原州，明代才改成了今天这样的地名——固原。它是丝绸之路东段北道上的一个重镇，对于中原王朝经营西北地区有着举足轻重的军事地位。须弥山也有着良好的自然条件，红色的岩

图 81 宁夏固原须弥山石窟外景

体也适合开窟造像，给古代僧侣们的修行，为善男信女们的祈祷提供了极大的便利，也为我们今天造就了一批佛教艺术瑰宝。

在子孙宫区的崖面上，第 14、24、32 窟都是方形平面的中心塔柱窟，这里的塔柱更像方形平面的楼阁式宝塔，少的有三层，多的可达七层，在塔柱体的每层四面都开龛造像（图 82）。有的窟在窟室内的壁面也开龛造像。这三所洞窟的造像中，有交脚坐的弥勒菩萨，有单独的坐佛或立佛，而中心塔柱四面的大多数龛内造的是一佛二菩萨，即形体相对高大的坐佛像和侍立于两边的菩萨像。第 24 窟中心柱顶层四龛的造像内容比较特殊，后龛刻的是乘象入胎，东龛是逾城出家，正龛是悉达多太子思维像，

图 82 须弥山石窟北魏第 24 窟中心塔柱（北魏，6 世纪初）

图83 须弥山石窟北周第45窟中心柱正面（北周）

西龛雕着一尊立佛，手持一物，可能是释迦牟尼托钵起程，游化说法的情景。可以看出，这四龛的雕刻表现的是释迦牟尼一生中的四个重要故事内容，是须弥山石窟中唯一的一处佛传故事雕刻。三窟中的佛教人物形象都是面型清瘦、身材修长，属于北魏晚期的时代风格，而在有的佛像宽大服装的表面刻着排列密集的衣纹线，则又是北魏时期流行于西北地区的地方雕刻艺术特色了。

1983年，考古工作者在固原发掘了北周的原州刺史李贤（502 ~ 569年）墓，出土了波斯萨珊王朝的鎏金银壶和陶俑、壁画等大量的北周珍贵文物，曾经在文物考古学界引起了一个热门话题。这位李贤和西魏、北周的统治者宇文氏家族有着极为密切的关系，北周政权的奠基人宇文泰（507 ~ 556年）还曾经将两个年幼的儿子寄居在李贤家中达6年之久，周武帝宇文邕（560 ~ 578年在位）西巡到原州时，曾亲自驾临李贤的宅第。用李贤这样地位显要的人物经营原州，足见这里已被北周统治集团看作是军事重镇和后方基地了。而这段时期开凿的石窟寺，也以可观的数量、宏大的规模、精湛的技艺在须弥山石窟群中占有突出的地位。

须弥山的北周洞窟主要分布在圆光寺和相国寺区，第45、46、48、51、67、70等窟是其中的代表作。这些北周石窟仍然是方形平面的中心柱窟形式，与北魏时期所不同的是，中心方柱的每面只开出一个大龛，龛内雕造了大型的佛与菩萨像。佛像头顶的肉髻低平，面相方圆，双肩宽厚，完全摆脱了北魏清瘦的样子，形成了北周特有的厚重敦实的造型风格。第45、46两窟左右毗邻，是须弥山保存造像最多，雕刻内容最为丰富的石窟（图83）。第45窟稍大一些，在中心柱的四面和窟室四壁共有15所佛龛，大部分雕的是一佛二菩萨像，但西壁南龛的主尊是倚坐着的弥勒菩萨像。所以，这里面可能有表现过去、现在、未来三世佛的题材。它们的形体都比较高大，身高在1.8至2.5米之间，菩萨的身体表面有华丽的装饰。但由于后代佛教徒所做的重妆，很多已看不到原有的风采了。这两所石窟都有布满壁面的浮雕装饰，其中第45窟的顶部四披面都以陪衬着忍冬叶的香炉为中心，两旁是一对相向舞动的伎乐飞天，手持乐器，身上的帔帛迎风飘动着；飞天之间是一个化生童子。中心柱座的四角各雕着一个象头，象征着四头大象承托着沉重的塔座。在柱座的每面还分别雕刻了八身伎乐人物，他们有的吹横笛，有的弹琵琶，有的击羯鼓，有的奏筚篥，欢快地演奏着美妙的佛国音乐。第46窟中心柱基座的四面除了伎乐人之外，还有神王和供养人的形象。

第51窟由主室、前室和左右室组合而成，是须弥山形制独特、规模最大的一所中心塔柱窟。1920年的海原大地震，使窟室受到了严重破坏。它的主室高约10、宽14.6、进深12.5米，中间立着边长5.5米的通顶大方柱，在左、右、后三面各开一龛，龛内是一佛二菩萨像。主室后壁并排端坐在长方形坛上的三尊佛像，高达6米许，不愧为中国北周石窟艺术中的杰作（图84）。

唐代，是须弥山石窟艺术的繁荣期，保存至今的窟龛数量也最为丰富，主要分布在大佛楼、相国寺、桃花洞三区。第105窟俗称桃花洞，是中国石窟中较为

图84 须弥山石窟北周第51窟主室后壁三佛像（北周）

图85 须弥山石窟唐代第105窟窟室左壁的接引佛（唐）

罕见的一所唐代中心柱窟，在中心柱的每一面，除北壁里龛仅雕了一尊立佛外，其余各龛都有主像和胁侍菩萨。这些菩萨像的头顶梳着高高的发髻，身上绕着飘带，形体优美，亭亭玉立，展现了大唐特有的艺术风采。窟室左壁的后部还雕了一身展开双臂站立着的接引佛，是阿弥陀佛正在迎接众生们进入西方极乐世界的形象（图85）。

在相国寺区，还分布着一系列成组的唐代佛殿窟（图86），它们一般是方形平面，沿着正、左、右三壁设置有倒凹字形的宝坛，在坛上雕着佛与胁侍的二弟子二菩萨二天王（或二力士）像。这种窟是提供给僧侣们拜佛讲经说法用的。在它们的下方，还分散着系列成组的僧房和修行用的禅窟，这样就构成了一个庞大的崖间寺院体系。

第5窟的前面原来有木构的楼阁建筑，所以从明代以来这里就俗称为大佛楼。窟内高达20.6米的倚坐弥勒佛像，仪态威严，表情慈祥，面对着山前的开阔地带，大有高居须弥山俯视人间众生的感觉（图81）。在人们的眼里，这尊大佛就是须弥山石窟艺术的象征。

图86 须弥山石窟唐代第62窟后壁（唐）

图 87　甘肃武山拉梢寺石窟所在的大佛崖

须弥山石窟中还保存了一些宋、西夏、金、明各朝代的汉文题记，在松树洼区还有几座明清时代雕成的喇嘛塔，对于我们了解这处石窟群的历史与演变也是很有帮助的。过去，我们对须弥山石窟没有给予应有的重视，随着旅游业的开展和研究的不断深入，这个陇东高原北部最大的石窟群，必将越来越多地向世界各地的人们展示其风姿。

西出长安的第一大佛

在西出长安城的丝绸之路沿线上，散布着众多的石窟寺，供奉着众多的佛祖真容像，其中最为高大的一尊要数甘肃武山县拉梢寺石窟的摩崖大佛了（图 87）。关于这尊大佛的雕造，还要归功于北周的一位大将军。

尉迟迥（516 ~ 580 年），祖先是西域于阗人，在唐朝令狐德棻（583 ~ 666 年）撰的《周书》里有他的传记。他的妻子是西魏文帝元宝炬的女儿金明公主，尉迟迥也因此被封为驸马都尉。由于他聪敏能干，又颇具军事才能，在进攻西域沙苑等军事行动中立下了卓越的功勋，后被西魏朝廷拜为大将军。公元552年，尉迟迥被调任为秦州总管、陇右大都督，驻守今天的天水、武山一带，并且统领甘肃的陇山以西乃至河西走廊的军队，保卫着北周国的西部领土。尉迟迥不仅善战，而且信佛，在他的带动和提倡下，武山地区掀起了开窟造像的热潮，还完成了中国丝路沿线上最大的一组佛像工程。

　　武山县地处渭河上游，这里不仅是北周国的军事重镇，也是中原地区通往西域的必经之地。在武山县城东北25公里处的榆盘乡钟楼湾村鲁班峡丛山中，古代曾经在这里修建了七所佛教寺院。今天，这些寺院建筑绝大部分已经湮没无存了，只有拉梢寺、水帘洞、千佛洞、显圣池这四处石窟寺还比较完整地保留着，它们

图88 拉梢寺石窟大佛崖的巨型一佛二菩萨像（北周）

图 89 拉梢寺石窟大佛崖的右胁侍菩萨头上闻法众壁画（北周）

都坐落在峡谷中相距不足 2.5 公里的范围之内。

拉梢寺石窟又叫大佛崖，位于响河沟北面的悬崖峭壁上，崖面笔直险峻，高和宽约有 60 多米。就在这处崖面上，保存着北周时期的大型浮雕式一佛二菩萨巨像，它们的内部是石胎，表面是抹泥塑制而成的（图 88）。中间的主尊坐佛像通高近 40 米，它的头顶肉髻低平，面部胖圆，五官宽大，但表情有些过于肃穆；双肩微耸着，身穿紧身的通肩式袈裟，双手叠放在腹前，施禅定印。大佛身下坐的是一个方形的仰莲高台座，佛座的表面自上而下分别雕出了六只卧狮、八只卧鹿、九头立象。莲花、狮、鹿、象，分别是佛教中象征洁净的名花和富有奇异传说的神兽，将它们结合在一起组成这极富装饰效果的佛座，在国内的其他石窟中还很少见到。佛座的正中还开凿出了一个长方形的尖拱浅龛，龛内塑着三身立佛像，中间的一身高大，则是宋代的补作。

大佛的两侧分别站立着一尊胁侍菩萨，它们头戴宝冠，面型丰圆，神情和蔼可亲，双手捧着盛开的莲花，恭敬地奉向中间的佛祖。这两尊菩萨的上身显得胖大，肌肤袒露，装饰着项圈、臂钏、手镯、帔帛等物。下身则比较瘦小，穿着百褶长裙。

图 90 武山水帘洞石窟佛与菩萨壁画

这可能是从仰视的角度出发，对这两尊立菩萨像所做的特殊处理，因为信徒们如果站在下方来瞻仰这三位佛教中的圣人，就不会感到它们的比例失调了。

在这组巨大浮雕的顶部，还保存着古代的木构遮雨檐，檐前挂着铜铃，木板的表面有彩绘的佛和菩萨像。大佛的头两侧和菩萨的头上方，还画着成排的坐佛和侍立的弟子、菩萨和保护佛法的力士像，这些人物都是一副正在聆听佛祖说法的姿态，与大佛像共同组成了庄严宏伟的说法场面（图 89）。

就在大佛北面的菩萨身旁，下距地面约有 25 米的崖壁上，保存着一方阴刻的造像铭文，上面记载着公元 559 年，身为陇右大都督兼秦州刺史的开国公尉迟迥敬造这处摩崖大佛的事迹。在发愿文中，尉迟迥希望这尊大佛保佑"天下和平、四海安乐"，也祝愿北周国与天地共存，与日月同辉。但令尉迟迥遗憾的是，他的祈祷并没有奏效，因为 20 多年以后，北周的统治就被杨坚（541 ~ 604 年）的隋朝所替代了。尉迟迥的功德早已成为历史，而这处险峻壮观的大佛组雕所具有的宗教感染力，至今仍令人们惊叹不已！

拉梢寺大佛像南侧的崖壁上有两层塑像，上层是五身立佛，下层是十身立佛。

崖面上还满绘着排列整齐的佛与二菩萨说法图，或者是千佛、飞天等等。这些壁画除了个别的是唐代和元代补绘外，大部分是北周时期的原作。壁画周围的崖面上开凿了八个圆拱形佛龛，有的龛内还保存着一佛二菩萨像。崖面上还有元代的四座藏式喇嘛塔。在大佛对面的山崖壁面上，下距地面约40米的地方，开凿了一所平面长方形的平顶大窟，窟内正壁前的高坛上有三尊明代制作的佛像和两身弟子，正壁上开凿了一个高0.4、宽1.2、深0.5米的长方形龛，龛内安置了一个木匣子，匣内装着一内屈肢的无头裸体男尸。利用石窟来安葬亡者，在古代屡见不鲜，而这里的遗存，可能还隐藏着一段鲜为人知的故事。

千佛洞石窟又叫七佛沟，位于武山石窟群的西北，距离拉梢寺约有0.5公里。在一所高25、长约25、深8米的不规则天然石洞的西壁上，保存了佛龛和壁画共29个单位。佛龛大部分是北周时期的作品，内容有一佛二菩萨二弟子、一佛二弟子、一佛二菩萨、三菩萨与二弟子、七佛、单身菩萨等不同形式。崖面上还有几方壁画，上方是千佛像，下方有说法图和侍立着的供养菩萨、比丘形象，有些可能是北周以后所补画的。

水帘洞石窟位于响河沟南岸，与拉梢寺相对，彼此间的距离不足0.5公里。这一带山高谷深，曲径通幽，环境十分雅静，石窟就坐落在山崖的深处。水帘洞是一所高30、宽50、深约20米的天然石洞，由于石洞的顶部常有山水向下倾泻如水帘状，所以被称作水帘洞。在洞内的西壁北侧保存着长17、高8米的壁画一方，按画中的内容可以分为六组，有佛、弟子、菩萨与供养人组成的说法图（图 90），有单佛、七佛、二佛、三菩萨、二菩萨等形象，还有五佛、十六菩萨。它们有的是北周遗作，有的是五代与北宋绘制的。这些题材简单的壁画虽然是一个个独立的画面，但有的彼此之间往往能够组成统一的整体，给人以内容充实的感觉。

显圣池石窟在拉梢寺东南约1公里处，也是一所天然的石洞，它的平面近似于半圆形，高20、宽约54、深17米。窟内的崖壁上原来绘满了壁画，现在仅存南壁上的说法图和千佛等。正中的说法图是由一佛二弟子四菩萨组成，佛的上方绘着千佛像，胁侍菩萨的旁边还有三方说法图。这些残存的壁画，也是武山石窟艺术群体中的重要组成部分。

三秦大地的佛祖福音

　　当秦始皇（公元前 259～前 210 年）建立的大帝国寿终正寝之际，楚霸王项羽（公元前 232～前 202 年）火烧咸阳宫，大封诸侯。他把秦朝首都咸阳一带分给了三位秦的降将，建立了三个小国家，历史上称之为"三秦"。这三个小国不久就被汉高祖刘邦（约公元前 256～前 195 年）消灭了，但三秦的名称却被沿用到了今日。当然，如今的"三秦"已远远超出了古都咸阳的范围，代表着陕西的三种地貌特色所构成的地理区域：陕北的黄土高原，中部的关中盆地和陕南的崇山峻岭。这里不仅是华夏文明的发祥地之一，也是历代封建王朝建都的重要地区。据佛教历史文献记载，大约在三国以后的西晋时期，释迦牟尼的大法就已降临了陕西地区。文物普查的结果表明，现存的石窟寺地点在陕西境内不下 200 处，上自北魏，下迄元明，既有自己的地方特色，也包含着时代的发展风尚。地点分散，交通不便，是陕西石窟的分布特点，因此，长期以来对这一带的调查研究相对比较少。下面，我们根据已经发表的资料，来勾画一下陕西石窟艺术的基本轮廓。

陕北黄土坡上的北朝石窟

　　在南北朝时期，中国北方石窟寺发展的重心区域位于山西大同和河南洛阳一带，那里佛教艺术风格的演变，越来越多地影响着它们的邻近地带乃至国土的边远地区。陕西作为毗邻山西与河南的省份，其中的北朝佛教艺术作品也明显地带有这种时代烙印。当时，在陕北北部有一条古老的通道，经由吴旗、安塞、横山县可以通向山西的大同附近，向西还可以通向西域，贯穿着西域的佛教文明和北魏早中期的首都平城（今大同市）地区的云冈石窟艺术。在陕北的南部，还有一条古道是通往长安、北魏晚期的首都洛阳和甘肃地区的，沟通着陇山东西和洛阳龙门的石窟艺术。出家修行的僧侣在选择地点时，一般不会偏离交通要道太远，这样既可以掌握新的佛教思想与艺术信息，也可以受益于俗家香火的供应。所以，我们在这里要向大家介绍的几处陕北黄土高原上的北朝石窟，就是分布在古代交通要道的附近。

　　安塞县的镰刀湾乡，属于北魏王朝的夏州范围，正处在秦代的长城以内西去武威、东到大同的古道南侧。在该乡的杨石寺村东部的山崖间，由北向南在大约50米的区域内开凿了6所石窟，它的下方临近延河的水源，为当年在山间修行的僧侣们提供了生活上的便利条件。这就是云山品寺石窟。第1窟是僧人起居用的僧房窟，没有雕刻造像。第2窟的洞口雕出了门柱和尖拱形带有卷草样式的门楣装饰，门的两边还分别依崖雕造了一座七级石塔，高约6米。窟室的空间并不太大，高2.4米，宽3.29米，进深是3.39米，马蹄形的平面，穹隆形的窟顶。在窟内正壁的佛坛上雕着一尊坐佛像，通高约有1.72米，它的面部虽然是胖圆的，但细细的颈部，削窄的双肩，平坦的胸腹部，以及比较密集的衣褶纹，都表现出了北朝晚期的造像风格。这是一所供讲经说法用的佛殿窟。

云山品寺的第3窟与第2窟相毗邻，规模略微小一些，是一所长方形平面穹隆形顶的中心塔柱窟。窟内中心的方形柱体是一种楼阁式宝塔的形状，每一面都雕刻了三层造像，除了我们常见的一佛二菩萨或一佛二菩萨二弟子的形式以外，还有交脚坐姿的弥勒菩萨像和表现释迦牟尼成佛以前静坐思维人间苦难根源的半跏趺坐菩萨像。在中心塔柱的背面二层间，在坐佛像的前面刻出了相对的两只鹿，以及两鹿中间的法轮。这种轮是古代印度将战车神化了的威力无边的武器，勇猛善战的国王转动着它，能摧破山岳和坚硬的岩石。后来，印度佛教诞生了，这种宝轮也常常出现在佛教的雕刻图像之中，用来比喻佛法能摧破众生的一切烦恼和邪恶，就像宝轮的威力一样。那两只鹿代表着印度的鹿野苑。这些图像组合起来，是向信徒们表现了释迦牟尼成道以后，在鹿野苑里第一次向他的五位弟子说法的场面。在窟室内的四壁表面，还分别开出了三层共72个浅龛，龛内都雕刻了一尊坐佛，这是在表现千佛的造像题材。这所礼拜窟内的佛像，都是削瘦的身材，穿着宽大的袈裟，是北魏晚期风靡北方的佛像艺术风尚。但这些佛像的胸部中心线像鱼脊状凸起着，应该是当地独特的表现手法。

云山品寺的第5、6窟都比较小，窟内雕造的一佛二菩萨像也是北朝晚期的风格。

分布在陕北的北朝石窟寺，还有吴旗县的石空寺石窟，位于洛源乡张坪村以北0.5公里的山崖间。这是一所长方形平面平顶的中型洞窟，高2.25米，宽8.3米，进深5.36米。最奇特的是，在窟室的中央并列树立着两座平面长方形的塔柱，柱的三面开龛造像，内容都是一佛二菩萨，也是北朝晚期的风格。石柱的正面有唐代的朔方县（今陕西靖边县东北白城子）县令阎开西重新妆修石窟时的碑记。另外，安塞县界华寺村以西 0.5 公里处的界华寺石窟，保存着五所石窟，其中的主窟也是北朝时期开凿的中型中心塔柱窟。横山县秦代长城以南 2.5 公里处的波罗城东崖，有接引寺摩崖造像，只是一身菩萨的立像，可能是北魏时期雕刻成的，像的左侧下方有明代重修接引寺的题记。

　　陕北黄陵县双龙乡香坊村东北约 1 公里处的陈家山崖壁上，保存着一座小型的石窟，称作香坊石窟。它的平面呈方形，平顶敞口，高、宽、进深都在 1.2 米左右。后壁的正中雕了一尊坐佛像，左右两壁的内侧各雕一身胁侍立菩萨，它们的面部如卵形，身躯饱满，服装的表面刻着排列密集的衣纹线，很缺乏写实感，倒是有一种民间的装饰趣味。在左右壁的外侧，以浅浮雕的形式分别刻着十身男供养人像和十二身女供养人像，都穿着北方少数民族特有的胡服，身旁还刻着他们的姓氏，可以知道这是盖姓一家人的模拟像，而盖姓，则是北魏时期沮河流域匈奴族卢水胡的族姓。当时居住在黄陵和宜君县一带的卢水胡，是由甘肃地区沿着沮河迁移来的。

图 91 陕西黄陵县香坊摩崖大立佛（北魏，6 世纪初）

　　黄陵县的麦洛安石窟，开凿在桥山乡麦洛安村以东 0.5 公里的北山石崖上，是一所高、宽、深都在 3 米左右的方形平顶窟。它后壁的一个大龛内雕了三身坐佛像，左右壁的龛各雕了二身坐佛像，合起来构成了七佛题材。后壁的尖拱形龛楣表面浮雕着比丘、飞天、菩提树和山峦、立鹤等；洞口外的门两侧，各雕了一身张口怒目的力士像。另外，在香坊石窟右侧约 5 米的地方，有一尊高 4 米的摩崖立佛像，两侧各有一身高 1.4 米的胁侍立菩萨。立佛穿着宽大的褒衣博带袈裟，衣纹刻画得写实感较强，大有龙门石窟北魏晚期佛像的艺术

图 92 陕西宜君县华石崖石窟外观（北魏，6 世纪初，20 世纪 90 年代拍摄）

风范（图 91）。

在宜君县境内有几处小型的北朝石窟和摩崖造像龛，如棋盘乡沟门村崖壁间的一所一佛二菩萨像龛，秦家河西山崖间的四所造像龛（其中两龛属于唐代），玉华川崖壁间的彭村石窟和华石崖石窟等。华石崖石窟有小型洞窟三所（图 92），窟门口雕二力士守护，窟内壁间开龛造像，表现佛说法的场面。龛下刻供养人，有的还以车马表示他们的高贵身份。这些造像包含着典型的陕西北魏地方风格，如力士动作的夸张怪异、菩萨的笨拙体态等。佛像的服装趋向于保守，有的着通肩式大衣。但有的菩萨像有帔帛在腹前交叉，则是来自洛阳地区的中央模式。

宜君县的福地水库石窟，坐落在五里镇福地水库中心岛的断崖间，如今已被切割搬迁下来，保存在宜君县文化馆内。这是一所方形平顶、边长不足 2 米，以小巧精致而著称的石窟。在后壁的中央大龛内，雕刻着释迦牟尼坐像和两身胁侍菩萨像，它的左下方刻了一身供养人正在香炉前跪拜礼佛。中央大龛的左侧有三层浮雕像：下层是伞盖下的骑马供养人像，马前有两位女子分别捧着盘盒和持着伞盖，这是抚军将军王洛生与妻子贺兰氏的供养像；中层刻着王洛生夫妇并坐在一座房屋中，他们的左右有持伞盖的男女侍者；上层刻的是鹿、鸡、蟾、双鹤等动物形象。这里还保存着西魏大统元年（535 年）七月九日的造窟题记。

这所石窟右壁中央大龛内的造像已经塌毁，周围还有 12 个小佛龛。大龛的上

图 93 陕西宜君县福地水库石窟正壁坐佛局部（西魏大统元年，535 年）

方雕出了山峦、走鹿、蹲猴等，可能代表着一定的含义。

窟内左壁的中央大龛内雕的是手拿芭蕉扇的太上老君像，左右有手捧笏板的侍者。在龛楣的表面刻出了 10 身侍者的半身像和 7 身伎乐天，他们当空飞舞，帔帛飘扬，合奏着箜篌、筝、琵琶、箫、长笛、腰鼓、长鼓等民族乐器，使窟内的气氛活泼热烈。

大龛的左侧还浮雕着四层人物形象：有道士的供养像，有两龛的双人坐像，有二位手执团扇的仕女和裸体相扑的人物。在他们的左侧，刻了九位低级官吏的姓名。

我们可以看出，这所内容丰富的小窟，是将佛教和中国传统的道教融为一体的。其中的大小人物形象，都具有北魏晚期以来的清瘦潇洒风度，在宽博的服装表面，又都刻画着繁密的平行线衣纹，属于典型的陕北北朝造像风格（图 93）。

看来，陕北地区的北朝石窟，在形制上主要是继承了云冈和甘肃地区的中心柱窟，以及龙门北魏晚期的佛殿窟风格。在人物的造型风格上，既有北魏流行的清秀，也包含着陕北独特的民间艺术风格和地方特色。我们之所以认为那种繁密的阴刻平行衣纹装饰属于这一地区所特有的，是因为在陕西关中地区发现了许多具有同类衣纹雕刻技法的北魏佛教造像，耀州药王山保存的大批造像碑就是佳例。这种风格的造像还波及甘肃东部和宁夏南部，而在同时代或者更晚的其他地区却看不到。因此，从这个方面来讲，陕北的北朝石窟艺术不仅可以使我们看到佛教艺术的汉民族化，还能够展现来自印度的佛教尊神们在深入中国民间之后，是怎样被那些地方艺术所消化变异的。

大佛寺的唐风艺术

唐朝，是中国封建社会政治、经济、文化发展的最高峰，是当时闻名于世界的东方最强大的帝国。唐朝首都长安是一个上演世界性文化的大舞台，它兼容并蓄着世界各地区的文明，又独立创造着中华民族的优秀文化，也继承发展着中国古代文化中的优良部分。从中国佛教史的发展情况看，唐朝也是最繁盛的时期，层出不穷的高僧大德，宝刹林立的佛家香火，丰富多彩的艺术形象，都曾在长安城中一展风姿。如果我们再从石窟寺艺术的角度观察，发源于长安的唐风造像与壁画艺术，可以在位于丝绸之路咽喉的敦煌莫高窟，和西南边陲的桂林西山看到它们的流传广远。但是，昔日长安城中发达的寺院艺术绝大部分已荡然无存，我们只能从幸存下来的一些造像中窥探到其中之一斑。同时，幸运的是，分布在长安城周围唐代开凿的石窟寺中，还保存着不少直接来自长安的佛教造像艺术，这是我们探索唐风佛教艺术源泉的主要依据。彬县大佛寺就是其中最重要的一处。

今西安市西部的彬县，是古代丝绸之路西出长安东段北道上的第一站，唐代称作邠州。在彬县城西 10 公里的水帘洞乡大佛寺村附近的清凉山上，有一处大佛寺石窟，现存有洞窟 100 多所，还有不少的摩崖造像龛，是陕西省境内最大的一处石窟群（图 94）。它们面北背南，前有泾河蜿蜒东流，窟前屹立的五层楼阁，为这一带幽美的环境增添了一股灵气。大佛寺石窟的数量虽然不少，但有造像的只有近 20 所，包含了大小造像 1500 余尊。在山崖间，当年供给僧侣们修行与起居用的僧房窟，系列成组地排列着，它们彼此之间使用栈道、石廊或竖井形通道相连接，这种庞大而连贯的僧房窟群在全中国范围来看也是极少见的。在有限的若干含有造像的石窟中，大佛洞、千佛洞和罗汉洞的规模最大，保存的造像也最多、最完整。

图 94 陕西彬县大佛寺石窟外观

　　大佛洞，雄踞于大佛寺石窟群的中心，它不仅是这处石窟群里最大的一所洞窟，也保存着全陕西省最大的一尊佛像。它的平面近似于凸字形，高 23.5 米，横宽 34.5 米，进深 18 米。洞窟上部的总体构造是穹隆形的，中间还有一个残损的横向人字披，很像两面坡的房屋样子。位于窟内正壁的是一尊巨大的坐佛像，高达 20 米，占据了窟内的很多空间（图 95）。位于前壁的大型明窗正好可以透过一束光线，照射在大佛的面部，在整体幽暗的反衬下显得格外神秘。在东西侧壁上还各有一尊高约 17.5 米的立菩萨。1996 年，考古工作者们发掘清理了大佛洞的原始地面，发现了大佛与立菩萨原来的台座。在大坐佛的身后还开出了一条环形甬道，这样就可以使信徒们绕着大佛作右旋礼拜了。这种洞窟的使用功能，会使我们联想到拜城克孜尔石窟中的大像窟，到了北魏时代，大同的云冈石窟里也出现了这种带有环形甬道的大像窟，所以，这样的做法，乃是大佛寺对中国石窟寺古老传统的继承。

　　在大佛背光的左下侧，刻着"大唐贞观二年十一月十三日造"的铭文，其中的时间也就是唐太宗李世民（627 ~ 649 年在位）执政的第二年，即公元 628 年。现在窟内巨型坐佛像的表面经过了后代重新塑做，而大佛背后的头光与背光还保

图 95　陕西彬县大佛寺石窟大佛洞内景（唐贞观二年，628 年）

留着开窟时的雕刻内容与造型。在大佛象征神圣的身后光环表面，刻着火焰纹、花卉和卷草纹图案，其间还穿插了众多的飞天伎乐和坐佛形象的浮雕，展现出一派佛国世界里和谐、欢快的气氛（图96）。这些背光间的小坐佛却有着低平的肉髻、方圆的面庞、丰满而敦厚的身躯，保留了很多北周以来的造像特征。无独有偶，在全国其他地区发现的唐太宗时期的佛像，

图 96 陕西彬县大佛寺石窟大佛洞主佛背光（唐贞观二年，628 年）

大部分是带有浓厚的前朝风格，而很少有新的时代特色。

为什么会是这样呢？如果我们翻阅一下有关唐代的历史书，就会发现唐太宗李世民是一位不怎么信佛的英明皇帝。当时，正在终南山龙田寺修行的和尚法琳（572～640 年），是反抗异教言论，竭力维护佛教的代表人物。他写了一篇《辩正论》呈给了唐太宗，里面详尽地阐述了信仰佛教的好处。不料在公元 639 年，道士秦世英对唐太宗说：“《辩正论》实际上是在毁谤皇室。”唐太宗一怒之下决定削剪佛教，并将法琳逮捕下狱。法琳不服，在朝廷上反驳唐太宗，为佛教据理力争。唐太宗回答说：“你的《辩正论》里不是说，只要经常念着观音菩萨，就连刀枪也不能伤害自己吗？那我就给你七天时间，让你在大牢里把观音念个够。七天以后，我就要杀你的头，到时候看看观音菩萨能不能来救你。”等到七天以后，刽子手们将要行刑时，唐太宗再次问法琳：“观音这时为什么不来救你呢？”没想到法琳却回答说：“这七天以来，我没有念观音菩萨，而是一直念着陛下您呢！因为我知道陛下是圣明天子，已经具备了观音的品德。如果陛下做事公正，就一定会救我的。”唐太宗很佩服他的诡辩才能，不得不免了他。这个故事很能说明唐太宗对于佛教的态度，他既不提倡，也不排斥，而是严格限制着佛教的发展。在这样的历史背景下，佛教艺术也很难出现全新的风采。

我们再回头看看大佛洞前壁那些补凿的众多佛龛，会发现它们的造型风格就

完全不同了，而表现出了我们心目中的大唐典型的艺术风尚。这些佛龛大部分是在唐高宗（650～683年在位）和武则天（690～704年在位）时期补凿的，这两位皇帝都是极力提倡弘扬佛教，在他们执政的50多年时间里，唐朝的佛教艺术发展到了辉煌的顶点。大佛寺石窟群中最能体现这段历史时期的造像艺术，主要保存在千佛洞和罗汉洞中。

千佛洞是一所平面近似于正方形的大型中心柱窟，由于窟内不太高，而中心柱又比较宽大，所以，它的形制和我们在前面提到过的楼阁塔形中心柱有一些区别。只有中心柱正面的几个大龛似乎有一些规划，而其他壁面的佛龛都是大小不一、杂乱无章地排列着，这是洞窟凿成后不断补刻的结果（图97）。从造像龛间的一些铭文题记来看，大部分应该是武则天执政时期的作品。罗汉洞的规模略小一些，形制比较特殊，西侧是马蹄形的窟室，正壁开出一所大龛，东侧是竖长方形的窟室，彼此间连通着。其实，它是一所未完成的中心柱窟。壁面间的很多佛龛也是无规律补刻上去的，造像的风格大致与千佛洞相同，年代可能稍晚于千佛洞。

千佛洞和罗汉洞众佛龛的造像题材有单尊佛像、双尊佛像、一佛二菩萨像、一佛二弟子二菩萨像、单尊的菩萨像和佛装的地藏菩萨像等。有的在佛、弟子、

图97 陕西彬县大佛寺石窟千佛洞内景（唐，7世纪下半叶，刘晓华摄影）

菩萨一组造像中还加入了天王与力士。这些造像所共有的时代风格是：都具有鼓胸、细腰、宽胯、头身比例适度、身躯丰满健康的体型特征。这是集人体的健与美于一身的造型艺术，是从北周的丰满型佛像发展而来的新型艺术。特别是有的立菩萨像，清晰地显露着女性般的优美身体轮廓，再加上向一旁扭动着的胯部，如舞蹈动作般的手姿，完美地刻画出了菩萨的妩媚与婀娜。这是大唐盛世带来的积极向上精神在出世的佛教艺术中的体现。

大佛寺石窟千佛洞与罗汉洞的造像艺术基本风格，我们还能在耀州药王山初唐时期的摩崖造像中见到。这种风格的初步形成有可能是在唐太宗执政时代，到了唐高宗执政的初期，长安的唐风佛教造像艺术被带到东都洛阳，在那里得到了发扬光大。大佛寺石窟体现了长安城的唐代艺术风貌，而遍布各地的唐风造像，也正是从唐朝首都一带起步，走向四面八方的。

圣像环拱唐皇夏宫

在关中西部与甘肃陇东相毗邻的地区，丝绸之路西出长安后南北两道的必经重镇——彬县与凤翔之间，是麟游县的所在地。这里不仅山川秀丽，景物宜人，尤其是夏季凉爽的气候，很幸运地拥有了隋朝和初唐皇家的避暑山庄——九成宫。当年杨姓和李姓的帝王们，在炎热的夏季离开长安城，在嫔妃、宫女、侍卫、大臣们的前呼后拥下，经过长途旅行，来到这处皇家的夏宫避暑，随之而来的还有长安城的舞蹈、音乐、绘画、雕刻等文化艺术。因此，这个关中西部的小县更能直接地反映出大唐长安的时代风貌。1000多年过去了，九成宫也早已湮没在了现代麟游县城的下面，然而，这一带所发现的众多名胜古迹，如宫殿、水井、城门，和唐代大书法家欧阳询（557～641年）书写的《九成宫醴泉铭》碑等，越来越多地向我们勾画着昔日繁盛的景象。

1990年和1991年间，我参加了九成宫一所唐代宫殿的发掘工作，出于对佛教艺术的偏爱，便抽空调查了那里的佛教遗迹。令我惊奇的是，在九成宫周围的群山之中，竟然隐藏着八处佛教石窟和摩崖造像。它们的雕刻年代早的可到北魏时期，晚的属于明代，而以唐代的作品居多。这些艺术品如同众星拱月一般，环绕在九成宫的周围，为鳞游多姿的山崖披上了一层佛祖神圣的光环。

下面，就让我们按时代顺序，来一同游览九成宫周围的佛教胜迹。

鳞游县城西南约 16 公里的九成宫镇永安村，位于青莲山的南麓，这里有一处面南的东西走向山崖，崖前花草丛生，有小溪西流，东川寺摩崖龛像就位于这处山崖间。东川寺摩崖现存有两所造像小龛，第 1 龛是圆拱形的，龛内雕着一身坐佛和两身胁侍菩萨像，龛壁间还有六身小坐佛像，龛外的左下角刻着一位骑马的供养人和侍者像。这所龛内的造像虽然残损较多，但仍然可见它们消瘦的形体，和身体表面密集的平行线衣纹。因此，它是鳞游县现存最早的能反映一些陕西地方特色的北魏晚期造像龛。

在鳞游县西南方向青莲山上的一处山崖间，保存着古青莲山寺的摩崖造像，大约 17 所佛龛（图 98）。从古代的《鳞游县志》和那里的石碑记载来看，有些造像龛是在唐太宗的贞观年间雕刻成的。在它们的布局安排上，有一些统一的规划。其中的下层五龛雕造于唐太宗贞观年间（627～649 年），上层四龛补凿于贞观晚期至唐玄宗（712～756 年在位）执政之前，而其余各龛为北宋补凿。这处遗迹为我们研究唐贞观时期中国佛教造像艺术的发展提供了一批新资料。与其他地区发现的唐贞观时期造像相似，第一期造像反映着风格多样与保守的不成熟性，这可以和唐贞观年间佛教的缓慢发展背景相对映。人物的形体都是敦厚而丰满的，很少具备优美身段的刻画，这是唐太宗时期佛教造像的普遍特点。青莲山寺摩崖不仅有一般的佛与菩萨组合，还有明显的佛传题材，即树下诞生的故事情节。其中的题材与内容有地藏菩萨、药师佛、西土传法祖师像、众菩萨像等。宋代补凿小龛表现入宋以后流行的水月观音像，还有一尊炽盛光佛像也是唐以后流行的题材。从供

图 98 陕西鳞游县青莲山寺摩崖造像（唐、宋，刘晓华摄影）

图 99 陕西麟游县慈善寺石窟第 1 窟三佛（唐，7 世纪下半叶）

养人像来看，这处摩崖造像的主要捐资者是女佛教信徒。三期的龛像均表现出了浓重的民间地方风格，但从中仍能看到或多或少的唐风或宋风。

位于麟游县城以东大约 4 公里处的漆河西岸崖面的慈善寺石窟，是九成宫周围佛教雕刻艺术中的代表作。这里的西崖间自北向南依次分布着三所中型石窟，南崖间还排列着十所摩崖造像龛，都具有鲜明的唐代特有的艺术风格，只是在雕凿年代上略有早晚的区别。第 1 窟的规模最大，它的平面呈马蹄形，顶部近似于穹窿形。在窟室内依正、左、右三壁凿出了一个倒凹字形的佛坛，佛坛的正中心是一尊圆雕的坐佛像，左右壁前各有一尊高浮雕的坐佛像，这样就构成了三世佛的造像题材（图 99）。窟内的这尊主佛像不仅身躯健壮，还有优美身段的刻画，是唐高宗时期佛像制作的典型风尚。第 2 窟的平面呈扁马蹄形，背依正壁雕出的一尊通高 4.7 米的大立佛像，占去了窟内的主要空间（图 100）。立佛的左手掌心托着一颗火焰宝珠，据说这种宝珠能够变化出人们所需要的一切物品。在第 2 窟左右侧壁的上部，各有一所小型的立菩萨龛，它们可能是大立佛的胁侍菩萨像；

图 100 陕西麟游县慈善寺石窟第 2 窟
主佛（唐，7 世纪下半叶）

左右侧壁的下部分别是一佛二菩萨龛和一佛二弟子龛，这两所龛内的坐佛像，又似乎可以同大立佛一起组成三世佛的题材。第 2 窟里的菩萨像虽然不大，但它们丰腴窈窕、婀娜多姿的女性体态特征，正是代表了唐高宗晚期到武则天称帝时代的人物审美情趣。

第 3 窟没有完成，后来只是在正壁上开了一所佛龛。散布在南部崖间的十所佛龛，也都是唐高宗和武则天时期的雕刻风格。这些龛内的造像组合以一佛二菩萨居多，还有一佛二菩萨二弟子，和倚坐的弥勒佛像与倚坐菩萨、半跏坐菩萨、二弟子相组合的，这后一种是极其罕见的。

另外，在慈善寺石窟以南大约 1.5 公里的白家河中流东岸崖间，也保存着一处同时代的摩崖造像龛，内容是一佛二菩萨二力士二狮子，与它相类似的作品，我们可以在洛阳龙门石窟唐高宗与武则天时期开凿的窟龛造像中找到很多，它说明了西京长安与东都洛阳之间存在着极其密切的关系。

麟游县城以东大约 1 公里处的杜阳路 2 号，是麟游县木器厂所在地。在这个工厂院内的最北端山崖间，分布着麟溪桥摩崖造像，共有 19 所佛龛。除了第 16、19 龛以外，其余各龛都是唐高宗和武则天执政时期开凿完成的。这些龛的形制有尖拱、圆拱和长方形等，龛内的造像组合有一佛二菩萨、一佛二菩萨二弟子、双菩萨立像、双佛立像等，特别是较大的第 18 龛中的单身立菩萨像，头顶挽着高发髻，身体丰满又显窈窕，右臂弯曲向上外扬着，再加上那种扭曲成反 S 形的动作，充分展露出这尊菩萨的艺术魅力。

麟游县城以北 5 公里的地方，有一处石鼓峡石窟，坐落在澄水西岸边。这一带的石质河岸三折急转，窟顶古柏垂落蔽日，环境幽雅如世外桃源。这所中型石窟平面近似于马蹄形，窟顶为较平的穹窿形，窟内中部只雕了一尊 1.8 米高的坐佛像。佛像的形体胖大，腹部隆起，给人以臃肿的感觉，这是唐玄宗李隆基（712～756年在位）执政以后，社会上崇尚以肥胖为美的艺术表现。在窟内几条铭文题刻中，年代最早的一条是唐宪宗元和四年（809年）刻成的。因此，我们推测石鼓峡石窟可能是在唐玄宗以后的公元8世纪末至9世纪初开凿出来的。而东川寺摩崖的第2龛内，造的是坐佛与胁侍菩萨之像，也具有身躯肥胖、不显身段的体型特征，是在唐昭宗大顺元年（890年）刻成的。这时相距唐朝的灭亡已经不远了，造像艺术也表现出了衰颓的趋势。

麟游县城北部的蔡家河摩崖造像，位于蔡家河岸边的山崖间。这里的佛龛有22所左右，有着大略的统一布局，可分为三个阶段。第一阶段的龛像雕造于初唐时期的7世纪下半叶，造像题材有弥勒佛、药师佛、佛与文殊骑狮、普贤骑象并昆仑奴，还有西方三圣像与单身的菩萨与坐佛像等（图101）。在造像风格方面主要表现为唐高宗时期的特点。第二阶段龛像约造于7世纪末期的武周时期至8世纪初的唐玄宗执政初期，主要是在第一阶段完成以后的崖面插空补凿。造像题材有弥勒佛与二弟子、西方三圣像、一佛二弟子像，以及可能的释迦与多宝佛并立、单身的立佛与立菩萨像等，主要表现唐武周时期的图像特点。第三阶段龛像约造于唐代晚期至北宋，题材有地藏菩萨与线刻的毗沙门天王等。蔡家河摩崖造像既表现唐宋时代特色，也有麟游的地方风格。

在县城西南大约15公里的崇山峻岭间，有一座喇嘛帽山，这是因为它远看很像西藏喇嘛头上戴的黄色尖顶帽而得名的。山上有一座早已荒废了的千佛院遗址，据在千佛院寺址发现的清光绪二十八年（1902年）《创修百尺崖千佛寺记》石碑记载，这所山间佛寺是在唐代创建的，到了清朝晚期仍然

图101 陕西麟游县蔡家河摩崖造像（唐、宋，刘晓华摄影）

保持着极为壮观的规模。它的荒废应该是在 1902 年以后。从现存的一所残破石窟（第 2 号）和四所摩崖造像龛观察，时代属于唐宋时期。第 2 号是一所约开凿于唐高宗时期的洞窟，窟内仍存有三身坐佛石雕像。在中唐时代的 8 世纪晚期，相继雕凿了第 4 号千佛壁的主龛坐佛像与第 3 号大龛的等身立佛像。到了北宋时期，又开凿了第 1 号龛、第 5 号的二小龛、第 4 号千佛壁主龛之外的麟游地方风格浓厚的众小千佛像。喇嘛帽山造像的精华部分便是第 4 号千佛壁的石刻像群，处于中心位置的是一尊坐佛像，在它的周围排列着密密麻麻、多不胜数的小佛像，其间还夹杂了一些罗汉和头戴五佛冠的菩萨像。这些窟龛造像为我们研究初唐至中唐、北宋时期关中一带的佛教艺术发展提供了难得的实物资料。

麟游县的佛教雕刻艺术，是关中西部的宝鸡地区保存最集中和最多的。它们的时代跨度大，艺术风格鲜明，可以概括地反映陕西地区部分佛教艺术特点。因此，这个现今人口不多的山区小县，却是我们不容忽视的地区。

延安地区的宋金石窟

北宋建都在河南开封，它的文化中心也位于中原地带。这个时期的佛教虽然还是向前发展着，但却远不如北魏和唐代那样狂热，开凿石窟雕造佛像的事业也逐渐衰退了。从全国范围来看，北宋的石窟寺艺术已被局限在个别的地区，在总体的时代风格之下，带有鲜明的地方特色。陕北的延安地区，就是北宋石窟寺比较集中的区域，主要分布在黄陵、富县、子长、延安一带。为什么会在陕北的黄土高原形成一个全国石窟开凿比较偏重的地区呢？我们知道，佛教的传播是要靠人们的信仰，而一般人口相对集中，国家相对重视的地区，就容易形成佛教发展的热点。对于北宋政权而言，最重要的问题莫过于解决民族间的矛盾冲突，当时相继雄踞于北方的辽国、金国、西夏国，都对北宋的安全构成了极大的威胁。陕北是北宋通往北方的交通要道，又是抵御西夏的重要军事基地，身处战乱生活当中的人们，更加需要佛教来慰藉心灵，这就为北宋时期陕北佛教的发展、开窟造像的繁荣提供了有利的前提条件。于是，延安地区的北宋石窟，以其数量之多和

雕刻之佳，又一次在全国石窟中形
成了陕西区域的独到之处。

黄陵县的万安禅院千佛寺石窟，
又名石宫寺或石空寺，开凿在县城
以西40公里的双龙镇附近的半山崖
间，下面有沮水流经。这所石窟的
平面呈长方形，宽约9米，深8米，
中间有一座佛坛，坛上立着直通窟
顶的倒凹字形背屏，有点像中心塔
柱（图102）。但这种做法却是从地

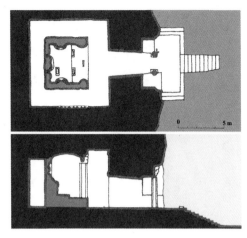

图102 陕西黄陵县万安禅院千佛寺石窟平、剖面图

面木构佛寺的殿堂中模仿来的，环绕着这个佛坛同样可以做右旋式的礼拜。在窟门
过道和佛坛壁面，以及窟室的四个壁面间都雕满了大小佛龛和佛教故事，显得极为
繁杂与华丽。在佛坛左右壁的前端，形成了两个立柱，上面有与石窟造像相关的铭
文题记，其中最早一条的年代是北宋哲宗赵煦的绍圣三年，也就是公元1096年。所以，
千佛寺石窟的开凿年代，就只能是比这个年代略早一些的北宋时期了。

千佛寺石窟中的佛教人物雕刻，都具有健美的形体、端庄的神态、娴雅的面
部表情，给人以一种世俗化的亲切感。雕刻在过道南北壁小龛内的日光和月光菩萨，
双手捧着象征性的日月，赤足站立在莲花座之上，身上装饰的宝冠帔带，璎珞耳珰，
显得格外灿然华美。窟内右壁间雕刻的大型阿育王施土故事，是根据《阿育王经》
等典籍设计成的（图103）。一尊高约3米的大佛像当中而立，他左手捧钵，双目
俯视着下方，面容亲切，身体富态。立佛右下侧的两个小男孩中，有一位就是阿
育王，他正手捧着象征粮食的土献给佛祖。小孩头顶有飞升在云端的一座七级宝塔，
是释迦牟尼正在预言阿育王来世会广建佛塔、弘扬佛教的。阿育王施土的故事雕
刻在其他地区也有发现，但这一幅是最大最精美的。

据佛经记载，释迦牟尼80岁时，带着弟子阿难由王舍城向拘尸那揭罗出发，
准备继续传教。最后他来到跋提河畔的娑罗双树间，告诉阿难说："你为我在双
树间放一张床吧，今天中夜我就要入涅槃了。"果然，到了预料中的时刻，这位
佛祖就在床上右胁而卧，他的头向着北方，右手枕在头下，双脚整齐地叠放着，

图 103 陕西黄陵县万安禅院千佛寺石窟阿育王施土浮雕（北宋）

安详地进入了涅槃的境界。顿时四海为之震动，众生无不哀痛，尤其是释迦牟尼的弟子们，痛苦的心情更是难以用语言来表达。千佛寺石窟的过道北壁，就刻着一幅反映佛祖入涅槃的情节画面：居中是释迦牟尼侧身而卧，周围是痛不欲生、悲啼哀号的众弟子。人物虽然不多，但却布局紧凑，刻画出了佛祖的安详与弟子们各种不同的痛苦表情和动作，把悲剧气氛渲染得异常浓厚。

富县阁子头寺石窟，位于县城以南大约 15 公里的地方。它是一所平面长方形的窟室，窟内中间只立着四根石柱，下面没有佛坛。后壁有三世佛和二胁侍菩萨像，东壁还残存着说法图和五百罗汉浮雕，而西壁保存完好的佛祖涅槃浮雕，则是具有代表性的杰作。在图像当中，释迦涅槃的形象被缩小了，四周围绕了更多的弟子，他们有的掩面而泣，有的悲痛昏倒，有的捶胸顿足，有的呼天抢地跌倒一旁。特别是佛祖床前的两只狮子，仿佛也通人性，正在仰望着佛祖悲号呜咽。整个场面构图严谨，人物排列有序，后面用娑罗双树相衬，既表明了佛祖涅槃的地点，也富于装饰的意趣（图 104）。窟内保存着北宋徽宗赵佶政和二年（1112 年）的开窟题记，为我们判定这些作品的年代提供了可靠的依据。

钟山石窟，位于子长县城西约 15 公里的安定镇的东钟山南麓，据当地保存的碑刻文献资料记载，它是在北宋英宗赵曙的治平四年（1067 年）开凿出来的。这处小型的石窟群现存有一所大窟和六所小窟，小窟中的雕像有些已经风化了，而具有代表性的是大窟内的雕像。

钟山大窟是一所长方形平面的平顶窟，它的中央佛坛上有连通窟顶的八根方形石柱，排列成前后两行，在四组柱间都有一佛与二胁侍的三尊像，形成了三世佛的格局（图 105）。三佛像的头顶上方都有覆斗式的藻井，八根石柱的每一面都雕满了小千佛像，其间还穿插着佛的说法像以及佛传故事雕刻等。重点供奉的三世佛像，都作正在说法的姿态，它们身体比例匀称，衣褶雕刻写实感很强，显得

图 104 陕西富县阁子头寺石窟第 1 窟涅槃变浮雕（北宋）

图 105 陕西子长钟山石窟大窟内景（北宋治平四年，1067 年）

柔软多变，将人物形象刻画得充溢着现实生命感，反映了北宋雕刻进一步走向世俗人间的时代风格。胁侍站立的菩萨肌体丰满，含情多姿，它与刚劲有力的弟子、神王或金刚力士的形象恰好形成了鲜明的对比。这也是佛教特有的艺术处理形式。在前排左侧的一根石柱中部，刻着一组供养菩萨群像，乍看起来动作似乎是雷同的，而实际上它们在动态、服装方面都有细微的差异。这组菩萨被下方的一排彩云承托着，表现手法简洁而概括，使众菩萨在个体的变化中又体现了统一和谐之美。在窟内壁面下部雕刻的罗汉群像，并坐一排，动态与神情各异，表现出了鲜明的人物性格。罗汉上方密集排列着的千佛雕刻，也具有各自的表情与动态，使壁面的整体效果充满了生气。

　　万佛洞石窟，位于延安旧城东门外的清凉山麓，它们依山凿成，下临延水，是出家人修行的良好所在。这里现存有一所大窟和三所小窟。第1窟是大窟，窟室内部的空间颇大，高8米，宽约16.5米，深13米，在中央佛坛的左右两侧各有一石屏直通窟顶，形成了比较特别的佛坛窟结构（图106）。佛坛上的主像已经被毁坏了，两个石屏的表面雕刻着佛龛和小千佛像，窟室的四壁也是满雕着千佛与龛像，造像的内容与风格和前面提到的北宋石窟是大致相同的。在众多的造像中，有一条刻于北宋神宗赵顼元丰元年（1078年）的题记，说明这所大窟也是在北宋

图106 陕西延安清凉山万佛洞石窟内景（北宋，刘晓华摄影）

时代完成的。

万佛洞石窟的第 2 窟也很具有北宋雕刻艺术特色。在它的东壁入口处雕着护法天王像，身上紧束着铠甲，战袍飞扬翻卷，身躯的肌肉虽然没有唐代天王像那样饱满，但也显得孔武有力。后壁安排的是三世佛与左右胁侍像，下面的一排罗汉像与左右壁相连接，共有 16 尊。在左右壁表面分别雕刻着乘狮的文殊菩萨和乘象的普贤菩萨，它们的下方各有一位仆人牵引着坐骑，壁间还刻着几位随着彩云飞升的菩萨

图 107 陕西富县石泓寺石窟第 2 窟内影（金）

等人物形象，组成了左右呼应、饶有趣味的画面构图形式。

此外，在富县城西约 60 公里的地方，有一处石泓寺石窟群，保存着面向西南的 7 所石窟。第 2 窟是其中的主窟，是一所长方形平面的平顶大窟。在中央佛坛上的四角各有一根通顶的大方柱，坛上供奉着释迦坐像与阿难、迦叶二弟子立像。在四根石柱的表面以及窟内的壁面，满刻着排列齐整的小千佛和一些较大的佛、菩萨像龛，与其他地区北宋石窟的做法极为相近（图 107）。在窟内众多的造像间，保存着金代皇统元年（1141 年）和贞元二年（1154 年）的铭文题记。所以，这个大窟很有可能是在北宋灭亡以后，女真民族的金国统治北方时期开凿出来的，但无疑还是继承着北宋石窟艺术的传统。

遍览了延安地区的北宋石窟之后，我们可以看出这些唐代以后的石窟造像已经在明显地向世俗化发展着。佛教人物的制作手法也更趋向于写实，从而塑造出了一批批更加接近现实生活的神灵偶像。这些艺术作品正恰到好处地反映出北宋佛教信仰迎合平民大众欣赏口味的历史事实。与此同时，洞窟的形制也越来越多地模仿地面上的木构佛寺殿堂形式，因为这时的石窟崇拜已经开始让位于地面寺院崇拜，这就预示着石窟寺即将走向衰亡。

中原北方的帝王风范

"中原逐鹿"，自古以来就是争夺天下霸权的代名词。位于黄河中游、太行山东西的河南、山西、河北、山东等地，是古代帝王们必争的战略要地，多少青史留名的英雄人物，都曾在这些地区一展雄姿。中原一带，也是中国汉地最早传播佛教的地区。

十六国时代的战乱纷争，使著名高僧道安（312～385年）悟出了一个真理：如果不依靠国家的君主，就很难使佛法昌盛！北魏立国之初的佛教领袖法果在这个思想基础上，更提出了"皇帝就是当今的如来佛，僧人应该对他们恭敬礼拜"的口号。礼佛就是忠君，这是封建帝王们很乐意接受的。从此以后，国家君主们不仅大力提倡佛教，还往往借助佛教的做法来实践自己的某些思想意识。这种思潮影响到了石窟寺艺术领域，不仅有了僧俗人士直接为帝王国运祈福的作品，还相继涌现出了一批帝王将相们亲自督造的石窟寺，为全国佛教艺术界树立了范本模式。云冈和龙门，就是皇家石窟工程中的辉煌杰作。

五世帝王的化身

拓跋氏是中国古代北方游牧民族鲜卑族的一支，他们的游牧地区原来在黑龙江上游额尔古纳河和大兴安岭北段之间。公元1世纪末，拓跋鲜卑由东北向西南迁移。西晋以后，在各少数民族之间的长期割据混战中，拓跋氏的势力日益壮大起来了，他们逐渐控制了黄河流域以北的大部分地区，建立了北魏王朝。公元398年，北魏道武帝拓跋珪（386～409年在位）把首都从盛乐（今内蒙古和林格尔境内）迁到了平城（今山西大同市），从此，北魏统治北方地区就更为有力了。

大约在道武帝拓跋珪建国的时候，鲜卑族的拓跋氏就开始接受佛教思想了。迁都平城以后，在这个新国都里，佛教寺院也相继建立起来了。按照佛教的正统观点，出家人是不应当礼敬君王，不需要孝养父母的，这两点总是与中国传统的儒家思想相背离，因而长期以来为人们争论不休。由于法果等佛教首脑人物的倡导，北魏初期的佛教界首先解决了拜佛与忠君的关系问题，这样，儒家的"忠君孝亲"思想就为北魏的统治阶层和出家僧侣之间架起了桥梁。为了更进一步体现礼佛就是忠君的思想，就连寺院里佛像的形体和相貌，也开始仿照皇帝来塑造了。公元452年，文成帝拓跋濬（452～465年在位）曾经下令雕造了一尊石佛像，完全是按照他自己的形象来制作的。这尊佛像雕成以后，还特意在脸上和脚掌上各镶嵌了一小块黑石，这是因为拓跋濬本人的脸和脚上就长有黑痣。公元454年，佛教僧侣们在京城的五级大寺内为道武帝及其以下的明元帝、太武帝、景穆帝、文成帝等五位皇帝各铸造了一尊释迦牟尼像，每尊像都有一丈六尺高。这五尊帝王们的化身像，既有一定的纪念意义，也有颇多的现实意义，因为北魏的统治者们以为，佛教僧俗们如果能经常面对着他们的君王礼拜，那么君王至高无上的地位也就无法动摇了。

　　公元460年，一项更大规模的造佛计划开始在北魏统治集团中实施了。这时，北魏新的佛教领袖是来自凉州的著名禅僧昙曜，那里一度兴盛的石窟事业早已深深印在了他的脑海里。刚刚上任不久，昙曜就向文成帝建议，在京城西部的武州塞开凿一处新的石窟寺院。文成帝立即批准了他的计划。据北齐魏收（507～572年）撰的《魏书·释老志》里记载，昙曜开凿的石窟共有五所，里面各有一尊大佛像，高的七十尺，矮一些的也有六十尺，是一项举世罕见的伟大工程。这处石窟寺，就是保存至今的中国三大石窟之一——云冈石窟（图108）。

图108 山西大同云冈石窟外景（20世纪80年代拍摄）

云冈石窟位于大同市西郊武州山（又叫武州塞）的南麓，武州川的北岸。这里的石窟依山开凿，东西绵延 1 公里，现存主要洞窟有 53 所，此外还有许多小型石窟，大小造像约有 5 万多尊。昙曜开凿的五所大窟，就是位于西部的第 16 ~ 20 窟（图 109）。它们果真像历史上记载的那样宏伟吗？让我们来看看它们的实际情况。

第 16 ~ 20 窟大体上都是模拟椭圆形平面的草庐形式开凿出来的，彼此相互毗连着。从它们的外立面上看，第 16 ~ 19 窟上都有长方形的明窗，下面是圆拱长方形的窟门。五窟内的造像主要是表现过去、现在、未来的三世佛题材，主佛的形体高大，占据了窟内的主要位置。我们根据主体造像和窟内的布局，还可以将这五所洞窟分为两组。

第 18、19、20 窟为一组，窟内都是以穿着佛装的三世佛为主像的。第 20 窟前的壁面早已崩毁了，我们看到的露天大坐佛身高 13.7 米，身姿雄伟，庄严肃穆，是云冈石窟的象征（图 110）。第 19 窟正壁的主尊坐佛高达 16.8 米，它的左右两侧佛像分别处于东西两所耳洞中。第 18 窟的主尊是一身 15.5 米高的立佛像，它的左右有二胁侍菩萨，再外是两身立佛像。

第 16、17 窟可以构成另一组。第 17 窟的主像也是三世佛，但正中高达 15.6 米的主尊却是交脚坐姿的菩萨，它代表着现在还是菩萨、将来要下到人间成佛的弥勒（图 111）。弥勒的左侧是一身坐佛，右侧是一身立佛，分别代表着过去佛和现在的释迦牟尼。第 16 窟比较特殊，它只有一尊高 13.5 米的立佛像，似乎不太注重表现传承的关系，且是在晚期补刻完成的。

图 109 山西大同云冈石窟第 16 ～ 20 窟平面图（采自长广敏雄《云冈石窟初中期的特例大窟》）

图 110 山西大同云冈石窟第 20 窟与第 19 窟右胁洞（北魏，5 世纪中期）

这五所大窟中的主要佛像，除没有按期完工的第 16 窟外，都穿着直接从印度传来的袒裸右肩或通肩式的大衣，菩萨们则是头戴宝冠，身上装饰着璎珞，臂上戴着臂钏。它们的服装表面都刻出了高凸的衣纹，很像是一种厚重的毛质衣料。人物的体格都是健壮有力的，眉目宽大，面庞方正，神情庄严，很具有鲜卑拓跋氏勇武雄健的审美意识。

据专家们的研究，昙曜开凿这五所大窟的真实用意，很可能是从前五级大寺内那五尊帝王化身像的翻版再现：从第 20 窟到 18 窟，其中的主像分别相当于道武帝拓跋珪、明元帝拓跋嗣、太武帝拓跋焘；第 17 窟中的交脚弥勒菩萨，则相当于景穆帝拓跋晃，他是太武帝拓跋焘的太子，极其崇信佛法，可惜还没有即位当皇帝就死去了，所以就用未来佛表现。第 16 窟中的单身立佛像，象征着当时在位的文成帝拓跋濬本人。比起原来用金铸的

图 111 山西大同云冈石窟第 17 窟交脚弥勒菩萨像（北魏，5 世纪中期）

佛像来，这些在山间开雕出来的石像更容易永久保存，传于千秋万代的。

另一种观点认为，这五位帝王的化身佛像窟原来应该是按照中国传统祭祀祖先的左昭右穆的顺序排列的。即把第一位祖先安置在中间，以后的祖先按早晚顺序分别安置在左右两侧。这样做是为了凸显第一位祖先，以及前后辈祖先重要性的先后次序。按照这个理论，这种观点认为，由于第 19 窟的规模最大，它应该是为北魏的第一位皇帝道武帝拓跋珪开凿的。然后，在它的左右两侧排列后来的四位帝王。因此，为文成帝开凿的第 16 窟原先应该设计在第 20 窟以西，由于 20 窟在开凿过程中西壁出现大面积坍塌，形成现在露天大佛的模样，不得已才把该窟东移到了现在第 16 窟的位置。这种观点值得商榷。首先，怎么可以证明在那么早的时间里，即刚刚开凿出 20 窟不久，窟前就崩毁了？如果那么早就崩毁了，北魏政府难道就没有任何补救措施吗？难道在开凿时就没有看出有崩毁的可能性（如岩质松散或有裂隙）吗？其次，第 17 窟是为还未登基做皇帝就已去世的太子拓跋晃开凿的，但它的规模却比第 20 窟还要高大，如果以规模的大小来论重要性，就不好解释太子的地位为什么比皇帝还要高了。所以，比较合理的解释是：第 20 窟的前壁和西壁是在北魏灭亡以后很晚的时间里才坍塌的，如今第 16～20 窟的位置，就是昙曜最初设计的位置，只是五窟的具体完成有时间先后。

在其中的四所大窟内选择三世佛作为主要题材，还有昙曜考虑的另一层含意。因为在这之前，佛教界流传着一种"胡本无佛"的言论，这对于以少数民族为主体的北魏政权来讲是很不利的。假如人们真的相信了佛教和这些游牧民族没有什么缘分，而只是汉族地区流行的信仰的话，那么对于维护他们的忠君礼佛思想，特别是获取汉人民心，将是十分不利的。为了反驳这一言论，昙曜曾经组织翻译了自三世佛开始的佛教历史书《付法藏因缘传》，以宣扬北魏的佛教事业也是源远流长的。而这些大窟内的三世佛像，又正好可以同这项工作相配合。与此同时，昙曜又是一名很有禅学修养的和尚，当时的北魏佛教是很重视僧侣坐禅修行的，而这一批石窟中的三世佛、释迦、弥勒、千佛等，正好又都是一般习禅僧人们坐禅观想的主要对象。因此，这五所巨大的窟室，还具有坐禅修行的实用功能。

这的确是一批名副其实、规模空前的艺术杰作，也是当时的佛教艺术界所竞相仿效的皇家范本样式。它不仅奠定了佛教石窟中国化的基础，也为后世的帝王开窟造像树立了楷模。

绵延相望的堂皇巨制

文成帝以后，是由献文帝拓跋弘（465～471年在位）、孝文帝元宏（471～499年在位）相继统治着北魏国。这段时期，是云冈石窟发展最繁荣的阶段，现在的一批主要大型洞窟，都是在这个时期开凿出来的。这些大窟一般都是成双成对地组合在一起，彼此相邻，既有一些差别，又具有和谐统一的内在联系，形成了武州山崖面极为壮观的石质佛国世界（图112）。北魏的郦道元（？～527年）当年就曾目睹了这些宏伟的佛窟，在他的《水经注·漯水》中记录道，武州山一带的窟室，是"因岩结构，真容巨壮，世法所希。山堂水殿，烟寺相望"。概括而形象地道出了云冈石窟昌盛的景象。

这段时期的石窟形制与前阶段已有了很大的不同。它们的平面大部分是长方形的，而且很多都有前后两室。在有的窟内中间立着通顶的方形楼阁式塔柱，有的则在大像的后壁开出了隧道式的礼拜道。可以看出，曾经在龟兹和凉州地区流行过的中心塔柱窟和大像窟的基本结构，在这里得到了更好的发扬。下面，我们简单介绍一下云冈第二期几组洞窟的基本情况。

第7、8窟是一组双窟，在云冈第二期的石窟中，它们是最早开凿出来的。这两所洞窟的平面都是长方形的，也都分成了前后两室，内部没有中心塔柱。窟内壁间的造像龛分成上下四层排列着，两所佛龛之间，有的雕刻夜叉托举着四级佛

图112 山西大同云冈石窟第5～15窟外观（北魏，5世纪下半叶）

塔，有的则间隔着柱头装饰。在每排的列龛之间，往往是用植物花纹来装饰，使壁面上的总体布局既和谐又富有节奏感。后室窟顶浮雕着仿木构建筑的平棊图样，平棊中心是一朵莲花，外面环绕着飞天。第7、8窟的主像都是三世佛，在前后室的壁面上又分层分段大面积布置了佛本生故事浮雕和表现佛传的佛龛。

　　第9、10窟的年代比第7、8窟略晚一些，是由孝文帝宠信的宦官钳耳庆时（443～504年）于公元489年建成的，无疑也是一组皇家的洞窟了。这两所窟里都立着中心塔柱，它们的前室设有一排立柱，构成了前廊，使洞窟拥有了气势雄壮的外观。第9窟的主像是释迦牟尼，而第10窟的主像却是未来的弥勒佛，这是一种新的组合形式。两窟的壁面上还布置了较多的释迦多宝对坐像。

　　第5窟主室的平面呈马蹄形，在正壁前方雕出了一尊高达17米的大坐佛像，大佛的身后还有一条可供僧侣们礼拜的环形甬道。两侧壁前各有两身胁侍像，其余的空间遍布着大小佛龛，都是洞窟完成以后陆续开凿出来的（图113）。第6窟主室的平面近似于正方形，每边长约13米，正中立着一座粗大华丽的通顶方形塔柱，分为上下两层，每层每面都开着佛龛，刻满了佛教中的各式人物形象（图114）。在中心柱上层的四角处，还各有一头象驮着楼阁式宝塔，属于云冈雕刻中极为特别的例子。窟内还雕出了长达30余幅的佛传故事，是浮雕连环故事画中的杰作。另有一项显著变化，就是这两窟的大型佛像都改变了过去的右袒或通肩的服装，而穿上了褒衣博带式袈裟，这种服装很宽大，是从当时的南朝佛教艺术中学来的。菩萨的上身披着帔帛从双肩处垂下，在腹前交叉，将菩萨袒裸的上身遮盖了许多，下身穿着宽大的长裙。这种新型的菩萨服装也是由南朝的艺

图113 山西大同云冈石窟第5窟内景（北魏，5世纪下半叶）

术家创作的，比较符合当时汉族人的审美习惯。

北魏的统治者是鲜卑族人，为什么却让这些佛像学着穿由汉族人统治的南朝流行的佛和菩萨装呢？原来到了孝文帝统治时期，北魏国内的各种矛盾都逐渐激烈起来了，而汉族和鲜卑族之间的矛盾就是极为突出的一项。为了缓解这些矛盾，巩固鲜卑人的统治，年轻有为的孝文帝采取了各项政治改革措施，全面学习南

图 114 山西大同云冈石窟第 6 窟中心柱上层佛龛（北魏，5 世纪下半叶）

朝汉族政权的政治制度与生活习惯，他的目的就是要使鲜卑人全部汉化，使他们融合在广大的汉人中间。其中的具体做法有：改鲜卑姓为汉姓，如把拓跋氏改为元氏，孝文帝的名字就叫元宏了；命令所有鲜卑人一律不许再穿胡服，而改穿汉人的衣服。还有学习汉族的典章制度等。公元486年，孝文帝开始穿戴汉族皇帝的衮服冕旒上朝，从此以后，北方的鲜卑人就越来越多地改穿汉装了。在这样的历史背景下，第6窟里出现的南朝传来的褒衣博带佛装，正是现实社会中进行的革新在佛教界的反映。关于这种新佛装在南朝的发展情况，我们将会在下一章中讲到。总之，在这第5、6窟浩大的工程中，不但出现了许多新的内容与形式，就雕饰的富丽而言，也属于云冈石窟之最了。

第11、12、13窟，是以第12窟为中心的一组三窟。第12窟的外立面上刻出了模仿汉族传统木建筑的大屋顶形式，由四根八角形立柱支撑着，开了三个门洞，后室入口的上方凿出了明窗。而第11、13窟只是简单地在窟门上雕着明窗，不再

作其他的装饰。第 12 窟的后室后壁上雕出了上下两层龛，上龛的主像是弥勒菩萨，下龛的主像是释迦与多宝佛并坐着。第 11 窟是一所中心塔柱窟，塔柱的四面都雕着上下两层佛龛，除了南面上龛供奉着弥勒菩萨之外，其余各龛的主像都是站立着的释迦牟尼佛。第 13 窟的主像是弥勒菩萨。从这一组石窟的雕造情况看，只有第 12 窟是按期完成的，而第 11、13 两窟大约在刚开凿不久就因故停工了，以后又在壁间陆续补刻了不少没有经过统一安排的小佛龛。三窟的造像题材是将过去、现在、未来世的三佛交织在一起的。

　　第 1、2 窟，是位于云冈窟群东端的一组中型中心塔柱窟（图 115）。被供奉的主尊像位于窟室的后壁上，第 1 窟是弥勒菩萨，第 2 窟是释迦牟尼。这两窟的南壁窟门两侧都雕着维摩诘和文殊菩萨像，中心塔柱的表面有释迦与多宝佛。释迦以及三世佛像，都是这一时期流行的题材。第 1 窟的东壁还刻着一组佛本生故事浮雕。从这组石窟的雕刻中，我们可以看到北魏的佛教界很重视《妙法莲华经》和《维摩诘所说经》这两部经典，它们都是由后秦时期的龟兹高僧鸠摩罗什翻译的。

　　第 3 窟是一所没有完成的巨大无比的中心塔柱窟。在它的前室上部左右各雕着一座宝塔，双塔之间开凿了一所方形的窟室，里面刻着弥勒菩萨像，室内的壁面上满雕着小千佛。而第 3 窟主室却只开出了前半部分的雏形，现在位于大中心塔柱南面西侧高大的倚坐弥勒佛和两身胁侍菩萨立像，是到了唐代才补雕出来的（图 116）。在唐代的道宣和尚（596～667 年）写的《续高僧传·昙曜传》里，曾经提到武州山下的东头佛寺，可以提供给近千名的僧侣修行，很可能指的是第 3 窟及其所在的寺院。

　　唐僧道宣的《大唐内典录》里记载：北魏国是动用了政府的赋税收入，才开凿出了众多的佛窟。的确是这样的，

图 115 山西大同云冈石窟第 2 窟内景（北魏，5 世纪下半叶）

如果没有鲜卑皇族的支持，是很难成就这一系列宏伟壮举的。从云冈第二期石窟中保存的造像铭记内容来看，除了皇室成员以外，还有当朝官吏、上层僧尼和在家的居士们参与其事，表明了佛教的开窟造像活动，在帝王显贵的带领下，已经发展成为佛教信徒们普遍参加的功德活动了。但愿"国祚永康，

图 116 山西大同云冈石窟第 3 窟内佛龛（唐）

十方归伏"，上以此福奉献皇帝陛下等，也成了佛家弟子们的新式祈祷用语了。在北魏统治集团的眼里，似乎将石窟开凿得越壮观，就越能显示国家社会的兴旺景象，但结果往往是事与愿违的。

云冈第二期石窟中所表现出的造像题材，也可以同佛教僧侣们修禅观想的要求相联系。佛教认为，禅僧们在修行的时候，如果遇到了无法解决的疑难问题，就应该去请教弥勒菩萨。所以，在第 3 窟供禅僧修行的超级中心塔柱窟的前室上，开出了弥勒菩萨居住的窟室，可能就是为了这个目的。另外，第 5、6 窟和第 7、8 窟的明窗左右都刻出了坐禅僧人的形象，很有可能是当时有意树立的坐禅的标准形象。根据历史资料记载，那时的出家人并不都是本着虔敬的心态披上袈裟的，在那些被剃度了的僧人当中，有的是为了逃避繁重的苛捐杂税，有的是皇室贵族为了给自己作功德而特地度化来的。不论他们信佛的诚意是否真切，那愈燃愈烈的佛教香火，总是推动了北魏国佛教的繁荣与兴旺，也造就了一批影响后世的艺术杰作。因此，云冈第一、二期的石窟艺术，在中国佛教艺术发展史上，具有举足轻重的历史地位。

公元 494 年，北魏孝文帝把首都迁到了中原地区的洛阳，皇室开窟造像的中心也随之转移到了洛阳南郊的龙门石窟。云冈石窟的造窟活动仍在继续进行着，虽然那些宏伟的工程已经一去不复返了，但是对于以后开凿出来的新型窟室，我们在这里还是值得一提的。

图 117　山西大同云冈石窟第 35-1 窟西壁佛龛与维摩诘、文殊菩萨像等（北魏，6 世纪初）

　　云冈石窟第三期的工程主要分布在第 20 窟的西部，第 4、14、15 窟和第 11
窟以西崖面上部的小窟，第 4 至 6 窟之间的小窟，大部分属于这一时期。它们的
基本特点是：大部分洞窟之间不存在组合关系，石窟的规模以中小型居多数，有
很多利用剩余的壁面空间补刻的小龛；洞窟内部越来越做得方正规矩，有的在中
间雕出一座楼阁式宝塔，有的在正左右壁上分别开出一所佛龛，成为三壁三龛式
洞窟；石窟的外立面上出现了火焰形龛楣等装饰雕刻，并且越向晚期发展越繁缛；
这一时期在佛教人物的造型上趋向于削瘦，佛像服装下部的褶纹重叠得越来越多，
使人物的风度在潇洒之余而显得有些弱不禁风；造像的题材仍然是上一期流行过
的千佛、弥勒菩萨、释迦牟尼、释迦与多宝佛等内容，还有第三期开始流行的维
摩诘和文殊菩萨对坐说法（图 117）。

　　第三期的中小型窟龛虽然规模远远无法同一、二期相比，但它们却拥有众多
的数量。从这一时期保存的造像铭记内容来看，造窟主人中官职最高的是第 50 窟
上方铭文中的冠军将军，而小龛龛主官职最高的是第 11 窟明窗东侧太和十九年

（495 年）造像记中的常山太守。其他没有官职的佛教信徒开凿窟龛的很多，他们的目的与愿望大部分是为了已经亡故的亲人祈求冥福，也有的是为了健在的亲人祷告平安。令人注意的是，在一些北魏宣武帝元恪（500 ～ 515 年在位）和孝明帝元诩（516 ～ 528 年在位）执政时期的造像铭记中，出现了希望能托生到西方极乐国土的愿望与要求，它表明了信徒们不仅在今世坚持着身体力行的实践，而且也越来越关心自己死后能否转生到更好境界的问题。

自从孝文帝迁都洛阳以后，北魏政权还维持了将近 40 年的时间。政局越来越动荡不安，但从云冈石窟第三期的情况看，佛教却在中下层社会间逐渐蔓延起来。现实世界的不合理，会促使人们向往公正与和平，佛教正好在乱世之中解答了人们的疑难，它可以将众生痛苦的灵魂指引到未来的理想世界中去。

伊水之滨诵经声

洛阳，是中国历史上的九朝古都。她北靠邙山，五河交汇，土地肥美，气候温和，保存着多不胜数的文物古迹。当年东汉明帝派遣使者迎回用白马从西域驮回的佛经的故事就发生在这里。然而，洛阳地区对中外游客最具有吸引力的，还是中国的三大石窟之一——龙门石窟。

龙门石窟位于洛阳市以南 12 公里的伊河两岸山崖间，西山叫龙门山（图 1），东山叫香山，南北长达 1000 多米。石窟寺主要分布在西山的崖面，东山的擂鼓台、看经寺、万佛沟三个区域中也保存了不少，已经编号的窟龛总数达 2345 个（近年还有新发现），还有 2800 多块碑刻题记，40 余座佛塔，大大小小的石雕像共有 10 万多尊。北魏郦道元的《水经注·伊水》在描述这一带的地形时说：“有东西两山相对峙着，远远望去就像门阙一样，伊水在两山之间向北流去，所以人们把这里称作‘伊阙’。”许多年以后，隋炀帝杨广（605 ～ 618 年）在洛阳修建了一座东都城，皇宫的正门恰好对着这个天然的门户，似乎就像是专为真龙天子设置的大门一般。从那时起，人们开始把这里称作“龙门”了。不过，最早来龙门建立功德的真龙天子却是北魏孝文帝元宏。

北魏统治集团迁都洛阳以后，就选择了龙门山作为他们新的开窟造像中心区域。在北魏晚期的近 40 年时间里，就雕造出了约占龙门石窟总数三分之一的窟龛数量，可以想象当年这里的佛教活动是相当繁盛的。其中涌现出了一批皇室和显贵们开凿的具有代表性的洞窟。

位于龙门西山中段偏南处的古阳洞，原来是一所天然的溶洞，后来经过人为地修凿和不断完善，最终成为一所高 11.1、宽 6.9、深 13.6 米的长马蹄形平面的大型洞窟。大约在北魏迁都洛阳以前的公元 493 年，新城县（今河南伊川县西南）的几位官吏动员了 200 多名佛教信徒，在古阳洞的南壁上层出资雕刻了一所佛龛，并留下了愿北魏国祚永隆的祈祷铭文。这也是龙门石窟中纪年明确的最早的一处石雕作品，与它具有同等规模的南壁上层其他三大龛，和北壁上层的四所大龛，都是在北魏迁都洛阳前后的几年时间里，由洛阳一带的地方官吏和拥护孝文帝迁都壮举的文臣武将、皇亲国戚出资陆续雕刻出来的。它们如同前来朝贺的群臣，环列在正壁三尊大像的两旁。而古阳洞正壁的坐佛与二胁侍菩萨立像，就是由孝文帝本人倡导雕造完成的（图 118）。这尊主佛像有 6.12 米高，坐在一个方形台

图 118 河南洛阳龙门石窟古阳洞上层内景（北魏，5 世纪末至 6 世纪初）

座之上，它的身上穿着褒衣博带式袈裟，双手叠放在腹前，表示这位佛祖正在禅定；它的面部比较长，身体给人以削瘦的感觉，但又不失飘逸的风度。如果同其他地区的北魏晚期佛像作一下对比，我们会发现它是形象比较特别的一尊。所以，我们推测，古阳洞的这尊主佛像，很可能就是孝文帝元宏本人的化身佛像。与主尊大佛的服装形成鲜明对比的是，在它两侧南北壁上层的八大佛龛中，坐佛像大部分穿的是传自印度的袒裸右肩式袈裟，很有些云冈第一期佛像的味道。

古阳洞的第一批造像雕成不久，许多皇室宗亲、达官显贵们又争先恐后地纷纷在古阳洞穹隆顶的表面雕造佛龛。最后实在没有地方可利用了，他们就把洞窟的地面向下深掘，终于又开出了古阳洞南北壁面上的中层八大龛和下层的几所大龛。今天我们看到的古阳洞正壁三尊大像，位置明显过高了，给人以很不协调的感觉，就是这种历史原因造成的。在古阳洞扩展时期凿成的这些佛龛当中，有很多雕的是交脚坐姿的弥勒菩萨像，旁边铭刻着诸如"皇道赫宁""皇道更隆""皇化层隆，大魏弥历，引秩千基，福钟万代""帝祚永隆"，以及"为皇帝造石像"的祝愿语，将这些上层佛教信徒的崇佛心情同皇家的命运密切地联系在了一起。在这些石刻铭文当中，有 19 件被后世的金石学家和书法家奉为了北魏书法作品中的范本，至今仍然被人们摹写、欣赏着。

公元 500 年，宣武帝元恪即位了。不久，他就命令皇后的近侍官首领白整仿照平城的武州山石窟（即云冈石窟），在伊阙山上为他的父母亲孝文帝和文昭皇太后各造一所石窟，作为他们的功德善事，祝愿他们在来世转生到幸福的佛国世界中去。大约在公元 508～512 年间，宦官刘腾（463～523 年）又建议宣武帝为自己也造一所石窟，这样就形成了一组三窟。在公元 523 年 6 月以前，这项规模巨大的石窟工程已用去了 802366 个工日。这些事情都被记载在了北魏的正史《魏书·释老志》中。

宣武帝倡导兴建的这三所石窟究竟在哪里呢？经过几代学者的努力，终于考证出来了：它们就是位于龙门西山北端的宾阳三洞。在这左右毗邻的三所大型石窟之中，中洞和南洞的关系更密切一些，中间设立了一通巨型石碑，就是宣武帝为他的父母亲作功德而开凿的；北洞则是刘腾建议为宣武帝建造的。宾阳三洞内部的空间基本相等，但南、北二洞在北魏晚期只开出了雏形，刻成了窟顶的莲花

图 119 河南洛阳龙门石窟宾阳中洞内景（北魏，6 世纪初）

和飞天等浮雕，而真正按期完成的只有宾阳中洞。

宾阳中洞是一所大型的佛殿窟，是提供给僧侣们讲经说法用的。它的窟门外上方刻着尖拱形的火焰纹，门两旁各站立着一位身材高大、张口怒视的金刚力士。在窟门的两侧壁上，还分别刻出了三头四臂的大梵天和一头四臂的帝释天像，都是佛教中的护法神。窟室内部的平面是马蹄形的，高 9.5、宽 11.4、深 9.85 米，上面有穹隆状的窟顶。在正、左、右三壁前，凿着低矮的倒凹字形基坛，坛上正壁雕刻了通高近 10 米的大坐佛像，旁边还侍立着两身弟子像和两身菩萨像；在左右侧壁上分别有一尊高大的立佛像和两身胁侍菩萨立像。在这三组大像之间，还刻了一些小型的供养菩萨像（图 119）。如果用我们在云冈石窟中看到的情况来对比，宾阳中洞造像的主要题材无疑属于三世佛了。这些佛像都穿着北魏新型的褒衣博带式袈裟，面部表情慈善和悦，风度潇洒飘逸，带给人们的是超凡脱俗的出世风貌。在烘托洞窟宗教气氛的装饰雕刻方面，宾阳中洞也是相当成功的。在穹隆形的窟顶中心浮雕着一朵巨大的莲花，有八身飞天环绕着莲花在散花奏乐，飞天的外围是宝盖的边饰，这样就将窟顶装扮成了华丽典雅的大华盖。而在窟室地面的正中刻着踏道，它的两侧对称浮雕着大莲花，莲花之间还刻着水波纹、水鸟和在水中嬉戏的童子，侧壁大像脚下踩的大莲花也好像是漂浮在水面一样，形成了一个完整立体的净土世界。

宾阳中洞东壁的窟门两侧，布置了精美绝伦的浮雕艺术品（图 120）：第一层是根据《维摩诘所说经》雕刻的维摩诘居士和文殊菩萨的对坐说法图；第二层是两幅巨大的佛本生故事浮雕，分别表现萨埵那太子舍身饲虎和须达拏太子布施济众的情节；第三层以写实的手法，刻画出了当时真实的人物精神风貌。北侧刻的是孝文帝礼佛图，南侧刻的是文昭皇后礼佛图，他们在大批随从的簇拥下缓缓行进着。可惜的是，这两幅礼佛图中的杰作，早已在 20 世纪 30 年代被盗往美国（图 9），第一、二层的佛经故事浮雕也已残缺不全了。第四层雕刻着十身佛教中的护法神王像，包括风神王、龙神王、火神王、树神王、河神王、鸟神王、象神王、狮神王、珠神王、山神王，是中国现存的时代最早的一组十神王雕刻。

公元 516 年，宣武帝死后，年龄幼小的孝明帝元诩即位当了皇帝，北魏的

图 120 河南洛阳龙门石窟宾阳中洞前壁浮雕测图

政治大权实际上掌握在了胡太后（？～528年）手里。不久，宦官刘腾等人发动政变，幽禁了胡太后。公元523年3月，刘腾死去，胡太后又重新执政，她对刘腾恨之入骨，甚至掘了刘腾的坟墓。宾阳北洞是刘腾主持兴建的，这时也不得不草草收场了。不过这位掌权的太后也是非常崇信佛法的，宾阳三洞的工程虽然停止了，但皇家佛殿窟的样板已经形成了，当朝的权贵们会按照这种开窟的模式继续走下去。

　　莲花洞是一所比宾阳中洞略晚的中大型洞窟。它的平面是长马蹄形，正壁中间雕着一尊5.1米高的释迦牟尼立像，有人说它是释迦牟尼游行教化众生的形象。立佛两侧各有一身浮雕的弟子和高浮雕的胁侍立菩萨像（图121）。该窟的很多造像在20世纪上半叶遭到盗凿，主佛与胁侍菩萨头部仍然下落不明，左侧的迦叶像头部现藏法国巴黎吉美博物馆。窟内中部有宽畅的空间，南壁凿出了几排佛龛，北壁仍保持着岩体自然的侵蚀面。窟顶正中雕着一朵硕大精美的莲花，周围有六身飞天在环绕翱翔着，莲花洞的名称正是从这里得来的。

火烧洞是模仿宾阳中洞的规模和布局形式而开凿的一所大型洞窟。不幸的是，它却遭受了一次历史上有意的破坏，窟内的大型造像已被毁坏殆尽。

　　还有一批由高官显贵们出资开凿的中型洞窟，在宾阳中洞模式的基础上，形成了北魏末年最标准的佛殿窟样式：在马蹄形平面窟室的左右侧壁，分别开出一所大佛龛；在正壁前部安置一个高高的坛床，上面坐着释迦牟尼佛，还有侍立于两侧的弟子、菩萨像。

图121 河南洛阳龙门石窟莲花洞正壁主佛和弟子像（北魏，6世纪初，1910年弗利尔拍摄）

图 122　河南洛阳龙门石窟皇甫公窟内景（北魏孝昌三年，527 年）

而在左右壁的大龛里面，则分别雕刻着未来佛弥勒菩萨和过去佛；窟顶的表面仍然是莲花与飞天。普泰洞、魏字洞、皇甫公窟等都是这种佛殿窟室的典型实例。特别是皇甫公窟（图 122），它的外面有一通石碑，上面明确记载着这所华丽的中型窟室，是由当时的太尉（全国最高的军事长官）、胡太后的舅舅皇甫度（？～528 年）于公元 527 年 9 月 19 日雕凿完成的。还有一些中型洞窟，像赵客师洞、唐字洞、药方洞等，原来也是打算开凿成这样的窟室格局的。但是，由于北魏末年越来越激烈的政治动荡，它们都不得不中途辍工，留待唐朝来补凿完成了。

　　在龙门石窟中，北魏佛殿窟的重大意义，在于它完成了传自印度的佛教石窟的汉民族化的进程，形成了汉民族独特的石窟形制。另外，从南方学来的佛教雕塑人物的风度与服饰，也在这些汉式佛殿窟中被定型化了。龙门的佛殿窟没有绕塔礼拜的功能，是提供给僧侣们诵经说法用的。也就在伊河两岸燃起了佛教香火的同时，佛家弟子们的诵经与祈祷声从龙门山的上空飘向了四面八方。因为，北方各地区普遍开窟造像的第一次高潮就发生在北魏在洛阳建都的时代里，而各地

区所竞相效仿的榜样，正是北魏皇室显贵们留在龙门的佛殿窟形制以及窟内带有
南朝风格的佛教人物造型。

环绕洛阳的灿烂群星

　　北魏晚期皇室显贵们对龙门石窟的经营，奠定了洛阳佛教艺术的中心地位。
刹那间，这种开窟造像的风气像烂漫的山花，竞相开放在洛阳的周围。

　　在北魏洛阳故城东北 40 公里寺湾村的大力山下，坐落着洛阳外围最著名的石
窟——巩义石窟寺。这一带是汉唐以来通向黄河北岸的要津，也是守卫洛阳东部的
军事重镇。根据唐高宗年间（650～683 年）刻成的一通《后魏孝文帝故希玄寺之碑》
记载，孝文帝率领百官迁都洛阳以后，特意选择了这个地区建立了一座希玄寺，这里的佛教香火也被随之点燃了。巩义石窟寺开凿在东西长约 75 米的崖面上，保存着五所中型石窟，一个唐代千佛壁和 328 所北魏至唐代的小龛。第 1、3、4 窟为中心塔柱式（图 123），也是巩义石窟的精华所在；第 5 窟是开着三所大龛的佛殿窟；第 2 窟没有完成。

　　这里的三所中心塔柱窟明显地学习了云冈二期石窟，但雕刻排列得更加

图 123 河南巩义石窟寺第 3 窟内景（北魏，6 世纪初）

图 124 河南巩义石窟第 4 窟中心柱正面上层与顶部平棊（北魏，6 世纪初）

整齐有序了。第 1 窟内部四壁都是分成上下四层来布置的，在四壁的上部边缘，雕刻着莲花化生童子与庐帐间隔着排列，下边是一条垂帐纹，共同组成了一层帐形的装饰带。第二层占壁面高度的一半，遍刻着排列整齐的千佛小龛。第三层除前壁外，其余三壁各开并列的四大佛龛。最下一层刻神兽、神王、伎乐等。第 3 窟内的四个壁面分上、中、下三层来布置：上层刻作垂帐纹装饰带；中层面积最为宽广，中心开一个尖拱大龛，其余壁面刻满了排列整齐的千佛；下层刻神兽与伎乐人物。第 4 窟的四壁面都是以上下两层龛为主，上层四龛是方形的垂帐纹龛，下层四龛是盝顶形的天幕龛，在壁基的位置刻着神王等形象。结合这几所石窟的平顶表面都刻着排列整齐的方格状平棊（这是直接取材于木构佛殿内部的顶棚装饰）的情况，置身于这些石窟之中，就仿佛进入了一个挂满帷幔的古塔里面，那些美观而又庄严的华丽装饰，使塔内的空间充满了肃穆的宗教气氛（图 124）。

　　前面提到了两幅龙门石窟中的礼佛图雕刻，比较而言，巩义石窟的礼佛图个性鲜明，也是北魏后期难得的艺术佳作。它们都位于第 1、3、4 窟前壁的门两侧，每侧都分成三或四层上下排列、横幅展开。一般在左侧刻以男主人为首的行列，右侧刻以女主人为首的行列，这样男左女右相对而行，就好像两排并行而进的庞大的礼佛队伍正在徐徐进入神圣的佛塔，去观礼佛祖的真容。在行进中的礼佛队伍前面，都有一位僧人在引导，后面簇拥着五六十人相跟随，在他们中间，有许多是亲王一级的人物，身后都有侍从高举着伞盖和羽扇；还有一些普通的官吏、随从和侍女们（图 125）。

从这些礼佛人物的身份来看，有的以头戴冕旒的皇帝居于前部醒目的位置，并有特殊的仪仗（图 125）。但大部分的人物仪仗都很统一，没有特别之处。所以，这几幅礼佛图，应该是一些高官显贵们出行的真实写照。将皇帝刻在前面，不一定表示皇帝直接参与了造窟工程，而更大的可能性是这些出资者在表现自己功德的同时，也把皇帝加入了。

巩义石窟在中心柱的基座表面和四壁壁基的位置，刻满了神王、神兽、伎乐的形象，可以称得上是这里的一大特色了（图 123）。在壁基雕刻神王的题材，我们在龙门的宾阳中洞里已经看到了，不过，这里的内容就更显得丰富多彩了。神王都是一些或神或兽或人的形象，它们有的用某种动物的头外加人的身体，有的是用手里拿的东西的不同，来表现这些佛教神灵的不同身份。计算它们的种类，有山、河、象、鸟、风、火、珠、树、狮、龙、蛇、马、牛、兔、鸡、海神王等。

图 125 河南巩义石窟寺第 1 窟南壁供养人礼佛图浮雕（北魏，6 世纪初）

它们在佛教中都具有独到的各种神通，也拥有很多的法力与良好的德操。它们经常帮助佛去教化人间众生，还可以解救佛家弟子于危难之中，并给他们的修行提供种种方便。总之，它们都是佛教里可爱的善良之神。神兽就完全是一种奇怪的动物形象了，它们常常出现在南北朝的墓葬壁画、墓碑的基座以及墓志铭的图案之中，原本就是中国传统神话中的神灵，现在进入了佛教的殿堂。再就是，把伎乐人物表现在窟内礼拜道的最下层，宛如一个民族乐队，操持着各种各样的人世间可以见到的乐器，正在演奏着来自佛国天界的美妙音乐，恭迎着前来礼佛的信徒们，给幽静的佛窟增添了声情并茂的色彩。正是这些神王、神兽、伎乐们的美妙形象，才给庄严脱俗的佛窟带来了并非凡间的活力。

离开了巩义石窟寺，让我们先到洛阳的北部去看看。在这一片地域间分布的石窟寺有：孟津县的谢家庄石窟、黄河北吉利石窟、孟县莲花洞石窟、沁阳玄谷山摩崖造像、博爱县石佛滩摩崖造像、汲县香泉寺石窟、淇县前咀石窟、青岩石窟、林县千佛洞石窟等等。它们的规模都不太大，保存的窟龛数量也不算多，但却都具有鲜明的时代特征和精湛的雕刻技艺。

谢家庄石窟，位于孟津县煤窑乡谢家庄东南不远的横水东岸崖壁上。它只是一所小型的石窟，在窟内的正左右三壁上各开了一个佛龛，龛内雕着佛与胁侍菩萨像，正壁顶上龛额的部位，刻了五位骑马与持伞盖的侍从人物，还有六人双手合十作虔诚供奉状。这些人物的服装与造型都表现出了北朝的特点。

淇县前咀石窟，在县城西北18公里的前咀村东部，也是一所小型石窟，它的平面近似于方形。在正壁的位置上刻着坐佛像和两身弟子、两身菩萨像，而其他壁面间则刻满了小千佛，有1000多身。窟顶的中心雕着八瓣莲花，周围有九身飞天环绕飞行着，这也是北魏晚期的风格特点。位于淇县县城西北20公里贺村西部的青岩石窟，也是一所时代相当，布局类似的小型洞窟。

洛阳西部的石窟寺，主要有新安县西沃石窟、渑池县鸿庆寺石窟、陕县温塘摩崖造像和灵宝洞沟梁石窟。

西沃石窟，位于新安县正北40公里西沃乡东边黄河南岸的垂直峭壁间，下临黄河水面约有7米。在这个崖面间，由东向西依次排列着四座浮雕石塔、两所石窟和塔与石窟间的若干佛龛。第1窟的拱门两侧各雕着一身金刚力士，内部是一所平面长方形的小型窟室，在环绕三个壁面的宝坛上，正壁前雕着坐佛与二弟子二菩萨立像，左右两壁前都雕着一尊立佛和两身胁侍菩萨，穹隆形的窟顶上刻着莲花宝盖和四身飞天。看到这所小窟，会使我们回想起宾阳中洞的造像布局。窟壁间的造像铭记记载着：在公元 525 ~ 528 年间，由一位名叫王进达的邑社主人联合了 200 人发愿开凿了这所小窟。西沃第 2 窟也是一所长方形平面的小窟，它的正面有一个佛坛，形成了一个有帷帐装饰的佛龛，很像龙门北魏末年开凿的路洞。这所小窟则是在公元 531 年 4 月 29 日建成的。

鸿庆寺石窟，在渑池县东部、洛阳市以西 55 公里的白鹿山下，保存着六所中小型石窟洞，大小造像共 275 身。第 1 窟是一所长方形平面的中型中心塔柱窟，中心塔柱的四面都开着一所佛龛，其中一所龛内雕着释迦牟尼在鹿野苑第一次说法时的形象。在窟室的正壁与左右壁的下层，都并排凿出了四个大龛，这些龛的上方则以浮雕的形式刻着释迦牟尼一生中的主要故事情节，有树下思维（图 126）、出游四门、犍陟辞别、出家修行、降魔成道等，都是难得的北魏浮雕精品，即使在龙门石窟也不多见。鸿庆寺的第 2、3、4 窟，都是三壁三龛式的佛殿窟，在布局方面同龙门皇甫公窟有一些相似之处，都是在北魏末年建成的。从洞窟类型的组合情况看，这里无疑更加完备。

洛阳以南的石窟寺，有宜阳县虎头寺石窟、偃师县水泉石窟、嵩县铺沟石窟和方城县佛沟摩崖造像等地点。

水泉石窟，在北魏洛阳故城以南大约 20 公里的沙河东岸峭壁间，属于偃师县寇店乡水泉村，是一所宽 6.4、深 9.5 米的大型敞口纵长方形的佛殿窟。它的做法与龙门古阳洞、莲花洞一样，也是在天然溶洞的基础上修凿而成的。窟室后壁上雕刻着通高 5 米左右的两身立佛像，带有鲜明的北魏晚期时代风貌（图 127）。

图 126 河南渑池鸿庆寺石窟南壁佛传"树下思维"浮雕（北魏，6 世纪初）

图 127 河南偃师水泉石窟内景（北魏，6 世纪初）

铺沟石窟，位于洛阳市以南 90 公里的嵩县铺沟村南的小山头下，现存有六所石窟，也是在北魏时期创建的。这些洞窟里的雕刻题材有交脚弥勒菩萨、千佛、释迦涅槃像和飞天、伎乐人等。

这里勾画的以洛阳为中心的石窟圈，只是大体上的一个简单概括。其实，北魏洛阳对外界的影响力，并不仅仅局限在它周围的这些地区，就是远在敦煌的莫高窟里，也能看到来自中原地区的影响因素。

辽宁义县的万佛堂

《魏书·宦氏志》里面记载说：公元 405 年，北魏道武帝拓跋珪下了一道命令，每个州都要设置三名刺史来共同管理地方政权，其中一人必须由皇室成员担任。以后北魏各州刺史的任命，大体上是按照这种制度进行的。到了孝文帝执政的后期，宗室成员元景被派到了营州（今辽宁朝阳市）担任刺史。元景本人信仰佛教，公元499年，也就是孝文帝在位的最后一年，他来到了万佛堂石窟特意为孝文帝祈福，出资兴建了一所石窟。

万佛堂石窟，在辽宁省义县西北9公里的万佛堂村大凌河北岸的崖面上。这里的石窟群分为东、西两区，其中西区有9所洞窟，东区有7所洞窟。元景当年为孝文帝建造的石窟，就是西区的第5窟。这所洞窟的前半部早已崩塌了，剩下的后半部分东西宽度约有7米，进深有6米，元景造窟的碑文，还保存在窟室的东南角上。在这块造窟碑的上方还浮雕着一组小千佛，千佛的上面刻成了屋形的龛楣装饰。如果就书法的精美而言，元景造窟碑堪称是北魏书法的上乘之作，为历代的书法家们所喜爱。

西区第1窟，是万佛堂石窟中最具有代表性的洞窟。它的平面呈方形，顶部是平的，窟室的空间约有7米见方，高5米多。中间立着一座方形的塔柱，直通窟顶（图128）。这座中心塔柱的四面都开了上下两层佛龛，在正面下层的大龛中刻着释迦牟尼坐像，龛楣上有11身小坐佛，中间小坐佛的下面有二圆轮和两只卧鹿，佛的身旁有三位听法的比丘，这是表现释迦在鹿野苑初转法轮的故事。在中心塔柱的四角处，下层雕着罗汉立像，上层是须弥山的形象，在山腰处还有龙盘绕着，这种须弥山与云冈第10窟前室拱门上的同类雕刻很相似。窟室的后、左、右三壁间各开了三个佛龛，在平顶的表面还保存着7身飞天，它们衣带飘洒，面型清秀，与龙门北魏晚期洞窟里的飞天很相似。

第6窟是万佛堂规模最大的一所洞窟，它的前部也已经崩塌了，窟室的东西宽有8米多，后壁前部还保存着一尊3米多高的交脚弥勒佛像，它的肉髻表面刻着水波纹，面含慈祥的表情，左右有弟子侍立着。在大弥

图128 辽宁义县万佛堂石窟第1窟中心柱（北魏，6世纪初）

勒像的背后凿出了可供环绕礼拜的隧道，这种构思又是与云冈第 5 窟基本相同的（图 129）。

图 129 辽宁义县万佛堂石窟第 6 窟主室正壁交脚弥勒佛像（北魏，6 世纪初）

万佛堂东区的 7 所石窟保存状况都不太好，只有第 6 窟后壁大龛中的释迦坐像还能看出北魏雕刻的原貌。第 5 窟内有公元 502 年北魏政权的慰喻契丹使韩贞等人的造窟题记，是研究中国东北地方民族历史的重要资料。

万佛堂是在北魏的大同云冈、洛阳龙门的直接影响下创建的，从中可以清楚地看到来自这两处皇家石窟工程的雕刻风尚。而东西二区遗存的两方珍贵题记，又为判断这些作品的年代提供了有力的证据。

在辽宁省境内，新金县还发现了一些摩崖石刻罗汉像。阜新蒙古族自治县的海棠山间，有保存完好的 260 多尊摩崖石刻佛像。彰武县大四家子乡西南 3 公里处的千佛山摩崖造像，共刻了 188 尊佛教人物，还有一所坐禅修行用的观音洞。这些作品，都是与唐代以后中国晚期佛教信仰相关的。

北齐邺都的石窟群带

北魏末年，由于统治集团内部激烈的矛盾斗争，终于导致了军阀混战，民不聊生的局面。鲜卑化了的汉人高欢（496～547 年），在群雄的角逐中渐渐壮大了自己的势力，组成北方最大的一个军事集团。公元 534 年，北魏孝武帝元修（510～535 年）不甘心受高欢的胁迫，带领一部分大臣西奔关中长安，依靠宇文氏集团建立了西魏。同年 10 月，高欢拥立元善见（东魏孝静帝，524～552 年）做了皇帝，并把首都从洛阳迁到了邺城（今河北临漳县），历史上把这个政权称作东魏。从此，北魏就灭亡了，统一的北方又被分成了东西两部分。从洛阳到潼关一线，成了东方的高氏和西方的宇文氏两大集团进行拉锯战的决斗场，洛阳繁荣的佛教事业便迅速衰落下去了。

邺城遗址，位于河北省临漳县西南12.5公里处，包括南北毗连的两个城址。北邺城相传创建于春秋时代，公元204年，曹操（155～220年）击破袁绍（？～202年）以后，曾把这里作为自己的国都。东魏迁都以后，又在北邺城的南部修建了一座南邺城，作为高氏政权的都城。据东魏杨衒之的《洛阳伽蓝记》记载，高欢当初在迁都的时候，洛阳一带很多寺院的和尚尼姑，也都跟着一同来到了邺城。因此，原来洛阳地区的佛教事业，基本被转移到了邺城，开始了新的发展。公元550年，高欢的次子高洋（526～559年）取代东魏建立了北齐。高氏集团的统治者们对佛教始终是崇奉的，在他们的直接倡导下，邺城一带的寺院在北齐末年发展到了4000多所，僧尼总数达到了8万人，形成了一个东方佛教的发展中心。今天，昔日繁盛的佛教事业连同它们所在的城市，一同被湮没到了地下，那些壮丽的寺院景观也早已被农家的耕地所取代了。所幸的是，在邺城西南的安阳地区和西北方的邯郸地区，还保存着一些当年开凿的石窟群，是我们探索东魏北齐佛教艺术的重要资料。

高欢在迁都邺城的时候，把晋阳（今山西太原）作为陪都。北齐建立后，确定了邺城为上都，晋阳为下都。北齐的几位皇帝一般是夏天居住在晋阳避暑，到了秋天再返回邺城。于是，在东魏、北齐的帝王将相们频繁地往来于两都之间的交通要道上，便兴起了一系列的行宫和寺院，响堂石窟群就是其中著名的范例。响堂石窟，包括北响堂、南响堂和小响堂三处，都位于河北省邯郸市峰峰矿区鼓山山麓。北响堂在和村东南鼓山山腰处，山下有常乐寺遗址；南响堂位于滏阳河左岸，与北响堂相距约15公里；小响堂又叫水浴寺，位于鼓山东坡、北响堂以东的薛村东山上。

在鼓山下的常乐寺遗址中，有一块公元1159年立的石碑记载说：北齐的文宣帝高洋经常从邺都到晋阳去，往来于鼓山山下，就在这里修建了一座离宫以备巡幸之用。有一次，他看见山腰间有数百名僧人正在举行佛教活动，就在那里开凿了3所石窟，雕刻了许多佛像，还在山下建了这座寺院。这就是北响堂石窟。

图 130 河北邯郸北响堂石窟北洞内景（北齐）

　　北响堂石窟现存有石窟 9 所，还有若干佛龛，其中以北洞、中洞、南洞最具有代表性。北洞俗称大佛洞，是北响堂石窟群中规模最大的一所。它的窟室内部大约 12 米见方，窟顶高约 11.6 米，中间立着边长近 6 米的巨大的中心塔柱，前面和左右两侧开龛造像（图 130），而在塔柱的后面凿出过洞，以供僧侣们绕行礼拜。中心柱三面的大龛都是天幕状的，幕顶装饰着山花、蕉叶，龛内的造像是坐佛与胁侍立菩萨，正面龛内的主佛像高达 3.5 米，是北响堂石窟中最大的一尊佛像。中心柱基座的表面，还开龛雕刻着树、河等诸神王像。在窟室的左右两壁与后壁过洞的两侧，雕刻着一系列覆钵塔状的大龛，龛两侧的立柱由跪状的怪兽承托着，柱顶装饰着火焰宝珠，柱身上还浮雕着精美的缠枝忍冬图案。在龛顶的覆钵体上面，有仰莲、相轮、忍冬和火焰宝珠共同组成的华丽的塔刹（图 131）。可惜的是，这些龛内的造像在 1912 年被盗凿一空，现在的雕像是在 1922 年补做的。北洞的前壁上开了三个明窗，左右两侧各有一所佛龛，在龛与窟门间的两侧壁面上，原来雕刻着宏伟壮观的礼佛人物行列，现存只能看见少数人物的遗痕。这所大型中心柱窟，在内容布局与雕刻装饰方面，明显地继承着巩义石窟寺中北魏中心柱窟的

图 131 河北邯郸北响堂石窟北洞北侧壁塔龛（北齐）

做法。它很可能是在东魏末年已经开始创建了，而最终完成于北齐高洋做皇帝的年代里（550～559年），是最著名的北齐皇家石窟寺。

北响堂的中洞俗称释迦洞（图132），也是一所布局与装饰同北洞相近的中心塔柱窟，只是在规模上远不如北洞。它的外立面雕刻保存完好，可以清楚地看到原来的面貌：在洞窟的门外两侧分别雕着菩萨立像，再外的两侧龛内，又各雕着一身穿着甲胄的天王立像；门外的前廊处立着几根八角形的檐柱，中间的两根下部有狮子柱础；在前廊上部的崖面上，雕出覆钵塔状的窟顶，并有忍冬叶与火焰宝珠等组成的塔刹，形成了最具有北齐特色的塔形窟。

南洞俗称刻经洞，因为在这所洞窟的内外壁面上保存着许多石刻佛经，还有一块公元572年刻成的北齐晋昌郡开国公唐邕（？～约581年）的写经碑。这里的石刻经文有《维摩诘所说经》《弥勒下生经》《无量寿经》等，都是很有名的大乘佛教经典。南洞外立面的上方也雕出覆钵塔形，但它的内部却是在正、左、右三壁上各开了一所大龛的佛殿窟，大龛内雕着坐佛与二弟子四菩萨像，龛外的

图 132 河北邯郸北响堂石窟中洞（北齐）

立面刻着华美的天幕装饰（图 133）。

在北响堂的北齐石窟中，所有佛教人物的雕像都一反北魏晚期的清瘦模式，创造出了一种造型健壮、敦实厚重的风范。它们穿着轻薄的服装，表面仅仅刻着稀疏的衣纹。有的佛像又穿上了传自印度的通肩式袈裟，这些都似乎与高氏政权坚持鲜卑族的习俗有关。北响堂的这些皇家风范，还大大地影响着其他地区石窟寺的开凿和寺院佛像的制作。

南响堂石窟群的第 1、2 窟是中心塔柱窟，它们的基本构造同北响堂的北洞、中洞有很多相似之处（图 2）。其他五所洞窟都位于第 1、2 窟的上层，都是佛殿窟的形式。在第 2 窟门外两侧的龛内，被隋代磨平后刻成了《滏山石窟之碑》，上面记载着在北齐后主高纬（565 ~ 576 年在位）当皇帝的第一年，也就是公元 565 年，由灵化寺的和尚慧义辟山草创了南响堂，后来由当朝宰相高阿那肱（? ~ 580 年）出资兴建了这处石窟寺。到了北齐末年，不信佛教的北周武帝宇文邕（560 ~ 578 年在位）的军队打到了这里，砸毁了不少石窟里的佛像。所以，这里的佛教

图 133 河北邯郸北响堂石窟南洞（北齐）

图 134 河北邯郸南响堂石窟第 1 窟中心柱正
壁龛（北齐）

雕刻早已是残缺不全了。

　　南响堂第 1、2 窟是一对中心柱窟，规模相当，结构相似。在第 1 窟中心柱的正壁龛内雕有该窟的主尊佛像（图 134），而在龛外表面的帐形装饰上方壁面则有三块浮雕群像。位于中部的是一尊坐佛说法图；位于左侧的是一尊思维菩萨像，其右有一马躬身于思维菩萨前，并一群跪姿人物，应表现悉达多太子逾城出家后辞别白马与随从的情景。位于右侧的浮雕人物可分为两层：几尊坐佛像位于上层，几尊坐菩萨像位于下层。右侧的这些佛、菩萨像似乎表现释迦与过去诸佛。因此，这三幅浮雕似表现佛传、释迦说法，以及释迦对过去诸佛的继承性。在空间上与这三幅浮雕相对的是位于窟内门楣上方的壁面，表现出阿弥陀佛与西方净土的场面。在这个浮雕之中，阿弥陀佛位于画面中部，两侧胁侍以众多的菩萨像；阿弥陀佛上方有大型伞盖、菩提树、飞天与化身佛像。在佛与众菩萨的前方则刻有莲花池与池中的莲花、水鸟与化生童子像。据《阿弥陀经》与其他关于阿弥陀崇拜的经典所记，若有人积累了足够的功德，此人便可在西方净土的莲花池中化生。因此，这个浮雕正是根据经典雕成的西方净土的场面，体现了佛教信徒对自己死后去向的关心，以及对西方极乐世界的向往。

上述两种题材浮雕也出现在了南响堂第 2 窟的同样位置，惜早已被盗凿，并于1921 年进入了美国华盛顿弗利尔美术馆。《佛会图》（F1921.1）凿自南响堂第 2窟中心柱正面（西面）上部。与第 1 窟同样位置的浮雕相似，该浮雕也可分为左、中、右三部分。其中部也为坐佛说法与众胁侍环绕。左侧雕有上下两层坐菩萨像，其中上层偏右的一身正在向其左侧的几身菩萨讲说着什么，应为左侧群像的主体。这里似乎表现释迦在出家之前的某个情景。右侧的群像也分上下两层，下层为数身坐菩萨，上层为一身坐佛与数身胁侍，而该佛正在向其左侧一菩萨说法。因此，这个《佛会图》应以表现释迦的说法与历史为主。《西方净土变相图》（F1921.2）凿自南响堂第 2 窟前壁门洞上方。在该浮雕的中心部位为阿弥陀佛端坐说法，两侧有众菩萨及随从听法。阿弥陀佛的上方有大型伞盖、诸坐佛、飞天以及不鼓自鸣的乐器。整体浮雕的左右两端各刻有一座楼阁，以象征西方极乐世界的天宫。在画面的下方有三处莲花池，池中有莲花化生童子（图 135）。南响堂第 1、2 窟在建筑结构与造像题材方面的相似性，表明了它们在宗教功能上的相似性，即都是集阿弥陀佛的信仰与往生西方净土的实践于一体的艺术实体。

无独有偶，在甘肃天水麦积山石窟第 127 窟中保存有西魏时期制作的表现同一题材的壁画，这也是迄今发现的最早经变题材作品。包括阿弥陀西方净土变在内的经变画雕刻或壁画是进入公元 7 世纪以后的唐代十分流行的佛教艺术题材。但是，由于现有资料的缺乏，我们还不清楚这种题材的艺术究竟始于何时。迄今发现的公元 6 世纪经变题材作品极为有限，绝不是当时的主流题材。但经变画在 6世纪的麦积山与南响堂石窟的发现无疑为我们探索这种题材的起源提供了极为珍

图 135　河北邯郸南响堂石窟第 2 窟前壁门上方《西方净土变相图》浮雕（北齐，美国弗利尔美术馆藏，编号 F1921.2）

贵的实物资料。

　　南响堂第 7 窟的保存状况是最好的，窟门外立着檐柱，上面雕成了屋檐的形状，在檐柱之间分别在窟门两侧开龛造立着金刚力士像（图 136）。第 7 窟的内部结构很像北响堂的南洞，在正、左、右三壁上各开了一所天幕形大龛，龛内雕刻着一佛二菩萨二弟子像，龛下基坛的表面壶门间浮雕着系列神王形象。从现存的南响堂石窟造像风格来看，虽然它们的身躯仍然是敦厚的，但已不像北响堂那样健壮有力了，而这个时期的高氏集团也早已失去了往日的开拓精神。

图 136　河北邯郸南响堂石窟第 7 窟外立面示意图

　　小响堂石窟中的西窟，是一所中型的中心塔柱式洞窟。在中心塔柱的正、左、右三面分别开着天幕帐形大龛，龛内供奉着佛与二菩萨二弟子像，龛上有飞天浮雕，龛下柱基的表面一排小龛内，刻着香炉、供养比丘和神王。中心塔柱的后面上部是与后壁相连的，下面开出了可以环绕塔柱礼拜的甬道。我们可以从中看出北响堂皇家中心塔柱窟的影响因素。有趣的是，在窟室后壁雕着一所立佛龛，立佛的身体下侧还刻着三位童子的形象（图137），龛的外侧保留着公元574年10月明威将军陆景与张元妃敬造定光佛的发愿文铭文。原来，龛内的那尊立佛像就代表着定光佛。

定光佛也叫燃灯佛，是佛教中过去世界的一位佛。后秦高僧鸠摩罗什（344～413年）翻译的《大智度论》中说他在出生的时候，一切身边如灯，所以叫作燃灯太子。后来他成了佛，也就称作燃灯佛。相传，释迦牟尼的前世曾经是一位儒童，有一天他看见燃灯佛走来了，人们都欢呼着拥向佛。儒童急忙从王家姑娘那里买了几枝青莲花，向燃灯佛跑去。可是人太多了，他怎么也挤不到眼前去。忽然，儒童看见燃灯佛身边有一片泥水地，因为太脏了，所以没有人站在那里。儒童毫不犹豫地过去向佛献花，并在泥水地面上五体投地，把自己的长头发掩在了泥地上，希望燃灯佛踩着自己的头发过去。燃灯佛目睹了这一切，就向在场的人们预言说：九十一劫以是贤劫，这个小孩会成为佛的，那时他的名字叫释迦牟尼。

那么，这个龛的内容应该是描写定光佛为释迦的前世授记的场面。

然而，定光佛授记一般在他的脚侧只有一位五体投地的小孩子，但此龛并非如此。在燃灯佛立像的右下侧，有一位跪趴着的小孩，在他的身上又站着一位小孩，双手上托一钵，奉向定光佛。这两位小孩的右侧还有一位站立的小孩，双手也捧着一钵，面向着佛。这个场面与阿育王施土的故事情节相同。这个小龛刻成的时候，已经距离北齐国灭亡不远了。

在河南安阳境内，还有几所精美的北齐小型石窟也值得一提。安阳灵泉寺，位于安阳市西南30公里太行山

图137 河北邯郸小响堂石窟西窟后壁定光佛龛（北齐武平五年，574年）

图 138 河南安阳灵泉寺大留圣窟北壁坐佛像（北齐）

支脉宝山的东麓，这一带保存着两所中小型的石窟洞。大留圣窟，开凿在灵泉寺以东 0.5 公里的岚峰山西麓断崖上，它原来是东魏的大和尚道凭（487～559 年）于公元 546 年建造的一所修行窟，并没有什么雕刻。到了北齐时期，僧侣们又在这所窟内的地面中间向下凿成了一个倒凹字形的佛坛，并在坛上安置了三尊石雕坐佛像，正中为卢舍那佛，南面为阿弥陀佛，北面为弥勒佛，但在服饰与造型上却看不出什么区别。在佛坛的侧面开龛雕出了象、风、火等八位神王像。这些造像都包含着典型的北齐时代风尚（图 138）。

大住圣窟位于灵泉寺以西 0.5 公里的宝山南麓石灰岩断壁上，是由隋朝的名僧灵裕（517～605 年）于公元 589 年开创的。在唐代和尚道宣写的《续高僧传》一书中，还有这位灵裕和尚的传记。大住圣窟的门外两侧，各有一身刻技精湛的浮雕护法神王像（图 139），窟内的平面基本是正方形的，在正、左、右三壁间各开凿了一个圆拱形大龛，龛内都雕着坐佛和两位胁侍菩萨立像，窟顶的中心是一朵大型莲花，莲花周围刻着六身体态轻盈、随风飘舞的飞天。这种窟内布局仍然是北齐时代的传统。另外，在大住圣窟的前壁东侧，以减地线刻的形式排列着六层共 24 位传法祖师坐像，它们的身下都刻着自己的名字，是从释迦牟尼处传承佛法的二十四位祖师像。在二十四祖师中，以佛的大弟子迦叶居首，阿难第二。第二十四位为师子尊者（？～259 年），中印度人，主要活动于中亚的克什米尔地区。为表彰北魏佛法的源远流长，公元 462 年，北魏的沙门统昙曜与西域三藏吉迦夜编译了一部佛教史书《付法藏因缘传》，叙述了二十五位祖师自释迦处代

图139 河南安阳灵泉寺大住圣窟外立面（隋开皇九年，589年，20世纪80年代拍摄）

代传播佛法，第二十五位就是师子。因此，大住圣窟的二十四祖师像应来自这二十五祖，因为艺术家将这些像配为十二对，为此构图而舍掉了一位。这些佛教历史上的僧人实际生活在不同的时代，但隋代艺术家却采用跨越时空的形式将其配对，让他们面对面而坐，如同两两间共同讨论佛法、向观者介绍佛法传承七百多年的悠久历史。

小南海石窟，位于安阳灵泉寺东南5公里善应村龟盖山南麓，面临着洹水，距离自然山泉——小南海不远，共有西、中、东三所石窟。中窟是在公元550～555年间，由灵山寺的和尚方法师开创，北齐国的国师僧稠禅师（480～560年）重莹修成的。西、东两窟的时代稍晚一些。这三所小窟都是略呈方形的平面，下有倒凹字形基坛，在坛上雕像，窟顶是覆斗形的。我们可以多少从中看到一些北魏龙门宾阳中洞以来的旧传统。这三所小窟在造像的安排上也是很有特点的：在正壁坛上安置的是主尊佛坐像，两侧各有一身胁侍立像；在侧壁高浮雕的佛、菩萨立像之间，还以浅浮雕的形式刻着供养比丘和俗家供养人的形象。中窟在三窟

图 140　河南安阳小南海中窟东壁"弥勒为天众说法"浮雕（北齐）

中最为精美，在正壁佛左侧的下方有僧稠供养像，他是该窟的主要资助者之一，还刻着舍身闻偈的本生故事浮雕，该故事出自《大般涅槃经》卷十四《圣行品》。在东壁的浅浮雕题材中，后侧刻着"弥勒为天众说法"图像（图 140），前侧刻着佛在鹿野苑初转法轮图像，都是为僧侣们修习禅定服务的。西壁刻着《观无量寿佛经》中所要求的十六观题材图像，可看出洞窟的功德主们对于往生西方的愿望，而相同的愿望也见于南响堂石窟。总之，三窟采用不同的雕刻手法，使得这些小小的窟内空间显得主次分明，排列有序，意趣盎然。

太原附近的雕凿壮举

　　山西省的省会太原市，是一座著名的历史文化古城。特别是在中古时期，许多帝王都是在这里成就了自己的霸业，进而一统天下的。公元 532 年，身为大丞相兼渤海王的高欢，在晋阳（即太原）设立了自己的大丞相府，总揽了北魏的朝政大权，从此确立了太原在高氏集团政治上的特殊地位。以后，东魏、北齐两朝相继在邺城建都，而晋阳则以陪都的地位继续作为皇室主持政务的重要所在地。在这一时期内，高氏集团中的宗室显贵以及佛教僧侣们频繁地往来于邺城和晋阳之间，他们不仅沟通了两地的经济文化交流，也掀起了太原地区弘扬佛法的热潮。

高氏集团中的主要人物笃信佛教，他们不仅在国都邺城地区狂热地大造石窟寺院，还在两都来往的交通要道上，乃至太原及其周围，建起了一系列的寺院和石窟，使太原一带的佛教得到了迅猛地发展。天龙山石窟群，就是环绕太原石窟群带中最著名的一处。

天龙山石窟，坐落在太原市西南约40公里的天龙山，共有25所洞窟，分布在这里东西两峰南坡峻峭的山腰间，自东向西排列着（图141）。其中东峰有12所，西峰有13所。这一带林木荫茂，风景宜人，高欢最早看中了这个地区，并且建造了一所避暑离宫。到了北齐时期，高氏皇室又在避暑离宫的西南方修建了一座天龙寺。据明朝初年编修的《太原志·太原县》中记载，在这座寺院中有北齐孝昭帝高演（560～561年在位）执政时期，来自并州（今太原市西南）定国寺的和尚

图 141 山西太原天龙山石窟外观（20 世纪 20 年代拍摄）

图 142 山西太原天龙山石窟第 3 窟透视图

建造石窟的铭文。这个定国寺,是东魏时期高欢建造的一所寺院。因此,我们可以想象当年天龙寺的工程,一定与北齐的皇室有着千丝万缕的联系,而开凿在山崖间的石窟,也应该是这些寺院的重要组成部分。

位于天龙山东峰的第 2、3 窟,是东魏时期开凿的一组左右毗邻的小型洞窟。它们的窟室空间都是 2.5 米左右见方,覆斗形的窟顶,在四壁前面设置回字形低坛,在正壁与左右侧壁上各凿出一佛龛,龛内雕出坐佛和二胁侍菩萨立像(图 142)。比较特别的是,正龛的主佛是结跏趺坐,而侧壁龛内的主

图 143 山西太原天龙山石窟第 3 窟正壁佛、菩萨、供养比丘(东魏)

佛都是倚坐的姿势。壁面间还有一些浅浮雕装饰，分成上、中、下三段排列：上段刻千佛；下段是世俗供养人；中段的佛教题材有维摩诘居士、文殊菩萨、供养比丘、释迦太子在树下思维像等。窟顶的正中雕刻着莲花，而在四个坡面刻出飞天。这两窟中的佛和菩萨的面相都是清秀的，佛的身上穿着褒衣博带式袈裟，虽然表现出了浓厚的北魏末年人物造型风格，但已经不显得十分消瘦了（图143）。第2、3窟之间的崖面雕凿了一通石碑，这是沿袭了云冈第二期石窟以及龙门宾阳中南洞在双窟间立碑的做法。同样，从这两所窟的内部构造中，我们也能看出它们对龙门宾阳中洞以及皇甫公窟一类石窟作法的继承。其实，天龙山东魏时期的三壁三龛式洞窟，也正是从龙门北魏晚期的几种佛殿窟综合发展来的。

天龙山北齐时期的洞窟有第1、10、16窟等，规模都比东魏石窟略大一些，但在形制与内容布局方面基本承袭了东魏的做法：平面都是方形的，也是三壁三龛式。所不同的是，它们的窟前增加了仿木构建筑样式的前廊，这样就形成了一座座直观的崖中殿堂了。窟门的两侧一般刻着金刚力士或天王像，窟室低坛的侧面正中是两只蹲狮共捧香炉的形象，它们的两侧刻着神王或者伎乐人物。第1窟的造像是以倚坐的弥勒佛居中，第10窟位于正壁龛内的是释迦与多宝佛并坐像，第16窟三所龛内的主佛都是结跏趺坐式的，但它们所反映的都是三世佛题材，只不过是分别突出了未来、过去、现在的佛。第10窟的前壁门两侧各有一身天王像，手执长柄三股叉作为兵器。这三所北齐石窟中的佛、菩萨和弟子形象都是面相浑圆、身体健壮，它们服装的表面只刻出了很少的衣纹（图144）。这种造型风尚，与我们在邯郸响堂石窟中看到的是相同的，都是北齐国特有的艺术面貌。

图144 山西太原天龙山石窟第10窟西壁佛龛与前壁天王像（北齐）

　　我们先暂时离开天龙山石窟，到太原一带的其他地方去看看。在太原市晋祠镇西北约 3.5 公里的龙山南坡山腰间，坐落着姑姑洞石窟群。这一带怪石嶙峋，灌木丛生，现存的石窟主要有三所，呈上下分布在突起的大岩石上，都是面向南方，分为下窟、中窟和上窟三部分。它们的东面还有一身摩崖大佛，西面有三个崩毁殆尽的残窟。姑姑洞的下窟，是一所 3 米多见方、覆斗形顶的中心塔柱窟，塔柱的四面都开着一所装饰成宝帐样子的佛龛，龛内原先都有坐佛和胁侍立像。窟室的左右壁都开着两所对称的佛龛，而在后壁上则排列着三所佛龛。这些龛内有的雕一佛二菩萨二弟子像，有的只雕一身立佛像。这所中心柱窟的塔柱后面不像响堂山石窟那样凿成了过洞式，四面顶部的高度都是相等的，这方面可能与直接继承巩义石窟那样的做法有关。中窟和上窟都是方形平面、覆斗形顶的三壁三龛式小型佛殿窟，中窟的规模略大一些，这种结构形制与天龙山的东魏、北齐石窟大体一致。它们龛内的雕像都是坐佛和二菩萨二弟子立像；中窟正壁大龛两侧下方还分别凿出了一个圆拱形浅龛，龛内都雕了一尊手持三叉戟的神王立像。同样，在左右侧壁外侧的下方，也凿出了大小相当的神王像龛。中窟前壁窟门的两侧，分别雕着立菩萨像和骑象的菩萨像。这三所洞窟里的佛与菩萨等像，都具有天龙山北齐石窟那样的造型风格。所以，它们都应该是在北齐时期制作成的。

　　姑姑洞石窟的那尊摩崖大佛像，是雕凿在一所敞口露顶大龛内的，仅头部就有 1.8 米高，通身的高度可能有十多米。这尊大佛头顶上的肉髻是低平的，并有着丰圆的面相，这些特点倒是与北齐的风格很接近。唐代的和尚法琳在《辩正论》里曾经提到：隋炀帝杨广在并州造了一座弘善寺，又在龙山的崖间雕造了一尊阿弥陀佛坐像，约有 40 米高。地点相互符合，但我们还不敢断定这尊大佛就是杨广造的。

　　在晋祠镇西北约 5 公里的悬瓮山瓦窑村西北山坡崖面上，坐落着瓦窑村石窟，与姑姑洞石窟相距大约有 1.5 公里。它们是东西并列着的三所小型洞窟，规模都不太大，都是近似于方形的平面，覆斗形窟顶，三壁三龛式的形制。在内容的布局、造像的风格等方面都与天龙山、姑姑洞的北齐石窟有着共同的时代特点，只是在造像的组合上略有繁简而已。这三所石窟的东壁帐形龛中都雕着交脚坐的弥勒菩萨像，同样与其他两龛内的坐佛像一起构成了三世佛题材。

　　山西省的左权县，位于山西东部太行山的西麓腹地，它的东部与河北省的武安县、涉县接壤，是北朝晚期由太原通向邺城的交通要道之一。左权县境内的石佛寺石窟和高欢云洞石窟，就是在这种东西两都之间密切交往的形势下开凿出来的。

石佛寺石窟，位于太原东南方左权县城西3.5公里井沟村西南500米的山坡上，是南北毗邻的两所石窟（图145）。它们在内部构造上有些不同：第1窟是略呈方形的平面，覆斗形窟顶，三壁三龛式，在三壁前部设置了倒凹字形的低坛，是比较典型的东魏石窟；第2窟的平面却略呈倒梯形，人字披形的两面坡窟顶，也是三壁三龛式的。两窟的内部都是2.5米左右见方，规模都不太大。第1窟在造像的布局方面与天龙山东魏开凿的第2窟有些相似，也是在中心龛内雕凿主像，而将胁侍弟子和菩萨像安置在了龛外的两侧。这里三尊主像的配置是比较特殊的，正壁是结跏趺坐佛像，左右两侧壁龛内分别是半跏坐的思维菩萨像和倚坐的弥勒佛像。这些人物的造型与服装特点，也是与天龙山第2、3窟基本相同的。第2窟内的布局虽然与第1窟很接近，但在造像上却表现出了许多唐宋时期的特点。因此，第2窟可能是到了唐宋时期仿照第1窟的做法开凿出来的。

在左权县城东南20公里处，东距申家峧村约1公里的地方，有一所规模颇为壮观的石窟开凿在山谷北面陡直的峭壁间。石窟的外立面雕成了仿木结构的前廊

图 145 山西左权石佛寺石窟外观（东魏）

形式，高度约有 9 米，面宽达 13.8 米，进深 2.3 米。前廊的前部雕着四根八角形立柱，使外观构成了三间仿木建筑样式。前廊的上方有三个明窗，窟门上装饰着尖拱形的火焰门楣，有着火焰宝珠装饰的门侧立柱，这些造型都和响堂石窟很相似。它的主室却没有如期完工，因而没有发现任何形象雕刻。这所洞窟被当地人俗称为"高欢云洞"。清代雍正年间（1723 ～ 1735 年）编修的《辽州志》上记载说：这个"高欢云洞"，相传就是东魏的丞相高欢建造的避暑宫。说法虽然不切合实际，但像这等规模的石窟工程，是可以和北响堂石窟中的北洞媲美的。也只有像高欢父子那样的显赫人物，才有能力去经营它，这点应该是没有疑问的。至于它的中途辍工，很可能与某种政治形势的突变有关。

在高氏集团经营晋阳的时代，还有两项巨大的佛教艺术作品也是值得提一下的，它们就是太原近郊的龙山童子寺大佛和蒙山开化寺大佛。

据有关史书记载：公元 556 年的一天，冀州的宏礼禅师游化到了龙山脚下，忽然看见了五色光明云从地面升上了天空，照耀着四方。在五色光明云中，有四位童子正坐在青莲座上游戏玩耍。突然，只听一声巨响，大地震动，山崖上的巨石纷纷崩落了下来，一尊巨大的阿弥陀佛在崖间出现了。远近的佛教信徒们听到了这个惊人的消息后，都来到这尊大佛像前焚香祷告，据说还经常出现神奇灵异的事情。宏礼禅师将这些情况记录了下来，上报北齐朝廷，请求在大佛显身的地方建造一座佛寺。寺院建成以后，就取名叫"童子寺"，以纪念童子们预示的瑞应与吉祥。禅师满怀恭敬的心情，依靠着山崖雕造了一尊高约 52 米的阿弥陀佛像，两旁还雕出了观世音和大势至菩萨，身高也有 36 米多。这三尊大像遗迹仍然存在着，只是它们的身体表面已经遭到严重风化，大佛头也不知丢失何处，昔日辉煌壮丽的景象已经一去不复返了。

唐朝李延寿撰《北史·齐本纪》里讲：北齐后主高纬在晋阳西山雕造了一尊大佛像，有 60 多米高。这里的法事活动一夜可以燃油万盆，明亮的灯火都照到了皇帝的宫廷里。还有一种说法认为大佛像是北齐文宣帝高洋在公元 559 年左右雕凿成的。不论哪一种说法正确，我们都可以确定这是一尊北齐时代的佛像。这尊巨型佛像就坐落在蒙山北峰开化寺西北 1 公里的大肚崖前。经考古发掘显示，它原来是露天开龛的，头的上半部和上肢部分已经崩落，身体表面也残损严重，为结跏趺坐之姿，双手施禅定印，身披褒衣博带式大衣，胸前似束一带，题材应为释迦；双臂处显瘦，但躯干如筒状，为典型北齐风格。现头部为发掘后依照北齐佛像风格制作的复制品（图146）。在河南浚县东南大伾山的东麓，也有一尊北齐时代依山雕造的倚坐佛像，约有27米高。可见，北齐的佛教艺术界，是很具有雕凿大佛传统的。特别是蒙山的大佛最为宏伟，当年也最能体现出北齐皇家的艺术风范。

现在，让我们再回到天龙山石窟去看一看，因为那里三分之二的雕刻艺术，都是颇负盛名的隋唐杰作。天龙山只有一座隋代洞窟，即第8窟，是一座中心柱窟。在中心柱的四面开龛，在正、左、右三壁间各开一龛。所以，它应该是北朝中心柱窟和三壁三龛式洞窟相结合的形式，诸龛内的造像仍保留着过多的北齐风格，显得保守。

唐代的天龙山，是它的开窟造像鼎盛时期，为我们留下了15所洞窟。它们的形制以方形平面覆斗顶的三壁三龛式为主，其次还有马蹄形平面的列像窟形式。有的窟前立面也雕成了仿木构建筑的样子，窟门的两侧一般有金刚力士把守。西峰第9窟，是唐代石窟中规模最大的一所，居于天龙山石窟的中心位置。第9窟的前

图146 山西太原蒙山开化寺大佛（北齐，头为现在复制）

图 147 山西太原天龙山石窟第 18 窟左壁佛与菩萨像（盛唐，8 世纪上半叶）

面原来建造着三重檐的高阁，内部分成了上下二层：上层的平面呈凸字形，正中雕着一尊 7.55 米高的倚坐弥勒佛像；下层的正中是一尊十一面观音菩萨立像，它是佛教密宗所尊奉的观音的一种变化像，两侧分别是乘象的普贤菩萨和骑狮的文殊菩萨。

天龙山的唐代雕刻像，都有匀称丰腴的体格，肌体表现出了柔软而富有弹性的感觉。特别是菩萨像，无不具有自然的姿态，变化丰富多样，在面部还刻画出了宁静冥想的神情，显示了唐代雕塑艺术中的高超技艺（图 147）。

令人遗憾的是，天龙山石窟精美的佛教雕刻作品，在 20 世纪 20 年代，遭到了日本古董商会——山中商会的严重破坏，有 150 多件雕刻流散国外，收藏在日本和欧美各国的大小博物馆内，还有一些被私人收藏。现在，已经在世界各地找到 47 件天龙山的雕刻，其中大部分是佛头，有 29 件可以确认出是从天龙山的哪一所洞窟中凿走的。这是历史给当代中国人造成的损失。

龙门山的再度辉煌

大唐盛世，不仅把中国封建社会的文化艺术推向了最高峰，也为沉寂了 100 多年的龙门石窟再次打开了辉煌局面。

公元 636 年，也就是唐太宗李世民执政的第十年，他的皇后长孙氏（601～636 年）去世了。时隔不久，唐太宗的第四子魏王李泰（620～652 年）率领他的追随者们来到了洛阳南郊的龙门，他特意选择了北魏皇室没有完成的宾阳三洞，为追悼亡母长孙皇后而大造功德。李泰的功德包括：对宾阳三洞中原有的北魏旧像都做了重妆，利用宾阳南洞过去没有雕成的正壁制作了一组大像，其中包括高达 8 米多的阿弥陀佛坐像和它身边的二弟子与二菩萨像，还动员其他皇室显贵们在宾阳南洞的南壁凿出了一批如众星拱月般的小佛龛（图 148）。

李泰的石窟工程于公元 641 年圆满结束，他请来当朝的大书法家褚遂良（596 ~ 658 或 659 年）题写了一篇《伊阙佛龛之碑》的碑文，磨光宾阳中、南洞间的北魏旧碑文字，把这篇新碑文刻了上去，希望他的功德能流芳百世。碑文盛赞长孙皇后的美德，以及李泰为此而尽的孝道。据唐朝的史料记载，李泰当时正在积极培植自己的势力，以便阴谋夺取太子的宝座。所以，他的这种大张旗鼓地雕凿窟龛悼念亡母的举动，是否含有某种政治目的就不得而知了。总之，龙门石窟机遇的转变，一开始就又同皇家的功德结下了不解之缘。在宾阳南洞的造像中，

图 148 河南洛阳龙门石窟宾阳南洞内景（唐，7 世纪上半叶）

还有唐太宗第二十一女豫章公主造的一所佛龛，和公元650年汝州刺史驸马都尉刘玄意敬造的一尊金刚力士像，这位刘玄意正是唐太宗的女儿南平公主（？～650年）的丈夫。

公元650～704年，是唐高宗李治和武则天相继执政的时代。由于他们二人对佛法的极度崇信，使唐代佛教进入了最盛的发展阶段。公元657年，唐高宗第一次来到洛阳，确定了洛阳为大唐帝国东都的地位。从此以后，东都洛阳在唐朝的政治、经济、文化领域里越来越扮演着重要角色。唐高宗在他的有生之年，曾经9次来往于东都和西京之间，寓居洛阳达11年3个月。

李治对佛法的灵验深信不疑，还特别敬重玄奘大师。公元659年，他下诏迎请了岐州法门寺宝塔地宫里的释迦牟尼佛指舍利，在洛阳皇宫里供养了一段时间，武则天还出资给这枚舍利打造了金棺和银椁。当时掌握唐朝实际政权的武则天，更是对洛阳怀有特殊的感情。公元684年，武则天执政后，把东都改成了"神都"，这时的洛阳实际上已经是全国的政治中心了。武则天在洛阳总共居住了49年，在这里，她优礼高僧大德，鼓励翻译佛经，还为了自己能登上女皇宝座，利用佛教大造神学预言，终于在全国范围内掀起了开窟造像的狂潮。龙门石窟以它得天独厚的地位，成为唐王朝皇家开窟造像的中心区域。现存龙门石窟众多洞窟佛龛之中，有三分之二的数量都是在唐高宗与武则天执政时期制作完成的。

龙门宾阳三洞南侧的敬善寺区，聚集着唐高宗时期开凿的众多的小型窟龛，它们的功德主有政府官吏，也有普通的佛教僧侣。敬善寺洞是一所中型的佛殿窟，它的主室门外两侧各雕刻着一身金刚力士，主室的平面呈马蹄形，正壁的中间是一身主尊坐佛像，身旁立着迦叶和阿难两位弟子，在左右壁上各雕着一身菩萨立像，和浮雕的脚踏夜叉的持剑天王像；穹隆顶的中心是一朵浮雕大莲花，周围环绕着七身飞天，都做着供奉佛祖的姿态。主室门外刻着一块不大的碑文，我们从中可以知道：原来这所敬善寺洞，是纪国太妃韦氏（597～665年）出资建造的。韦氏是唐太宗李世民的妃子，纪王李慎（628～689年）的生母。在主室的弟子和菩萨之间，还插入了两身比丘尼的形象，她们应该是代表着韦氏，永远在这里供养佛祖。

敬善寺洞中的佛教人物雕刻，都具有十分典型的初唐艺术风格。佛和菩萨像的身体都是比例匀称，丰满健美的，并有着优美的身段刻画。浮雕的天王身披铠甲，气度不凡（图 149）。门外的金刚力士突出着夸张的肌肉，充满动势地站立着，有着鲜明的个性。比起唐太宗时代在宾阳南洞的雕刻，这些佛教人物是成熟多了，也似乎来得太突然了。其实这正是初唐长安城的艺术风尚向东影响到洛阳的结果。而李治和武则天就是推动这种风尚东来的最关键人物。

在龙门西山的中段，唐代双窟的南侧，有一所著名的万佛洞（图 150）。它的门外两侧各雕了一身无比魁梧的大力士像，门内前壁的两侧还各有一身极度夸张的天王，脚下都踩着一个趴在地上的夜叉。万佛洞主室的平面是长方形

图 149 河南洛阳龙门石窟敬善寺洞浮雕天王（唐，7 世纪中期）

图 150 河南洛阳龙门石窟万佛洞内景（唐永隆元年，680 年）

的，窟顶是平的，内部有着宽敞的空间。正壁的中间雕了一尊神态慈祥、身躯饱
满的阿弥陀佛像，两旁站立着弟子、菩萨、供养比丘尼。它们的身后壁面上是嬉
戏着坐在连梗莲花上的 52 身菩萨像，烘托出了窟内热烈的气氛。雕刻在左右两侧
壁的是排列齐整密集的小坐佛像，共有 15000 尊，它们的下方各刻着一排奏乐舞
蹈人物，演奏着天国美妙的音乐。窟顶的中部也是一朵大莲花，周围有八身飞天。
就在莲花的外圈，铭刻着这样的题记："大监姚神表、内道场运禅师一万五千尊像龛，
大唐永隆元年十一月卅日成。"永隆是唐高宗的一个年号（680～681 年），永隆

图 151 河南洛阳龙门石窟惠简洞（唐咸亨四年，673 年）

元年是公元680年；大监是宫中的女官名，视二品；内道场就是宫廷内的佛教道场。由此可知，这座万佛洞是宫廷中的女官和尼姑共同督造完成的。至于修造万佛洞的目的，窟门北壁上方的一块题记可以说明一切，上面刻着："沙门智运奉为天皇、天后、太子、诸王敬造一万五千尊像一龛。"天皇天后，就是李治和武则天，原来这所制作精细的中型洞窟，是直接为唐朝皇室的最高成员作功德的。

万佛洞南侧的惠简洞，是一所敞口的中型洞窟。一尊倚坐的弥勒佛像，端坐在正壁中间的位置上，它的左右有二弟子二菩萨像，两侧壁上原来还有天王和力士（图151）。位于南壁外侧的一方发愿文题记，使我们可以清楚地知道，这所洞窟是高宗咸亨四年（673年）来自西京长安法海寺的惠简和尚，特意为唐高宗、武则天、太子李弘（653～675年）、周王李显（656～710年）建造的，并且祝愿他们圣化无穷、福延万代。这种用宗教神权为当朝统治集团服务的心理非常鲜明。

这几所与皇室有关的中型石窟，在伊阙山间也只不过是起陪衬作用的，因为由李治和武则天亲自建造的真正的皇家石窟工程，则是位于龙门西山中段最醒目位置上的奉先寺大像龛。这是一所平面呈马蹄形的超级规模的露天大龛，宽约33米，深约40米，在环着正、左、右三壁下方设置的倒凹字形低坛上，雕刻出了背依岩壁的大卢舍那佛像和二弟子、二菩萨、二天王、二力士像，拱卫着中部的主尊佛（图152）。这就是初唐典型的列像窟排列雕塑人物的方法，只不过是这所大像龛太大了，所以把它处理成了露天的形式。

卢舍那是印度梵语"光明遍照"的意思，是释迦牟尼的报身像，它的身高有17.14米。在这尊不同寻常的佛像身上，艺术家们雕出了健美简洁的躯干，典雅庄严的神态，秀美的双目俯视着众生，面含着温厚亲切与慈祥，表现出了精湛的艺术造诣。与中国所有的唐代佛像相比，它都是不相同的，因为它更多地反映着人的属性，包含着母性般的慈爱。有的学者认为，这尊卢舍那佛是按照武则天的面形雕造的，可以作为武则天的化身佛像（图153）。这个观点很有道理。因为在她当上皇后不久，便很快显示出了卓越的政治才能，主宰了军国大事。武则天对于这项不朽的艺术工程极为关切，公元672年，她特意施舍了自己的脂粉钱2万贯作为赞助。三年后，宏伟的大像龛圆满完成了，它如同明亮的北斗星，在佛教艺术的星空中将永远是那样的夺目，那样的与众不同。

图 152 河南洛阳龙门石窟奉先寺大卢舍那像龛（唐上元二年，675 年）

图 153 河南洛阳龙门石窟奉先寺大卢舍那像龛主佛头部特写（唐上元二年，675 年）

在奉先寺大像龛的带动下，一大批中小型的列像式佛殿窟在龙门西山南段崖间开凿出来了，像蜂窝一样密集地排列着。其中最南端的一所中型列像窟，还关系着一位曾经叱咤风云的著名历史人物。

极南洞，是一所平面长方形的佛殿窟，居中的弥勒佛倚坐像和环列两旁的弟子、菩萨、天王像，以及站立在门外两侧的金刚力士（图 154），无不具有写实的形体刻画，是唐代佛教雕刻人物中表现人体美的典型实例。窟门外的南壁上有一块残缺不全的碑文，上面记载着姚崇（651 ~ 721 年）为追悼亡母而雕凿这所洞窟的事情。时间是在公元705年，当时是武则天让出女皇宝座以后，由她的儿子唐中宗李显执政的第一年。姚崇的官职是春官尚书、同鸾台凤阁三品。公元712年，唐玄宗李隆基即位以后，迎来了唐朝最盛的开元、天宝时代，而那时身居宰相要职的姚崇，施展出了非凡的治国才能，为盛唐社会的繁荣与稳定奠定了坚实的基础。

龙门还有很多著名的唐窟，如东山擂鼓台区、万佛沟、看经寺区的许多唐代洞窟，在这里就不可能一一提到了。需要强调的是，风行全国的初唐艺术，与唐高宗和武则天对佛教的

图154 河南洛阳龙门石窟极南洞南壁弟子、菩萨、天王像（唐，7世纪末至8世纪初）

大力提倡有关，而这种历史背景下所造就的繁荣艺术中，保存最多、级别最高的当首推龙门石窟了。所以，龙门石窟的唐风艺术，对于中国其他地区唐代窟龛造像的盛行，又是具有指导意义的。

衣钵相传的启迪

1989年，我在龙门石窟研究所工作期间，曾经接待过中央美术学院美术史系一个班的几十位同学。几天的参观学习过去之后，还有一天的剩余时间，我问他们还想看看什么地方，没想到他们都异口同声地回答："再参观一下看经寺吧！"看来，在龙门众多的窟龛之中，只有这个洞窟给这些未来的美术史专家们留下了最深的印象。于是，我就带领他们第二次进入了看经寺洞。

这是一所位于龙门东山脚下的大型洞窟，它的后室平面是方形，内部有宽大的空间，大约11米左右见方，窟顶的高度有8米多，顶部中间浮雕着莲花，周围

图 155 河南洛阳龙门石窟看经寺洞北壁传法祖师像行列（武周，690 ～ 704 年）

环绕着 6 身飞天，作凌空遨游的姿态。四壁的壁面是平直的，在正壁和左右侧壁的下部以浮雕的形式刻出了 29 位罗汉立像，其中正壁有 11 身，两侧壁各有 9 身，它们的身高都在 1.7 米左右（图 155）。这些就是洞窟内最原始的设计形式，而现在罗汉上方的一些千佛和小龛，应该是在洞窟完成以后由别的佛教信徒补刻上去的。窟门的两侧还各有 1 身大力士像，除此之外，再没有像其他石窟供奉的那些佛和菩萨像了。如此看来，这些罗汉群像，就是开凿这所洞窟的佛教徒们所崇拜的主要内容了。

　　这些罗汉都是些什么人物呢？从罗汉们的排列情况看，它们大部分是在注视自己的左前方，那么，站在这个队伍最前面的应该就是南壁西端的那位老年僧人了（图 156）。第二位是少年僧人，它手持着莲花，胖圆的脸上透露着一股稚气（图 157）。它们两位我们在其他唐代石窟中会经常见到，就是侍立在佛祖身旁的迦叶和阿难，是释迦牟尼最主要的两位弟子。迦叶手持莲花，回头注视着这个传法行列，似乎在向后辈嘱托传法大任。这身迦叶像的上半身在 20 世纪上半叶被盗凿售往海外，如今已回归龙门。阿难身后的 27 位罗汉我们就不容易一一识别区分了。类似这样罗汉系列形象的雕刻，我们在安阳灵泉寺隋代开凿的大住圣窟里曾经见到过，那里有 24 位罗汉坐像。另外，在看经寺南部的擂鼓台中洞三个壁面的下部，也刻着一圈形体较小的罗汉立像，共有25位，时间是在武则天当上女皇以后建立的大周朝里。它们彼此之间可能会存在着某种联系。

在有些佛教经典里，我们可以查找到这些罗汉们的身份与名称。南宋僧人志磐写的《佛祖统记》中提到过古代印度传播释迦牟尼大法的24位罗汉，第一是迦叶，第二是阿难，第二十四是师子比丘。北魏吉迦夜与昙曜翻译的《付法藏因缘传》第6卷，特意叙述了释迦牟尼涅槃以后，他的嫡系弟子迦叶、阿难是怎样将佛法代代下传的，传到了第二十五世，罗汉名叫师子。比起《佛祖统记》来，只多了一位夜奢比丘。而唐代的宗密大师（780～841年）在《圆觉经大疏钞》中也排列了这种传法的世系名单，位于前面的仍然是迦叶和阿难，第二十八位是达磨多罗，达磨以后还有6位中国的大和尚，他们是：慧可（487～593年）、僧璨（约510～606年）、道信（580～651年）、弘忍（602～675年）、慧能（638～713年）、神会（约684～760年），都是在中国传播禅宗大法的禅师。达磨是中国禅宗的初祖，慧能是第六祖，直到今天，许多佛寺里还供奉着他们的雕塑像。所以，看经寺的29位罗汉应该就是表现佛教禅宗的传法世系形象，按照一般规律，那最后一位就是达磨了。

图156 河南洛阳龙门石窟看经寺洞第1位传法祖师迦叶像（武周，690～704年，龙门石窟研究院张亚光摄影）

图157 河南洛阳龙门石窟看经寺洞第2、3、4位传法祖师像（武周，690～704年）

但与经典记载的 28 位相比，明显是多了一位。原来，在宗密的书中，也少了《付法藏因缘传》里有的那位夜奢比丘，如果再加上他，那么达磨正好位居第二十九了。

禅宗，是中国佛教的一个重要宗派，特别是唐代以后，它在中国佛教界越来越发挥着举足轻重的作用。这个宗派主张：所有的众生都是具有佛性的，关键是要看他能否觉悟。以前的佛教徒们只是关心着向自身以外求佛的传统教义，包括崇拜寺院里的偶像，沉溺于背诵佛经，着意于身体力行的苦修，这些都是不合适的。众生们应该把解脱轮回苦难的希望转移到自我内心的调节上来，甚至可以不去读经，不去拜佛，不必确立什么经典文字，只要能觉悟到自己内心原本具有的佛性，就可以"即心是佛""见性成佛"了。这是释迦牟尼在大教之外单传下的法门，所以有着与众不同的特点。有关禅宗的来源和传入中国，在佛教的书籍中还记载着许多有趣的故事。

相传，有一次释迦牟尼正在灵山会上向众弟子们宣讲大法，忽然他手里拈着一朵花让弟子们观看。众人思前想后，仍是不理解佛祖的意思，只好默不作声，只有大弟子迦叶破颜微笑了。释迦明白迦叶已经心领神会了，于是就向大家宣布说："我有一套微妙的法门，不必用文字来记载，只是教外的别传，今天就嘱咐给迦叶。"并且让阿难帮助迦叶代代传下去，千万不能让它断绝了。迦叶得到了真正的"我心即佛"大法，以后在古代印度延续了 28 代，其中的夜奢和摩奴罗，是同一时代继承禅法的两位罗汉，所以共计应该是 29 位。

却说第二十九位罗汉菩提达磨，他的本名叫菩萨多罗，是南天竺香至国国王的第三子。有一天，第二十七祖般若多罗因为受到了香至国王的供养，来到王宫里说法，见到了达磨。般若多罗发现达磨的悟性极高，很有根器，就决定传法给他。国王去世以后，达磨辞别了自己的亲人，跟随般若多罗出家了。般若多罗曾经嘱咐达磨说："你暂且在这个国家传法，以后应当与震旦（中国）有大因缘，但必须在我入灭后 67 年，你才能东去。"般若多罗入灭以后，达磨谨从师命，在 60 多年后，他泛舟渡海，前往中国，历时三年，到达了中国的南海。

达磨来到广州时，正值梁朝的武帝萧衍在位期间（502 ~ 548 年），他受到了广州刺史萧昂的热情接待。梁武帝是位虔诚的佛教信仰者，他听说达磨来到了中国，便立即派遣使者把达磨迎请到了梁朝的首都建康（今南京市），二人进行了一次面对面的交谈。只可惜梁武帝无法领悟达磨带来的新思想，最后不欢而散了。这件事使达磨感到江南一带传教的时机还不成熟，他决定到江北的北魏国去。

达磨来到长江边，只见江水茫茫无船可渡，只有一位老妇人坐在岸边，身旁放着一捆芦苇。达磨向她要了一根，放入江中，双脚踏上去，向着江北缓缓游去。渡江以后，达磨来到了嵩山少林寺，在寺院后面的五乳峰上找到一个天然石洞，就端坐在里面，终日默然，历时九年，他的面影身形都被摄入了石壁之中，仿佛真容犹存。这就是达磨洞和著名的面壁石的由来。

达磨面壁九年以后，少林寺的僧众全部成了达磨的门徒，在这里，他开创了中国佛教禅宗，少林寺也就成了禅宗的祖庭。相传，达磨还教给弟子们一套武术功夫，用来强身健体，后来逐渐发展成了少林拳法。在达磨最后离开少林寺去云游四方的时候，他把从印度带来的袈裟和饭钵传给了弟子慧可，作为禅法继承人的凭证和信物。所以，在中国的禅宗世系里，达磨是初祖，慧可是二祖。到了六祖慧能的时候，他把禅宗的大法传播到了江南，当时正是唐高宗李治在位期间，被称为南宗。而留在北方传法的神秀（606～706年）北宗一系，却获得了唐王朝统治集团的重视，他们频繁地活动在东都洛阳地区，有的大弟子如义福（658～736年）死后还要归葬在龙门山的奉先寺。1983年12月，文物工作者在龙门西山唐代宝应寺遗址中，发掘了禅宗七祖神会的墓葬，出土了大批珍贵文物。可以知晓，龙门山是深受禅宗敬重的佛教圣地，看经寺正是在武则天执政的年代里，由禅宗的僧人们开凿完成的。

禅宗虽然不主张拜佛诵经，但却教导自己的信徒们应该去敬仰那些传法罗汉们。于是，在刻画看经寺的这些罗汉形象时，艺术家确实下了很大的功夫。看经寺的浮雕罗汉群像，是写实与夸张手法巧妙结合的中国古典艺术的范例，写实性主要在人物的头身比例和躯干的制作上，夸张性则重在表现人物的面部神态，从而透过那些不同的表情去揭示他们复杂而虔诚的宗教心态，刻画出了栩栩如生的性格特点。在这些罗汉当中，有的老态龙钟，有的正当壮年，有的则纯然一位翩翩少年；他们有的手持经夹仿佛已经心领神会，有的双手抱拳一幅恭敬请教的神态，有的似乎遇到了什么疑难问题，正回过头来与身后的一位虚心静听的合十罗汉交谈着。在我们当代人的眼里，他们很像是一群高僧大德们正在聚会，又像是为举行某种法事活动而列队缓缓行进着。当年的禅宗僧侣们造立出这些罗汉的形象，就是为了让后世的信徒从他们衣钵相传的历史上，去领会禅宗大法的真谛，顿悟自己的佛心，从而成就自身的佛道。

齐鲁佛教的艺术之花

山东省，是春秋战国时代齐国和鲁国的领地，所以简称"齐鲁"。佛教作为中国古代的三大宗教之一，在山东省境内也曾有过繁荣的发展时期，遗留下了不少石刻艺术作品。这一带的石窟和摩崖造像规模都不太大，济南和青州是比较集中的两个区域，有些造像还是颇具历史艺术价值的。

在济南城南 40 多公里柳埠镇东南不远的地方，有一个地方叫朗公谷。相传在古代，这个山谷中经常有老虎结群出没，给这里的百姓们带来了很大的灾难，都不敢在夜间随便行走了。公元 351 年，有一位名叫僧朗的和尚来到这个地方修道，建立了一座精舍，居住下来。僧朗是位得道的高僧，他的到来，不但使这里的虎群猛兽望风归伏，百姓没有了路途中的灾患，就连各国的君主们也纷纷派人向他致意。当时正是十六国战乱，前秦主苻坚（338 ~ 385 年）、后燕（384 ~ 407 年）主慕容氏、后秦主姚兴（366 ~ 416 年）都对僧朗十分钦重，派人请他出山，但僧朗都以年老多病辞谢了。北魏国主拓跋珪还曾受东晋孝武帝司马曜（362 ~ 396 年）的嘱托，特地派人送书信和物品给僧朗。这一带原本空旷的山谷，因为僧朗的名气，一座座壮丽的庙堂陆续建立起来了，四方的佛家弟子纷纷前来追随僧朗学习佛法。以后，人们就习惯地称这里为"朗公谷"，而这个名字很自然地同古代山东最知名的佛教圣地合而为一了。

从南向北分布在山崖间的千佛崖造像，是朗公谷佛教胜迹的重要组成部分，它包括六所大龛和若干小龛。其中的一所龛中雕刻着两尊坐佛像，右侧的一身头部和膝部已经残缺不全了，而左侧的一身还保存完好，头顶有低平的肉髻，丰满的身体和面部，属于不太成熟的唐代雕刻作品。从龛间保存的铭文题记中，我们知道这是在唐太宗贞观十八年（644 年）由一位和尚主持雕凿成的。还有两所龛都是在唐高宗显庆二年（657年）完成的：一所龛内雕的是结跏趺坐佛，造像主人是南平长公主；另一所龛内主佛是倚坐着的弥勒佛像，龛外两侧分别浮雕了一身勇猛的金刚力士，是由刘玄意出资造立的。在前面介绍龙门石窟时，我们曾经提到过这位刘玄意，而这时他的官职是齐州（今济南市）刺史。南平长公主是唐太宗的女儿，她的第一位丈夫是王敬直。王因为获罪被流放到岭南以后，她才再嫁刘玄意的。龙门宾阳南洞的那尊力士像，只是刘玄意在任汝州刺史时单独雕造的。而这一次是在齐州任上，他们夫妻二人联袂建立功德，不失为一段李唐皇室崇佛史上的佳话。

在这里，还有两所左右毗邻、大小相仿的坐佛像龛，是在公元658年，由赵王李福（634～670年）出资建造的。李福是唐太宗李世民的第十三子，公元639年被封为赵王，根据小龛旁边的题记，我们知道李福在雕造这处佛时，他的官职是行青州刺史，这尊佛像是指明为唐太宗敬造的阿弥陀佛像，并且祝愿"四夷顺命，家国安宁，法界众生，普登佛道"。李福的佛像和龙门石窟宾阳中洞里魏王李泰为母亲造的正壁大佛十分相似，它们的左肩部位都垂着一条带子系着袈裟，这是

图158 山东济南朗公谷千佛崖赵王李福造像龛（唐显庆三年，658年）

比较特别的做法，恐怕并不是巧合（图 158）。千佛崖的造像，无疑是济南地区佛教艺术中比较重要的一处。

　　另外，还有佛峪寺摩崖造像，分布在济南城南约 13 公里的兴隆山腰，共五层约 50 多所摩崖像龛。在它们当中，保存着许多隋朝纪年题记，是中国发现的隋朝题记最多的一处佛教艺术群体，因此也是研究隋朝雕刻艺术的宝贵资料。济南市南部的千佛山上也有一批摩崖佛龛，其中大约有五所是在北朝时期刻成的，最早的纪年铭文是北魏孝明帝元诩正光二年（521 年）。还有一些造像是在隋文帝杨坚执政时期（581 ～ 604 年）刻成的。济南市东南 18 公里处的龙洞，是一所天然的石窟洞，里面的石壁上凿出了十多个佛龛，最早的造像是在东魏孝静帝元善见天平四年（537 年）刻成的，其中也有隋炀帝时代和蒙古元朝的作品。这些石窟造像，同千佛崖一起组成了济南附近的佛教艺术网络。

　　青州市过去叫益都，也是山东省保存佛教石刻造像的重要地区。云门山在青州城东南约 4 公里的王家庄附近，王家庄的西南有驼山石窟，东北有云门山石窟，两山相距大约 1.5 公里。驼山是南北横亘的山岭，在山的半腰崖间开凿了五所石窟和一些摩崖造像龛。驼山第 1 窟的平面是纵长方形的，是在武则天执政时期开凿出来的。正壁的主尊两侧各有一身比较小的弟子像，左右侧壁上分别雕刻了两身立菩萨像和一身力士像。最特别的是这位主尊坐像，它的头部完全是佛的形象，结跏趺坐，双手施禅定印，身上也穿着佛像习惯用的袒裸右肩式的袈裟，但在脖子下却装饰着一圈联珠和莲花瓣，裸露的右臂上还佩戴着臂钏，这些打扮却又像是菩萨的。他的形象很像初唐时期曾经流行的菩提瑞像，也叫菩提树像，就是表现释迦牟尼在菩提树下成道的形象。但传统的菩提树像是结跏趺坐，头戴宝冠，身饰项圈与臂钏，着右袒式大衣，右手施降魔印。因此，二者还是有些区别，驼山第 1 窟主佛值得进一步研究。

　　驼山第 3 窟内雕刻有西方三圣像，即阿弥陀佛与观音、大势至菩萨，在壁间雕刻千佛（图 159）。主尊身体巨大，它的右手掌放在右胸前部，表示他正在给弟子们说法。这尊佛像的身躯丰硕，但显得有些僵直，带有北齐佛像的遗风，它的身旁整齐地排列着众多的小千佛像。在大佛像的台座前面，铭刻着这样一些字："大像主青州总管柱国平桑公。"据专家学者们的考证，这位平桑公名

图 159 山东青州驼山第 3 窟西方三圣像（隋）

叫韦操，是北周和隋朝比较有名的官员。隋文帝杨坚当年在北周做丞相的时候，尉迟迥（516～580 年）起兵叛乱了，韦操奉命带兵平息了这次事变，被朝廷封为平桑郡公，以后担任过青州和荆州的总管，死在了自己的任上。唐魏徵（580～643 年）等撰《隋书·韦世康》中有韦操的传记，我们根据这些资料，可以推测出驼山第 3 窟大概是在隋文帝执政的前段时间里开凿完成的。隋代东方的佛教艺术，因为原来是属于北齐国的区域，所以也就不可避免地较多继承了北齐的艺术风格。同样，驼山第 2 窟的主佛像也包含着相同的特色，看来，它也应该是隋文帝时期的作品了。

云门山是一座东西走向的高峰，在山的南面中部，开凿着三所洞窟和两大龛。两所大龛间保存着隋文帝时代的铭文题记，应该是那个时候的作品。云门山第 2 龛为尖拱形，龛内主尊佛像已经佚失，二胁侍立菩萨像还保存完好，身躯修长，呈直立的姿态，有着女性般的窈窕身材（图 160）。其他的三所石窟却呈现出了唐代的风貌。在其中一所洞窟里，有唐玄宗李隆基开元十九年（731 年）雕刻的倚坐弥勒佛像，周围是一片位于小龛内的千佛像，排列得很整齐。

济南和青州地区的现存石窟雕刻艺术，都是在崇信佛教的地方高级官吏的提

图 160 山东青州云门山石窟第 2 龛（隋）

倡和影响之下，逐渐发展起来的。如果从它们的艺术风格上观察，还不难发现接受洛阳地区的影响因素。另外，还有它们鲜明的地方特色，这些将有待于进一步系统地研究，才能理清楚这些艺术形成的总体脉络。

在山东省的其他地区，如曲阜城南 10 公里武家村东南的九龙山北部山脚下，还有六所摩崖佛龛，从保存下来的唐玄宗天宝十五载（756 年）题记和佛像的风格上看，都应该是唐朝制作完成的。

别具情调的辽国石窟

契丹族是古代生活在辽河和滦河上游的少数民族，主要从事游牧和渔猎。唐朝时候，今河北、山西等地的汉族人不断迁入契丹族的居住地区，给这里带来了农业生产技术和唐朝先进的思想文化。到了 916 年，契丹贵族耶律阿保机（872～926 年）统一了各部，在临潢府（今内蒙古昭乌达盟巴林左旗）自立为皇帝，建立了政权。公元 947 年，契丹贵族把国号改为"辽"。直到公元 1125 年被女真人的金国消灭为止，辽国共立国 200 多年的时间，国土包括大漠南北和东北的广大地区，在幽州（今北京市）到云州（今大同市）一线与北宋接壤。由于深受唐文化的影响，辽国的统治者始终崇信佛教，今天仍可以看到的辽国寺院和石窟，就是很好的历史见证。

内蒙古巴林左旗林东镇的南面，就是耶律阿保机建立的辽上京城临潢府的遗址。在这座城址的周围，有四处辽国的石窟寺群，其中要数后召庙石窟保存得最完整。

在辽国上京城以南约 30 公里的地方，有一个袋形山谷，谷中绿树成荫、庙宇密布，后召庙石窟寺就位于谷内西北方高约 50 米的峭壁下方（图 161）。这所石窟群名为"真寂之寺"，有四所石窟比较完好，它们坐西向东，南北向排列着。窟的前面是清代修建的喇嘛庙，叫善福寺。中窟规模最大，口部敞开着，宽约 6 米，深约 5 米，地面中央横卧一尊释迦牟尼的涅槃像，像的前部两边排列着 2 身菩萨和 15 身作哭泣之状的弟子像。环绕这组偶像可以行走一周。在后壁与左右两壁表面，各分三层浮雕了共 100 尊高约 50 厘米的罗汉坐像（图 162）。因此，这是一所反映佛祖涅槃场面的肃穆庄严的洞窟。中窟两侧南窟和北窟的外室较小一些，大致都是方形的平面，地面中心都设置了一个倒凹字形的佛坛，坛上都安排了坐佛像和骑狮的文殊菩萨、骑象的普贤菩萨。窟门的两侧是浮雕天王像。北窟的内室壁面全是浮雕，正中西壁是一佛二弟子二菩萨二供养人，南、北壁各有一尊天王像。

这三所石窟，实际上都是属于佛坛窟一类，它们的基本构造和四川广元千佛崖盛唐时代的佛坛窟很相似。看来，这里仍然保持着一些唐代佛教文化传统。但从它们强调表现中窟的罗汉情况看，似乎又同辽国南部的北宋有些接近。

图 161 内蒙古赤峰市巴林左旗后召庙真寂之寺石窟群外观

北窟的后室也是方形平面，正壁的下方有一条横向的佛床，佛床上的壁面正中是浮雕的主尊佛像，它的两侧分别是浮雕的弟子和菩萨立像，二弟子身前还刻着蹲跪姿势的供养人，手捧果盘献向主佛。在左右两侧壁上，各浮雕了一身形体高大的天王像，它们脚蹬高靴，双手握着金刚杵。这种环绕壁面安排佛、弟子、菩萨、天王的方法，很可能是受到了唐代列像窟的启发，但在正壁下方有佛床以及所有大像都用浮雕的形式，应该是这里的地方特色了。除主佛以外，这六身浮雕立像都是笔直地站着，并且身体粗壮，造型雄浑有力。特别是那两尊天王浮雕像，使用了夸张的手法，充分表现了契丹武士们粗犷豪放的勇武气概，是不可多得的真正契丹风格的雕刻作品。

辽国被金国攻灭以后，契丹人就逐渐同汉族、蒙古族、女真人相融合了。今天我们从后召庙石窟中的雕刻人物身上，还能看出一些这个古代强大民族的英姿。

在鄂尔多斯高原的西北边缘，还有一处阿尔寨石窟（图163），俗称百眼窑石窟，

图162 内蒙古赤峰市巴林左旗后召庙真寂之寺石窟中窟壁面罗汉群像局部（辽）

图 163 内蒙古鄂尔多斯鄂托克旗阿尔寨石窟外观

因为那里原来有 100 多眼石窑，所以人们就起了这个通俗的地名。长期以来，这处石窟是鲜为人知的，20 世纪 60 年代初，一位美术工作者在一次偶然的机会中发现了它，它的确切位置在内蒙古鄂尔多斯鄂托克旗公卡汗乡西南 30 公里，乌兰镇西北 130 公里的地方。这里有一座高 40 多米、东西宽 300 余米的红砂岩构成的圆形小山，阿尔寨石窟就开凿在山间的峭壁之上，分成上、中、下三层来排列，共有 65 所石窟，还浮雕有 24 座覆钵式塔和 1 座楼阁式塔。

这些石窟有大有小，以方形平面的居多，有的窟顶很平整，刻着莲花。在石窟的墙壁和顶部，一般是画满了题材多样的佛教壁画和装饰图案，从内容上看，与西藏传来的密教艺术有很大关系，其中有双身男女相抱的欢喜金刚像，脚踏恶魔的愤怒明王像，佛经故事画，上师像，和某些护法神王像等。不过也有一些与汉族地区供养菩萨、弟子相似的壁画形象。小山的顶上开阔平坦，残存着一些建筑遗址，原来这里很可能有一座寺院。百眼窑石窟的开凿时间可能在明朝中期到清朝初年，因为石窟里的那些西藏喇嘛教风格的壁画，也只能是在这段时间之内，黄教传入以后才会出现。这是内蒙古现存规模最大的一处石窟群，虽然它的资料还没有系统地发表，但已经越来越多地引起人们的重视了。

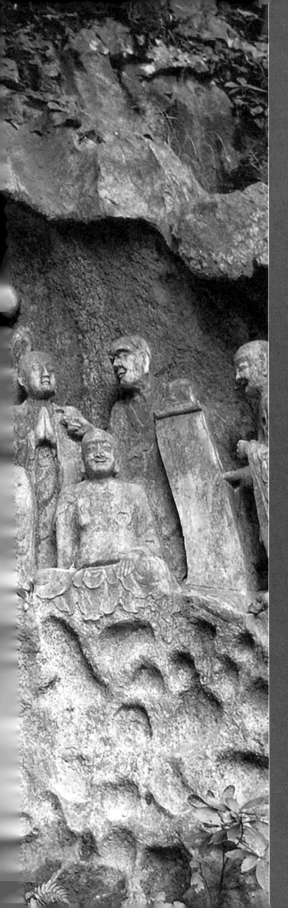

东南国土的瑞颜宝相

　　长江中下游和闽江流域，也是中华文明的重要发祥地。三国与两晋时代，这里已经具有了相当深厚的佛教文化根基。在湖北武昌莲溪寺的彭卢墓中，曾经出土过一件盾形的鎏金铜饰片，上面有一尊佛像站立在一朵莲花上，是在三国时期的吴国制作出来的。在江苏和浙江等地的一些东吴、西晋墓葬中，出土了很多釉陶质的谷仓罐，上面就有贴塑的小佛像。西晋以后，中原北方战乱不止，在游牧民族纷纷入主中原的同时，伴随着的是大批汉族人的南迁。江南一带相对的社会稳定，使佛学的研讨得到了顺利的发展，为寺院的建设带来了繁荣景象，但却没有使佛教徒们过多地选择石窟寺的艺术方式。所以，在长江以南，我们能见到的石窟寺就比北方少多了，但这并不等于它们就不重要。相反，江南的有些石窟艺术，不但对北方的部分石窟发展曾经起过影响作用，而有的石窟寺造像，还可以弥补北方佛教艺术发展中的空白点。因此，它们也是中国佛教艺术中的重要组成部分。

南朝雅士风度

　　在东晋十六国和南北朝时期，中国的长江以南是正统的汉族文化所在地，而江苏和浙江地区，又是汉族文人雅士们聚集的主要地区。南京的古代名字叫建业或建康，是吴、东晋、宋、齐、梁、陈建都的地点，所以被人们誉为"六朝古都"。作为南方政治、经济和文化中心的南京，当年佛教发展的盛况也是令全中国所瞩目的。唐朝李延寿撰《南史》第 70 卷里记载说：南京一带的佛寺有 500 余所，而且都十分宏伟壮丽。如今这些佛教的构筑都已经不存在了，就石窟和摩崖造像而言，只有建康摄山和剡溪石城两处遗迹，能够反映一些南朝的佛教艺术面貌。

　　建康摄山遗迹，就是位于南京东北大约 20 公里的栖霞山千佛岩，这里遍布着大大小小的佛龛造像窟龛，共有 294 所，515 尊造像（图 164）。从现存情况来看，绝大多数的窟龛造像都是南朝时期的作品，但多数被后代的修补所覆盖。有两所毗连的大窟和次大窟，可以辨认出南朝创作时的艺术风格。大窟即无量寿佛殿，平面略作横椭圆形，窟口是敞开着的，明代在窟前补砌了砖石的门壁，门的上方还镶嵌着"三圣殿"的石额。在大窟正壁前方的石坛上，雕了一尊高约 6 米的无量寿佛石像，

图 164 江苏南京栖霞山千佛岩大佛窟及周围窟群外观（20 世纪 20 年代拍摄）

双手施着禅定印，圆领的大衣垂覆于腹前，出露了内部的僧祇支，佛座前部垂下的袈裟下摆褶纹繁复重叠，与龙门石窟宾阳中洞主佛很相似（图 165）。在大坐佛的坛前两侧各雕刻了一身站立在莲花台上的胁侍菩萨像，他们的裙子样式和北魏晚期的菩萨也很像。

古代文献中记载了这所大佛像的建立情况。相传在刘宋朝，有一位平原郡鬲县（今山东德州市）居士明僧绍，很有佛学修养，他独自一人遍览了江南的佛教圣地之后，有一天来到了栖霞山下。这里的山谷使明僧绍仿佛感到了一种神仙般的灵气，于是他就决定居住下来，安度自己的有生之

图 165 江苏南京栖霞山千佛岩大窟中的无量寿佛像（南齐）

图 166 江苏南京栖霞山千佛岩次大窟的左
胁侍立菩萨像（南齐）

年。不久，有一位法渡禅师率领徒弟们也来到栖霞山修行了，他们与明僧绍友好相处，平时也一起探讨佛教理论。一次，法渡禅师向弟子们宣讲了曹魏康僧铠译的《无量寿经》，到了夜里，忽然看见金色的光芒照亮了黑暗的天空，金光中显现出了台馆的形象。于是，明僧绍就把自己的住宅施舍给了这些僧人，栖霞寺就这样出现了。明僧绍曾经梦见山崖间闪耀着如来佛的光彩，他感到佛祖的灵相是会在这座山上出现的，就同法渡禅师商量开凿一所大佛像龛。公元 484 年，壮志未酬的明僧绍去世了。以后，担任临沂县（今南京市北金川门外）县令的明僧绍第二子仲璋，为了完成父亲的遗愿，便与法渡禅师共同设计，开凿完成了这尊无量寿佛像。在建造的过程中，还曾经得到了齐朝的文惠太子萧长懋（458 ~ 493 年）、豫章文献王萧嶷（444 ~ 492 年）、竟陵王萧子良（460 ~ 494 年）、始安王萧遥光（468 ~ 499 年）的大力资助，有的尼姑也参与了。这些齐朝皇室贵胄们可能还含有为他们的萧氏皇帝作功德的意思。到了公元 511 年，梁朝的临川王萧宏（473 ~ 526 年）曾经特意出钱妆新了这所像窟，由此也能使我们感到，这所大像窟在南朝贵族们的眼里是何等的重要。

紧邻无量寿佛大窟右侧的次大窟，平面也是横椭圆形的，在窟内的倒凹字形石坛上正面，雕刻着释迦牟尼和多宝佛并坐像，它们的身上虽然都穿着通肩式的服装，但右肩上还搭了一块袈裟，形成了覆肩衣，在龙门和巩义北魏晚期的佛像身上也是可以见到的。次大窟的两侧壁还各雕了一身立菩萨像，有帔帛与长璎珞自双肩处垂下，在腹前交叉，且体型消瘦，是典型的汉民族菩萨像样式（图 166）。该窟的雕凿时代应该和大像窟相差不远。另外，在这两所窟的附近，崖壁上遍布着经过历代妆修的小龛，有坐佛龛、千佛龛和思维菩萨像龛等。其中有一所三尊坐佛像龛和穿右祖式袈裟的坐佛龛，也可能是在齐朝雕刻出来的。还有更多的造像，剥离了后代的重修泥层后，出露了原来的形象，可现其身上穿的褒衣博带式大衣，以及秀骨清像的风格，是典型的汉民族佛像样式。

现在，我们来看看南朝风格的佛像艺术是如何形成的。

早在三国曹魏与西晋时期，社会上很讲究人的门第与出身，那些贵族世家子弟和文人雅士们在政治、经济和上层社会中享有优越的地位。他们在为人处世上提倡潇洒不羁、超然自得、无为而无不为，这就是所谓的"魏晋风度"，也是当时流行的社会风尚。到了六朝时期，江南的贵族子弟和文人雅士们日益追求着形貌上的潇洒与谐谑，以及清秀的相貌和弱不禁风的体态，甚至出门都必须让仆人们搀扶着。于是南朝的艺术家们根据这种社会审美思想，创作出来的雕塑和绘画中的人物形象，都是面相清秀，身材消瘦的"秀骨清像"。在这样的历史背景下，也要求出世的佛教艺术适应人们新的审美观，所以，一批批消瘦俊秀的佛菩萨像就应运而生了。

南朝艺术家们创作的新型佛像，一般都穿着宽大的袈裟，正如在北魏晚期的石窟中所见到的那样，我们习惯上称之为褒衣博带装。这里的"褒"，就是宽大的意思，这种衣服具有褒大的衣裙，广博的衣带。这正是南朝的上层男子所流行的服装。但是在风度潇洒的佛像身上所穿的，与传统世俗的褒衣博带装并不完全相同，而是袈裟披覆在双肩上，里面穿着交领或祖裸右肩的内衣，并在胸前束着

图 167 江苏南京西善桥南朝墓出土的"竹林七贤与荣启期"砖雕拓本（南齐）

一条长长的带子。类似这样的服装我们却在南京地区的南朝墓葬中出土的表现竹林七贤和荣启期这些隐遁高士雕刻形象上发现了（图 167）。它反映了当时过着隐遁生活的雅士们的精神风貌，是备受上流社会人士所仰慕的。也许在士大夫们的眼里，深受出家僧侣们所崇拜的佛祖，和那些隐遁高士们的思想境界没有什么两样。这也可能是佛教艺术家们在迎合着人们的审美心态，故意把佛祖打扮得像一位高士。不论怎样，佛祖确实是穿上了类似于隐遁者的服装，也换上了一副文人雅士的相貌和身材。于是，纯粹的汉民族佛像就在南朝诞生了，而且，这种褒衣博带服装以后也就成为中国汉传佛教中佛像的主要服装，流行于后世。

四川茂汶县曾经出土过一通佛教造像碑，是在公元 483 年齐朝武帝萧赜（483 ~ 493 年在位）执政的第一年雕刻出来的，上面的弥勒佛坐像和无量寿佛立像，是身穿典型的汉民族式褒衣博带装的现存最早的佛像（图 168）。相比之下，栖霞山的无量寿佛坐像年代要晚一些，但也是继承的这种汉化传统。成都的万佛寺遗址中还出土了一批梁朝的佛教造像，我们可以看到具有雅士风度的佛像在梁朝的发展情况。当时北方的实力和军威胜过南方，但那些少数民族政权的首脑们一直把南朝文化作为华夏的正统，作为他们学习的榜样，北魏孝文帝的汉化革新，就是其中最典型的事例。因此，在北方的这种思想观念和时代风尚的支配下，南朝新的佛教艺术，就源源不断地被北方佛教界引进接受了，在被长江流域分割开的不同政治社会中，终于具有了统一的佛祖出世风貌。

剡溪石城山遗迹，就是浙江新昌宝相寺龛像，位于新昌县西南 2.5 公里南明山

图 168 四川茂汶县出土的造像碑正面弥勒坐像与背面无量寿佛立像（南齐永明元年，483 年）

的宝相寺内。这里有一所大型的摩崖弥勒佛龛，龛里的弥勒佛像通高有 15.6 米。据北京大学考古系宿白教授的研究，它原来应该是倚坐姿势的，后来经过历朝历代的不断改做和重妆，就成了今天这样的结跏趺坐式了，表面的细部也完全改变成了宋代以后的样式（图 169）。南朝梁僧慧皎（497～554 年）撰写的《高僧传·僧护传》等有关文献记载说：公元 486 年，僧护和尚云游到了石城山的隐岳寺，寺的北面有青

图 169 浙江新昌宝相寺弥勒大像（梁朝创建）

石壁，陡峭竖直约有数十丈。僧护每次从青石壁前经过时，都会看到石壁的中央有佛的光焰闪现着，还能隐约地听到管弦乐器演奏出的美妙音乐。于是，僧护就燃起了一炉香，面向上苍发出了自己的誓愿："我一定要在这里镌造一尊弥勒佛的千尺真容像，祝愿有缘的众生们，来世都能降生到未来美好的弥勒佛国世界，去接受弥勒佛的度化。"将近十年以后，僧护就召集佛教信徒们开始设计，初步雕凿起来了，但没过多久僧护就亡故了。后来有一位名叫僧淑的和尚打算继承这项事业，但由于资金和人力不足被迫停工了。

梁朝代替了齐朝以后，有一次，建安王萧伟（476～533 年）得病了，怎么治都好不了。公元 507 年 10 月 22 日，始丰县（今浙江天台县）县令陆咸来到了剡溪，正好遇到风雨交加，天色晦暗，只好在这里住宿下来。到了夜晚，陆咸梦见有三个和尚来告诉他："建安王爷久病不愈，是因为一些小小的业障造成的。他如果能帮助完成僧护大师的弥勒石像，病自然会好的。"陆咸回到建康后，就把这个奇怪的梦告诉萧伟，萧伟听后立即上报梁武帝萧衍（502～548 年在位）。皇帝的圣旨下来了，命令著名的僧祐大师（445～518 年）去重新设计这尊巨大的弥勒佛像。僧祐来到了石城山前，总觉得僧护以前设计的大体形象过于浅陋。就

在他思前想后定不下总体方案的时候，夜间青石壁上的岩石突然崩落，一个佛头从崖中露了出来，它的脖子以下还被崩落的碎石掩埋着。僧祐赶快派人来清除乱石，于是一尊端严的弥勒真容石像，出现在了青石壁前。梁朝的太子舍人、著名文人刘勰（约465～521年）听到这件事后，特意撰写了《梁建安王造剡山石城寺石像碑》文，以表彰这项功德壮举。

这些记载虽然夹杂着神话色彩，但这种倚坐姿势的弥勒佛像终于在公元516年以前的梁朝设计成功了。我们前面介绍过的北齐国浚县大伾山的弥勒大佛像也是倚坐的姿态，就是因为学习了南朝这种巨型佛像的样子，才在北方造就的。所以，宝相寺的这尊大佛，虽然模样已经完全改变了，但它的历史意义却十分重要。

在宝相寺大像龛的西北部，还有左右毗连的大小两所岩洞，洞内的壁面上都刻着千佛像。大洞后壁的正中有一尊释迦牟尼坐像，它的左右两侧分别刻着四、六区千佛像，在每区千佛的中间都开凿着一尊坐佛与二胁侍菩萨像龛；千佛的外侧还雕刻着护法神的形象。从这些雕刻人物所保留的服装样式上观察，它们都属于齐武帝萧赜至齐明帝萧鸾（494～498年在位）执政时期的作品。左侧小岩洞的后壁正中也雕着一所释迦牟尼坐像龛，在龛的左右各刻着上下两排千佛像，它们的创作也和大岩洞基本同时。

西子湖畔的奇幻洞景

> 水光潋滟晴方好，山色空濛雨亦奇；
> 欲把西湖比西子，淡妆浓抹总相宜。

这首北宋大文学家苏东坡（1037～1101年）的《饮湖上初晴后雨》，形象地道出了杭州秀丽的湖光山色。在明丽妩媚的西湖周围，绰约多姿的崇山峻岭之中，有许多奇幻多变的石灰岩溶洞，洞外古木参天，山旁一脉清泉，正是僧侣们所要寻找的修行佳境。在这里，他们向善男信女们说教，还利用自然形成的山洞雕刻佛、菩萨、罗汉像，使神秘佛国世界中的人物与大自然紧密结合在了一起，更富有了人们追求欣赏的幽静情趣。

　　现存杭州地区的石窟造像，都是唐代以后的作品。从唐朝末年开始，钱镠（852～932年）割据浙江，建立了吴越国（907～978年）。当时中原一带诸侯称霸，战乱不断，而吴越国境内却相对安定，经济发展很快。钱氏家族三代共五位国王都很信仰佛教，建寺造像的活动一直没有停止过。今天的杭州城，就是当年吴越国的首府，在北宋时期是中国的佛教中心之一，又是后来南宋王朝的实际首都，现存众多的佛教石窟造像为这座古老而又崭新的城市增添了一份神秘奇妙的色彩。现在，胜果寺、资贤寺、天龙寺、石屋洞、烟霞洞、飞来峰、大石佛院、南观音洞等，已成为杭州著名的游览胜地了。

　　杭州凤凰山胜果寺的摩崖西方三圣像龛，是现存吴越国规模最大的一处佛教艺术工程，龛高约 12.1、宽约 23、进深约 5.3 米。胜果寺始建于唐昭宗乾宁年间（894～898年），而位于寺后崖间的西方三圣像龛则完工于五代后梁开平四年（910年），二者都是由吴越国的开国君主钱镠出资建造的，应该与他的以佛教功德祈福于其国祚永隆的愿望相关联。这所西方三圣像龛表现的是阿弥陀佛和他的两个胁侍——观音和大势至菩萨，都呈结跏趺坐之姿，上承唐代风格，下启吴越国的艺术风尚，引领了吴越国西方三圣崇拜的潮流（图 170）。三大像的表面虽被后代

图 170 浙江杭州凤凰山胜果寺摩崖西方三圣像龛（后梁开平四年，910 年）

严重损毁，但在吴越国佛教艺术史上意义巨大，从它的残迹仍可以想象雕造技艺的高超与当年宏伟巨制的风采。同样位于胜果寺废址上的十八罗汉像也应造于吴越国时期，可能与西方三圣像龛同时雕造，也可能稍晚于西方三圣像龛。但这组十八罗汉像表现着浓重的民间风格，应当不是吴越国王室的赞助项目，极可能由普通官吏或平民僧俗信徒出资雕造。这组十八罗汉像是迄今极少见到的五代时期的十八罗汉像，对研究中国罗汉崇拜的发展，特别是罗汉造像中国化的进程都有重大意义。

　　位于慈云岭资贤寺遗址上的摩崖造像共有四龛，其中的第1、3龛雕造于吴越国时期，应该属于资贤寺的一个重要组成部分。南宋潜说友（1216～1277年）撰《咸淳临安志》卷82记载说：在慈云岭下有一座上石龙永寿寺，是在后汉天福七年（942年）由吴越国王钱佐（941～947年）出资建造的，旧名叫"资贤寺"，在北宋大中祥符元年（1008年）改为现在的名字（即上石龙永寿寺）。石崖之上还刻着宋仁宗皇帝（1023～1063年在位）御制的"佛牙赞"。在南宋度宗咸淳元年（1265年），此寺改为了尼寺。资贤寺第1龛内雕着僧装的半跏趺坐地藏菩萨像，在龛楣上刻着六道轮回图。根据佛经记载，地藏菩萨是解脱众生于六道轮回之苦的大菩萨，常常现沙门形。所以，自唐代开始，沙门形的地藏菩萨像便在中国雕造起来了，

图 171 浙江杭州慈云岭资贤寺第 3 龛西方三圣与胁侍像（吴越国，20 世纪 20 年代拍摄）

图 172　浙江杭州天龙寺第 1 龛弥勒与胁侍像（吴越国）

并且有时会伴随着六道轮回图。这里的地藏菩萨与六道轮回图，是中国现存规模最大、表现手法最为精美的一处该题材造像。资贤寺第 3 龛的造像题材仍是西方三圣像，以坐姿的阿弥陀佛、观音、大势至为中心，再胁侍以二立菩萨与二天王像，龛楣上还有七坐佛与骑狮的文殊、骑象的普贤菩萨（图 171）。它是现存规模最大、保存最完整的一处吴越国西方三圣龛像。以解脱已故坠入六道众生的地藏，同人们所向往的阿弥陀净土世界相结合，宗教目的是为了超度一切生灵到达涅槃境界，为我们研究吴越国佛教信仰的特点提供了有力的实物证据。

　　杭州天龙寺由吴越王钱俶（948 ～ 978 年在位）出资建于北宋乾德三年（965年），现存天龙寺遗址中的第 1、2 龛造像应雕于斯年前后，且是统一规划、雕造完成的。第 1 龛的主尊是未来的倚坐弥勒佛，很有唐代遗风。同龛内的二弟子、二菩萨、二天王雕像则具有鲜明的吴越国地方特征（图 172）。特别是二天王手执长柄钺，同慈云岭资贤寺的二天王像一致。第 2 龛内只雕一尊结跏趺坐的阿弥陀佛。二龛结合，反映了吴越国佛教信徒对西方极乐世界和未来弥勒佛图所寄予的期望。天龙寺第 3 龛造像表现水月观音，是中国佛教僧俗创作的一种观音形象，雕于元代。

在南高峰和青龙山之间，遍布着大小天然溶洞，其中以石屋、烟霞二洞最为闻名。

满觉陇前的"石室胜景"，洞府高敞，轩朗如屋，所以被人们称作"石屋洞"。它是一所天然溶洞，在大洞的左方外部高处，另有一洞叫"石别院"。大洞里面又有小洞，洞洞相连，嵌空玲珑。在大洞岩壁最醒目的位置，原来有一所佛与弟子、菩萨、天王的造像龛，在其他壁面上遍布着小罗汉像，大约有 500 尊。据历史文献记载，石屋洞的造像题材是五百罗汉和十六罗汉，共有 516 身罗汉像。因此，石屋洞是杭州地区造像最多的洞窟（图 173）。有一方元代永隆和尚的造像记中说：石屋洞是在五代后晋高祖石敬瑭的天福年间（936 ~ 942 年）开山建院的。在洞内罗汉像旁的题记中，还有五代后晋、后周朝的其他年号，充分说明了石屋洞造像是在吴越国时期陆续雕刻出来的。可惜这些珍贵的艺术品，在 1968 年被毁坏殆尽，如今的石屋洞造像都是 20 世纪 90 年代以后重新塑做的。

据南宋潜说友（1216 ~ 1277 年）的《咸淳临安志》和明朝吴之鲸（？ ~ 1609 年）撰《武林梵志》等书的记载，在公元 944 年，有个法号弥洪的僧人，来到南高峰西侧翁家山南部山腰的烟霞洞前修行。一天他遇见了一位神仙，告诉他这座山上有圣像，为什么不把它显现出来？弥洪就来到后山，果然看见一所洞穴，里面有 6

图 173 浙江杭州石屋洞（吴越国，20 世纪 20 年代拍摄）

尊罗汉像。弥洪死后，吴越国王梦见一位和尚对他说："我有兄弟18人，现在却只出现6个，大王应该把我们聚在一起。"吴越国王钱俶派人到处查访，终于发现了烟霞洞的6尊罗汉，于是又添造了12尊。

烟霞洞的十八罗汉像是依靠洞的两侧壁向纵深分布的。它们面相各异，姿态不同，有的沉思，有的禅定，有的仰瞻，有的俯视，有的玩狮，有的伏虎，雕刻技巧娴熟，把众罗汉表现得栩栩如生（图174）。在十八罗汉像间，有一则题记上刻着"吴延爽舍三十千造此罗汉"。吴延爽，是吴越国王钱元瓘（887～941年）的妃子

图 174 浙江杭州烟霞洞罗汉像之一（吴越国，20世纪20年代拍摄）

吴汉月（912～952年）的弟弟，那么这些作品无疑是属于五代时期了。烟霞洞口还有两尊引人注目的观音菩萨像，一个手持净瓶，一个手挂念珠，姿态雅静，容貌端庄，身材潇洒柔丽，也是吴越国雕刻中的佳作。不幸的是，在20世纪50年代调查时，烟霞洞的十八罗汉像仅剩十五尊了。在1966～1969年间，洞内造像多数被毁。如今的烟霞洞造像是在1978～1979年间重新修复的。

怪石嶙峋、风姿卓绝的飞来峰，位于著名的灵隐寺前。相传在公元326年，印度和尚慧理云游天下来到这里，他看到了这座山峰，非常惊奇地说："这不是我们印度的佛教神山——灵鹫山的小岭吗？！不知什么时候却飞到这里来了。"所以这座山以后就被称作飞来峰了。自从慧理和尚在这里修行过以后，人们认为这里是仙灵隐居的地方，就把飞来峰前的寺院称为"灵隐寺"。飞来峰相传有72所洞穴，现在的两处著名洞穴，分布在飞来峰的东部和北部。

在青林洞的入口处，有几个吴越国的小佛龛，而洞内布满了石壁的姿态各异的小罗汉像，是在北宋真宗皇帝的咸平年间（998～1003年）陆续雕刻出来的，

应该是一组没有完成的五百罗汉像。青林洞口还有一个公元1022年雕完的佛龛，内雕卢舍那佛和他的胁侍共17尊像，主次分明，造型生动，是青林洞最优美的雕刻了。青林洞石床里壁的十八罗汉像，还有另一个出口处的十八罗汉像，都是北宋时期的作品。

青林洞北侧的玉乳洞，保存了30多身与真人大小相仿的罗汉形人物雕像。这些像包括一组十八罗汉，几身单尊罗汉，和禅宗六位祖师像。十八罗汉像姿态各异，有的旁边还以虎和龙相伴，应是降龙和伏虎罗汉。所有这里罗汉的造型都比较平板，形象划一，身体表面的衣纹仅仅是阴刻线，没有写实感，和四川地区北宋造像的写实性形成了鲜明的对比。在一侧洞口还有六尊与罗汉像相似的坐姿人物雕像，身旁的石刻文字表明它们是在公元1026年雕成的禅宗"太祖"和"六祖"等像（图175）。它们的造型和同一所洞内的十八罗汉像很相似，不带有任何威严神秘的气质。中国佛教禅宗僧侣崇拜他们的前六位师祖，指从印度来中国传法的初祖菩提达磨，还有二祖慧可、三祖僧璨、四祖道信、五祖弘忍、六祖慧能。至今在河南嵩山少林寺旁，还有当年达磨面壁修行的洞穴。这里提到的"太祖"与"六祖"，就是二祖慧可与六祖慧能，另外四身坐像则是出资雕造这六尊像的某个禅寺的开山祖师像，而这个禅寺很有可能就是飞来峰对面的灵隐寺。在宋代，禅宗已经是流传最广的佛

图175 浙江杭州飞来峰第28号玉乳洞禅宗六祖师像（北宋天圣四年，1026年）

图 176 浙江杭州飞来峰第 68 号布袋和尚与十八罗汉像（南宋）

教宗派了，玉乳洞的十八罗汉与六位禅宗祖师像，很可能同禅宗的思想有关。而洞口边上还雕着凤凰与雷公浮雕，与端庄的祖师相比就显得活泼多了。

　　位于冷泉溪南侧的大肚布袋和尚像，是飞来峰上最惹人喜爱的艺术作品，雕刻于南宋时期。这尊盘坐在巉岩石壁间的胖大身躯，欢眉大眼，喜笑颜开，袒露着能包融天下难融之事的大肚，一手拿着布袋，一手提着念珠，令人可敬可亲。布袋和尚的周围，还雕刻了十八罗汉，它们依着山势，有的静坐，有的合掌而立，有的肩荷锡杖，有的手捧经塔，有的展示画卷，动作舒展，形象传神，既有夸张的艺术效果，又有浓郁的生活气息（图 176）。

　　根据佛教历史文献记载，布袋和尚确有其人。他出生于晚唐，是浙江奉化人氏，于公元 856 年出家当了和尚，法名叫契此，号为"长汀子布袋僧"。他长得很肥胖，经常背着锡杖，挂上一个布袋，出外云游乞讨，到了晚上就随便找个地方睡卧。他平时说话令人不可捉摸，疯疯癫癫的不像正常人。但他却很喜欢小孩子，很爱和他们嬉戏玩耍。公元 917 年，布袋和尚在岳林寺端坐涅槃了，他死的时候向人们念了一首《辞世歌》："弥勒真弥勒，分身千百亿；时时示世人，世人不自识。"言外之意说他就是弥勒佛的化身，来到人世间走了一遭，但世人却不认识他的本来面目。于是从北宋开始，大肚布袋和尚就被当作弥勒佛的化身，普遍受到信徒们的顶礼膜拜了。

图 177 浙江杭州宝石山大石佛院的半身弥勒佛大像残迹（北宋宣和七年，1125 年，20 世纪 80 年代拍摄）

思净，俗姓喻，是杭州佛教史上的著名僧人，活动于北宋末至南宋初年，南宋绍兴十年（1140 年）冬圆寂，终年约七十。他于杭州妙行寺出家为僧，创建了云水接待站。他很有艺术造诣，擅长绘画与雕塑，因为喜欢图绘阿弥陀佛像，被人们称作"喻弥陀"。他的最著名作品是位于杭州宝石山东南麓大石佛院的半身弥勒佛大像，雕于北宋宣和七年（1125 年）左右。当时的大石佛所在地被人们称为"大石佛院"。这尊巨大的半身佛像高 8.7 米，具有饱满的面相和身躯（图 177）。

可惜的是，大石佛院毁于元代末年的至正十九年（1359 年），使石像表面剥损严重。在明朝，信徒们曾经有过重修活动，是在大像的面部与身体部位凿孔、插木桩、绯麻绳以便涂泥塑做，以图修复佛像表面。但如今，佛像表面明代重修的痕迹也不存在了，仅留下脸与身体表面诸多修复用的石孔。但是，大石佛院的半身弥勒大像为研究中国弥勒信仰史与半身像的雕造史均具有重要的历史与艺术价值。

开宝仁王寺（又称仁王讲寺）摩崖造像位于杭州市上城区紫阳山南麓白马庙巷内，坐北面南依石崖雕就，是原寺院的一个组成部分。这里原来有一座开宝仁王寺，是继承了北宋首都东京汴梁开宝寺的仁王院，于绍兴五年（1135 年）在杭州兴建成的，主要服务于南宋皇室。如今寺院已经没有了，只留下了三龛造像。第 1 龛内只雕了一尊现释迦牟尼坐像。第 2 龛表现的是身材高大的阿弥陀佛和观世音、大势至菩萨像。这两所龛的雕凿时代可能在南宋绍兴五年之后不久，造像身体表面大部分已毁坏，可能与南宋至元代开宝仁王寺多次被毁有关。第 2 龛是这处摩崖造像的主要部分，西方三圣题材可以与杭州历史上的阿弥陀佛及其西方净土崇拜传统相关联。第 3 龛内是一尊体量颇大的僧人坐像，表面细部也已风化不清了，没有在南宋至元代受到人为损坏。因此，第 3 龛的雕凿时代当晚于第 1、2 龛，可能与开宝仁王寺在明代初年归入华严宗门下有关，即表现华严宗的一位祖师或开宝仁王寺的开山祖师。

从慈云岭南坡的左侧转弯，就到了南观音洞。这是一个清幽怡情的天然洞穴，深仅 3 米多。两侧壁上有南宋时代雕刻的十八罗汉，虽然每身像的高度还不到半米，但却布局严谨，相映成趣。在众罗汉的上方，还有明代补做的观音、文殊、普贤、罗汉等像。

南观音洞造像的雕刻开始于南宋开禧年间（1205 ~ 1207 年），最初的设计包括正壁主尊与胁侍、侧壁下层的十八罗汉与二天王像（图 178）。到了南宋嘉定年间（1208 ~ 1224 年），信徒们就开始在洞内壁面的剩余空间补雕罗汉等像，主要是在位于下层诸罗汉像上方的空间。到了明代仍在补雕，但明代的补做仅位于侧壁中上层。位于上层的文殊与普贤菩萨像相互对称，也许是最初的设计，但也可能是后期的补做。嘉定之后补雕的诸像，在造像的配置方面没有统一规划，并且题材雷同，有很多尊白衣观音与罗汉像，可能属于个人的不同功德。洞内造像全部毁于 1966 ~ 1969 年间，现存洞内的造像都重塑于 1986 ~ 1991 年间。从 20 世纪 50 年代以前拍摄的照片来看，当年的石雕像已经被改成了泥塑像，但大体上仍然延续着原来石雕像的题材与基本姿态。而现存洞内的重塑也是大体延续着原有泥塑像的样式。洞内的造像体量不大，都有头身比例不协调的头大身小的特点，应该是沿袭了五代、北宋时期杭州地区的民间造像风格，如胜果寺吴越国时期的十八罗汉雕像。

岁月悠悠，沧海桑田，西

图 178 浙江杭州南观音洞外观（南宋，20 世纪 20 年代拍摄）

子湖畔当年作为寺院重要组成部分的石雕灵像与幽深洞府，如今已同湖山胜景融为了一体，为人们旅游观光、访古览胜增添了浓厚的情趣。

点缀杭州风景的梵式神祇

蒙古族自古以来就生息在中国北方草原上，是一个历史悠久、勤劳勇敢的游牧民族。13世纪初，一代天骄成吉思汗（1162～1227年）使这个古老民族觉醒、振兴。他们建立了蒙古汗国，相继征服了西亚、欧洲东部、西夏和金国，形成了一个横跨欧亚大陆的大帝国。1271年，成吉思汗的孙子忽必烈（元世祖，1260～1294年在位）把首都定在了燕京（后改称大都，今北京市），改国号为"元"。1279年，元朝最终消灭了南宋，大江南北又归于统一，并且首次将西藏纳入了中国版图。

成吉思汗曾经命令他的子孙们：要给各种宗教以平等的待遇。在以后的大元帝国中，佛教和儒教、道教、回教、基督教、摩尼教都能够和平共存、共同发展，儒、佛、道三教合一的思想就更加根深蒂固了。比较而言，元朝的开国皇帝忽必烈更加看重的是藏传佛教——喇嘛教。

喇嘛教是藏传佛教的俗称，它是由印度传入中国的密教、汉族地区传入的大乘佛教与西藏原始宗教"苯教"相结合的产物。喇嘛是对僧侣的尊称，是"上人""师长"的意思，因为西藏佛教教导信徒们首先要尊崇上层喇嘛，从生产到日常生活都要接受他们的指导，并用大量的财物和劳役为寺庙服务。喇嘛教是在佛教教义的基础上，吸收了苯教的一些神祇和仪式，形成的一种独具特色的地方佛教。在他们的世界当中，大日如来仍然是最高的本尊，很多为喇嘛教特有的佛和菩萨为降伏妖魔而变化出的愤怒形象，至今还在教化着各民族的佛教信徒们。

喇嘛教的兴起，为汉族地区衰落中的佛教注入了新鲜血液。在忽必烈时代，西藏著名的僧人八思巴（1239～1280年）来到中原，被忽必烈聘请为帝师，受命管理全国佛教，还兼统领藏族地区的政治与宗教大权。八思巴死后，元朝皇帝仍然迎请其他西藏大喇嘛来担任这一重要职务。可见，元朝喇嘛教的地位显然是高居汉族其他佛教派别之上的。这个时期的中国佛教艺术虽然还在缓慢地向前行进着，但是它们的队伍当中，却挤进了一些从青藏高原下来的陌生神灵。

根据明朝宋濂（1310～1381年）等人编撰的《元史》记载，1260年，忽必烈刚刚登上皇帝宝座，就命令帝师八思巴在西藏建一座黄金塔。建塔的工匠是从尼泊尔地区选来的，其中一位叫阿尼哥（1244～1306年），年仅17岁，但极其聪明，对于绘画、雕塑以及铸造金像无所不通。阿尼哥的才华深得八思巴的赏识，让他担任监工。宝塔建成后，阿尼哥被八思巴带到京城，推荐给了忽必烈。忽必烈也很器重他，封他做工匠总管。以后，凡是京城大寺中的重要佛像，都是阿尼哥经手或指导完成的。阿尼哥还培养了许多藏、蒙、汉族的弟子，他们共同制作了大量的喇嘛教偶像，元代人称这些像叫"西天梵相"。

西天，是古代中国佛教徒对印度的通称。"梵"字常放在与印度有关的事物前面，如梵语、梵文、梵僧等。所以，梵式造像也就是来自印度的密教造像样式。不过，这种造像已经逐渐形成了西藏自己的民族风格。如今，北京——昨日的元大都造像已经毁灭殆尽，而杭州的石刻梵相却依然存在，表现着藏传佛教艺术风格。

西藏的佛教神祇又是怎样来到西子湖畔的呢？这要从南宋灭亡的时候说起。

1276年，元朝的军队攻占了临安。第二年的二月，忽必烈任命他宠信的来自西夏国地区的和尚杨琏真伽出任江南佛教总统，总统所就在今天杭州飞来峰前的永福寺。这个作恶多端的坏和尚在杭州留下了种种劣迹。杨琏真伽曾将杭州凤凰山上的南宋宫殿改建成了5所寺庙，经皇帝批准，他还把民众的水陆田地50顷的收入作为这5所寺庙的日常费用。最可恶的是，他带人在绍兴、钱塘一带大肆盗掘南宋皇帝以及宗室大臣的陵墓，获取无数的金银珠宝，并在原来的墓地上修建了一座喇嘛教的白塔，取名"镇南"，意思就是"镇压南方"，严重伤害了江南人民的感情。不仅江南人民对杨琏真伽痛恨万分，就连和尚们也很气愤，骂他是"掘坟贼"！

杭州是南宋国的实际首都，也是过去南方人反抗元朝政权的大本营。即使元军占领了杭州，这里不满的情绪还是普遍存在的。杨琏真伽为了向元朝皇帝表示忠诚，选择了景色秀丽的飞来峰崖面，大肆开雕喇嘛教的梵式像（图179），号称要借这些新王朝的佛教尊神，来压一压南宋故都的风水，一定要在精神世界征服这里的人民，并且祝愿元朝皇帝万寿无疆。飞来峰第89龛通高2.72米的藏传风格

图 179 浙江杭州飞来峰部分元代龛像

无量寿佛坐像龛，就是杨琏真伽于 1289 年亲自建成的（图 180）。在佛像的下面，还刻着时任灵隐寺方丈的净伏和尚吹捧杨琏真伽的颂扬文字。但从佛像本身来看，表现出了典型的梵式风格：佛像的额头平广，额角的转折度比较大；人体的比例协调，肩宽、腰细，不胖也不瘦；坐式端正，形象体魄很有男性的剽悍阳刚气质。还有一些细节上的装饰，都是不同于汉族地区佛教造像的。

图 180 浙江杭州飞来峰第 89 龛杨琏真伽造无量寿佛像（元至元二十六年，1289 年）

杨琏真伽在飞来峰雕刻佛、菩萨像的同时，把自己的肖像也混杂进去了。第 73 龛的正中雕了一身胖大的和尚像，身穿藏族喇嘛的僧衣；左腿盘起，右腿下舒，如同观音菩萨的坐姿；左肘部位靠着隐囊，一副闲适的姿态。主像的左右两侧分别侍立着一位手中捧物的弟子像，也是藏族僧人装束（图 181）。这就是杨琏真伽和他的帮凶闽僧福闻、刽僧允泽的肖像龛。这样做的目是想让人民也把他当作佛来顶礼膜拜。然而，事实却恰恰相反。1368 年元朝灭亡后，江南人民对杨琏真伽的痛恨一直难以消除。到了 1543 年，明朝的杭州知府陈仕贤来到飞来峰这所石龛前，大骂"秃贼"，命令将石像斩首示众，在场的人无不拍手称快。今天，这三身石像的头部都是后来重新修补上去的新作，它们的脖颈和胸部，仍然可以清楚地看到当年被刀砍过的痕迹。在当时，这算是理直气壮的正义举动。但如今看来，飞来峰现存的近 50 尊元代梵式雕像，再现了无名匠师的精湛技艺，是我们研究元大都阿尼哥等艺术家们造像风尚的重要参考。

飞来峰喇嘛教的菩萨形造像，是由印度密教的菩萨发展来的。与唐代密教菩萨相似的是，它们中间有很多也是多面多臂的形象。有的和汉族地区的菩萨名称相同，但形象却不一样。它们的体态很少表现出柔弱的感觉，都是比例适度，姿态自然，洋溢着饱满的生命活力。有的观音像很像一位体魄健美的男子，在威严中透露着慈祥。菩萨形造像还包括汉地造像中没有的佛母像。

佛母是藏传佛教艺术的一种特殊图像。关于佛母的含义，《大方便佛报恩经》

图 181 浙江杭州飞来峰第 73 龛杨琏真伽和福闻、允泽肖像（元，薛宁刚摄影）

卷6说：佛陀以佛法为自己的老师，佛是从佛法中诞生的。因此，佛法就是佛母，佛依靠着佛法而住。由此可知，佛法就是众佛之母，而众佛的存在离不开佛法。大乘佛教认为，完美的智慧是诸佛之母，因为智慧的培养可以使人看到佛法的真正本性。由此可见，佛母是对那些能获得并运用佛法的智慧去救度、觉悟众生的佛教尊神的象征性名称，他们可以获取和运用佛教智慧来将有情众生度往觉悟的彼岸。这种尊神不能理解为释迦牟尼或其他佛的亲生母亲。尽管元朝以前的汉、藏文经典中都记载了许多佛母，但他们的图像并没有被汉族佛教徒和艺术家制作，却被藏族人情有独衷。早在宋元时期，佛母图像就随着藏传佛教一起进入西夏国。入元以后，汉地以大都为中心继续制作藏传佛教艺术，佛母图像也从西藏传到汉族地区，于是飞来峰也就出现了佛母造像。

　　飞来峰第52龛雕刻的是一尊姿态优美的大白伞盖佛母像，头微微向右下方倾斜，左手当胸握着一个白伞（图182）。密教认为，这位佛母能放射出无限的光明，来覆盖一切众生，大白伞盖就是光明广覆的意思。元朝首任帝师八思巴在忽必烈的御座上安置了一顶白伞盖，象征授给这位皇帝与大白伞盖佛母同等的宗教功能。

图182 浙江杭州飞来峰第52龛大白伞盖佛母像（元）

之后，元朝皇帝每年都要带领大臣们举行盛大的迎引白伞盖佛母的典礼，将此神的意义融入了人们的社会生活。飞来峰的大白伞盖佛母像可能就是在这种宗教环境下创作的。

　　喇嘛教的护法神像，也和汉族佛教不同。第75龛的多闻天王像，是护法像中最优秀的作品。这位天王骑着一头大狮子，总高约2米。这尊天王还是喇嘛教特殊的财神。它身穿甲胄，右手执着胜利幢幡，以表示战无不胜；左手拿着一鼬鼠，鼬鼠的口中正在向外吐着珠宝。它既可以护法，又能掌管财宝，给人们带来福寿和如意，所以它的俗名又叫"多宝天王"。这尊多闻天王像是由来自元朝首都大都的资政大夫、行宣政院使杨某谨发诚心、捐舍净财雕造的，时间是至元二十九年（1292 年）。宣政院是元朝中央政府设立的管理西藏和内地宗教事务的机构。他的造像发愿文上还写着祝延皇帝万岁，国泰民

图 183 浙江杭州飞来峰第 32 龛金刚手菩萨像（元至元二十九年，1292 年）

安，将礼佛和皇室的福祉紧密地联系在了一起。

另外，还有一种奇怪的护法神像，那就是理公塔旁第 32 龛的金刚手菩萨像，是元至元二十九年来自大都的荣禄大夫、行宣政院使脱脱的夫人造的。它身高 1.60 米，身材粗短肥壮，右手举着密教的法器三钴金刚杵，右腿弓步前趋，左腿向后蹬伸，胖胖的脸蛋，大眼圆睁，面露愤怒的表情，并且头发向上飘扬着（图 183）。这是喇嘛教中的五大力士菩萨之一，是专门为信仰佛教的国王保护天下太平的，把它雕刻在这里，看来也有同样含义。但是艺术家在创作的时候，却突破了宗教仪轨的约束，展现在我们眼前的简直就是一位稚气未脱、天真逗人的顽童形象。

当年元军进攻南宋的襄阳（今湖北襄樊）城，守城军民进行了顽强抵抗。相传有一天，襄阳人祈祷道教的真武大帝，希望能得到他的佑护。没有想到真武大帝却降下一张纸符，上面写着："有一个大黑神带领兵将从西北方来了，我也要出去躲避一时。"顿时城中大乱，元军没费多少力气就攻占了襄阳。后来，元兵围困临安城时，又是那个大黑神带了很多天兵天将从空而降，使守城的宋兵大败。1276 年，南宋恭帝赵㬎（1274～1276 年在位）等人被元军俘房后押送大都，在途中见到了一座神殿，里面正好供着大黑神，他们惊奇地说："在我们那里经常看见一个大黑人出现在你们军中，原来这个大黑人就住在这里！"

这位帮助元兵打仗的大黑神，是喇嘛教的护法神，他的名字叫麻曷葛剌，就

是"大黑天"的意思。喇嘛教认为，大黑天是一位战神，祭祀他，就可以增大军威，战无不胜。其实，他是大日如来为了降伏恶魔而变化的愤怒形象。在皇宫大内，也供奉着大黑天像。为了进一步降伏江南人心，1322 年，朝廷的钦差大臣、左卫亲军都指挥使伯家奴来到南宋旧都杭州，特意在宝成寺内造了一龛大黑天像。

宝成寺在紫阳山麓，这里的崖壁上一共开了三 所大龛，均坐西面东，依南北走向排列。第 2 龛位于中部，龛内雕三世佛像，属于元代的藏式风格。第 3 龛位于南侧，龛内主像已不存在了，原来可能有一尊观音像，龛旁的小龛边上还保存着观音救难的浮雕。位于北侧的第 1 龛主尊就是大黑天。它是一位大腹短腿、卷发虬髯、瞪目怒视的愤怒黑神，双手抱着人头，两肩下也各挂着一颗人头，脚下还踩着一人。这尊大黑天的身体很不成比例，头大身矮，也许是艺术家有意加以夸张，来进一步渲染这位战神的声威（图 184）。大黑天的左右两侧是骑狮与骑象的胁侍，这两位也完全没有汉族佛教艺术中那种美好的雅相了，而换上了一副凶神般的面孔，手里握着兵器，坐骑下还挂着人头，很像是两位得胜归来的凶悍的蒙古将军。有学者认为，龛中的骑狮胁侍应为具善大黑天，骑象胁侍应为帝释天，是一不符合常规的造像布局，具有自己的独特风格。从他们的艺术处理手法来看，这两身迄今没有可比图像资料的胁侍像应是汉、藏、蒙艺术的结合：汉式的头饰，

图 184 浙江杭州宝成寺第 1 龛麻曷葛剌与胁侍像（元至治二年，1322 年）

藏式的髑髅璎珞、人皮荐等装饰及兵器，蒙古式的面相与相似的发型。

在麻曷葛剌的上方，刻了三只金翅鸟，均作展翅腾空欲飞状。三鸟都是鸟首人身，生有双翅，头戴宝冠，冠上出露发。在这组三身金翅鸟的右下侧刻有一鸟，向着南侧飞动，身后刻有三条卷云。三身金翅鸟的左下侧刻有一兽，向着北侧跑动，身下亦刻流云。有学者认为，它们是西藏佛教萨迦派宝帐怙主的标志性眷属——黑鸟与黑狗，而龛内的主尊麻曷葛剌的身份其实就是萨迦派的宝帐怙主。

喇嘛教认为，人世间存在着各种各样的恶人和魔鬼，如果去教化降伏他们，用保护好人的那种美丽的佛母或菩萨等形象就不灵了，必须采取以毒攻毒的方法，使佛和菩萨们具有更加恐怖和令魔鬼们都会畏惧的形象与神力，才能在精神上彻底战胜他们。这就是宝成寺麻曷葛剌像龛雕造的目的。

透过宗教的面纱，我们可以了解到，杭州的这些梵式神祇，实际上是为元朝的统治服务的。如果单从佛教艺术的成就来看，元代匠师们的这种独辟蹊径的艺术创造，为中国急剧衰退的石窟艺术增添了新的活力，形成了一道夕阳返照的奇异光彩。因此，它们无疑也是中华民族的一份宝贵的文化财富。

闽江流域的摩崖佛雕

在五代十国大分裂时期，割据在福建闽江流域的是闽国（909～945年）。这个国家同吴越国一样，也是热衷于崇奉佛教的，并且对福建地区的开发和中外海上交通的开辟，以及发展文化事业，都起过良好的作用。闽国君主王审知（862～925年）以国师之礼善待禅宗僧人义存（822～908年），如果遇到布施僧侣或修建寺院的事情，王审知一定要向义存请教。义存在福建一带讲经说法达40年之久，四方僧徒前来拜师的不可胜数，使福州地区成为禅宗活动的一个重要基地。公元928年，王审知的儿子王延钧（？～935年）度了2万平民成为佛教僧侣，因此"闽中多僧"，已成为历史上的奇事。五代以后，闽江流域的信佛传统一直被善男信女们继承着。但是，长期以来，福建地区的石窟寺艺术却又一直是我们观念中的一个空白点。直到20世纪90年代，我们才发现，原来在这个中

图 185 福建永春魁星岩摩崖造像龛（南宋）

国东南沿海省份里，也保存着那么多精美的佛教艺术品，等待着我们去进一步发掘、探寻。

福建永春县魁星岩前原有寺院，始建于隋开皇九年（589年）。南宋乾道四年（1168年），名僧圆觉重建寺院。现仍有寺院建筑，还保存着一所摩崖造像龛，通高4米左右，具有南宋风格（图 185）。龛内造像为立佛并二胁侍立菩萨，都有椭圆形的丰满面相，和略微显胖的身躯。主佛身穿袒裸右肩式大衣，在右肩处有覆肩衣，还可以看到右臂处的臂钏装饰，这是密教主佛大日如来（毗卢遮那佛）所具有的装饰之一。但该佛没有戴宝冠，并不具有大日如来的典型特征。二菩萨都戴着半圆形宝冠，是江南的南宋菩萨像的特征之一，身穿大衣，还有着一般菩萨像的项圈装饰。三像各自站立在重瓣莲台之上，莲台下刻有流云纹，大有从空中飞飘而来的感觉。当地人认为这三尊像是华严三圣，即华严宗崇奉的卢舍那佛和文殊、普贤菩萨。卢舍那与毗卢遮那本是一佛二名，这尊主佛右臂戴钏的做法，似乎刻意以此来表现卢舍那佛。但卢舍那佛往往与一般佛像没有区别，这里可能有一定的地方特色。

福州市内的乌山，原来有不少摩崖造像，但是大部分已经被破坏了，只有一所圆拱形的小龛还完好地保留着。龛内的雕刻是一尊坐佛和两尊坐菩萨像。类似这样的题材和雕刻风格，在杭州的西湖周围山中还保存了很多，它们都是吴越国时期雕刻成的西方三圣像，也就是西方极乐世界的主宰阿弥陀佛和观世音、大势至菩萨。所以，乌山的这所小龛内容可能也是西方三圣像，属于闽国时期或北宋初年的作品。

名山室，在福州市西南约100公里的永泰县大洋乡，是坐落在山腰间的一座自然山洞。洞内的崖壁上有公元1085年的游人题记，看来在北宋神宗赵顼执政时期

（1068～1085年），这里已经有佛教雕刻了。不过从现存的雕刻艺术风格来看，基本上是元朝和明朝的作品。这组浮雕总长10米许，高2米许，其中的内容有佛本生故事、佛传故事、佛教历史故事，以及和尚群像、宝塔、仙鹤、海船等等。最令人注目的一组雕刻位于壁面中间的部位，上方刻了一尊阿弥陀佛站立在莲花之上，它的右手下伸着，表示正在迎接众生进入西方极乐世界；沿着莲花梗向下，并排刻出了七位僧人形象，身上都穿着袈裟，人物各有自己的动态，雕刻手法虽显得粗犷，但也不失简练与写意之美。在这七位僧人的头部上方，还刻着许多莲花，这很可能是"莲社七祖图"（图186）。

在中国佛教宗派中，有一个以崇拜阿弥陀佛、引导人们往生到西方极乐世界为主要特征的净土宗。唐代以后，净土信仰也被别的宗派所接受，发展得越来越壮大。到了南宋时期，浙江四明山天台宗的和尚石芝宗晓（1151～1214年）选择了在净土信仰发展史上起过重要作用的七位高僧，把他们尊奉为"莲社七祖"。就在南宋高宗皇帝赵构执政时期（1127～1162年），吴郡（今江苏苏州市）延祥院的和尚茅子元（1069～1166年）在净土信仰的基础上创立了民间宗教团体"白莲宗"。白莲宗不杀生、不饮酒，禁食葱乳，严守护生之戒，因此他们的门徒号称"白莲菜"，在南宋和元朝一直盛行于江南地区，他们所尊奉的就是"莲社七祖"。到了元朝，白莲宗不但受到了政府的明令禁止，就连一般的僧侣们也认为他们是异端邪说，是在假借佛教的名义，做着欺骗无知百姓的勾当。但是白莲宗在下层民众中传播很广泛。名山石室的造像风格带有很多朴素的民间风味，而福州一带又具有深厚的净土信仰传统，那么这组"莲社七祖"雕刻会不会是出

图186 福建福州永泰县名山室莲社七祖等浮雕（元）

自白莲菜之手呢？如果这种推测成立，这组雕刻将是十分珍贵的了。

　　泉州市北部的清源山，方圆有 20 公里，号称是"闽海蓬莱第一山"。山上的瑞像岩、碧霄岩、弥陀岩间，保存着一些佛教摩崖造像。瑞像岩有一尊释迦牟尼佛像，大约有 7 米高，它的旁边原来还刻着胁侍菩萨立像，目前已经不存在了。这组雕刻是在北宋哲宗皇帝赵煦执政的第二年（1087 年）完成的，现在佛像前面的石室是明朝宪宗皇帝朱见深执政时期的公元 1483 年加盖的。

　　碧霄岩有元世祖忽必烈时期的公元 1292 年雕刻的一组典型的喇嘛教风格的三世佛像，很有一些历史意义（图 187）。它的功德主人是一位在元朝担任广威将军

图187 福建泉州清源山碧霄岩三世佛像（元至元二十九年，1292年，20世纪80年代拍摄）

的西夏人，名字叫阿沙，而这组三
世佛题材，在元朝佛教艺术界也是
十分流行的。

弥陀岩上雕刻了一尊高约 7 米
的阿弥陀佛像，作着接引众生的姿
势，可能是宋代作品。到了公元
1364 年，元朝的和尚觉成等人在
前面又修建了一座石室。

泉州市的晋江也有佛教摩崖雕
刻。在金井镇的西资岩间，保存着
高约 7 米的阿弥陀佛立像和旁边约
6 米高的观世音、大势至菩萨像，
组成了西方三圣大型雕刻。这三尊
像都站在仰莲花台上，莲花台的下
面还刻着连枝纹和水波纹。从它们

图 188 福建泉州晋江南天寺西方三圣像中的观世音
坐像（南宋嘉定九年，1216 年）

的造型风格上看，可能是南宋时期的作品。另外，东石镇岱山南天禅寺的摩崖造像，
则是西方三圣的坐像，它们的两侧还各有一身没有雕完的金刚力士像。中间的阿弥
陀佛坐像大约有 7 米高，旁边的观世音和大势至菩萨坐像也有 6.5 米高（图 188），
规模相当庞大，可以和吴越国王室在杭州凤凰山胜果寺雕造的西方三圣大像媲美。
南天禅寺的这组西方三圣像时代要晚一些，是在南宋宁宗皇帝赵扩的嘉定九年（1216
年）由守净和尚开始化缘雕刻的，具有高超的雕刻技艺。

正如我们在前面提到的福建地区佛教信仰特色那样，这些保存下来的摩崖佛
雕也确实反映了当年净土宗在这里是相当盛行的。通过文物工作者的不断努力，
我们相信将来还会有新的发现。

位于福建省福清市海口镇西北约 2 公里处的瑞岩寺东南坡的布袋和尚像，是
中国现存最大的一尊该题材造像。这尊造像还有它的特别之处，因为它是利用一
块从地面突起的大岩石雕刻而成的。据史料记载，这尊布袋和尚像雕造于元至正
（1341 ~ 1370 年）初年，高 6.8、宽 8.9、进深 8 米（图 189）。他身穿宽大的僧衣，

图 189 福建福清瑞岩寺布袋和尚像（元至正年间，1341～1370 年）

足着草履，双肩与胸腹袒裸。长眉大眼，有张嘴欢笑之容，双腮肥大。他的双肩上耸，身躯胖大，大腹便便。他的右手抚腹部，左手持一串珠于左腿之上。该像的身型虽夸张式地胖大，但其衣纹却表现了极佳的写实性，展现了艺术家的高超技艺。布袋和尚的身体右侧刻有一巨大的布袋，袋口紧束。在布袋上方裂有一口，口内伸出一童子头部，并以双手执裂口部位。无独有偶，伴随着这尊布袋和尚像的还有二身童子像。一尊位于布袋的右腿外侧，另一身童子位于布袋的腹部左侧。瑞岩山的布袋像展示了布袋信仰在福建的盛行，还体现了宋代以后中国佛教的普遍世俗化，以及中国僧俗创造印度佛教神祇的中国化身的历史背景。

通天岩的罗汉群谱

　　罗汉，也叫阿罗汉，是佛教徒们在修行时所能达到的一种成就与境界，可以永远不再投胎转世而免遭生死轮回之苦。凡是获得了这种成就的人，就可以称为罗汉了。罗汉的等级虽然比佛和菩萨还差得很远，但因为它能够跳出六道轮回，所以也是佛教徒们乐于追求的目标。有一部佛经里曾经提到，在家修行的居士也有希望成为阿罗汉，但是在他成为罗汉的那一天，必须当天就出家，否则就会有死去的危险。因此，成就了罗汉的人全都是和尚，我们在前面所看到的延安和杭州地区的罗汉像，也都是和尚的形象。

按照佛教的观点，已经成为罗汉的人有很多，其中有十六罗汉、十八罗汉、五百罗汉等等。唐代高僧玄奘翻译了一部《大阿罗汉难提密多罗所说法住记》，详细地排列了十六位罗汉的名字。从此以后，佛教徒们对罗汉的信仰就热烈起来了，也特别喜欢利用雕塑和绘画的形式来表现罗汉的形象。我们今天在寺院里能经常见到的十八罗汉像，就是在十六罗汉的基础上又增加了两位，是中国佛教僧俗对印度罗汉组群的再创作。在这里，我们向大家介绍一处在江西省境内难得一见的摩崖石刻罗汉群像，坐落在赣州市的通天岩。

赣州市位于江西南部，正当大庾岭南北交通的干道上，地理位置十分重要。通天岩的摩崖造像坐落在赣州市西北约 12 公里的地方，这一带是古今著名的风景胜地，唐代以后的文人雅士们所向往的地方。在北宋时期，有一位名叫阳孝本（1039～1122 年）的博学多才的高士，隐居在通天岩达 20 年之久。不过在阳孝本来此之前，这里已经有佛教僧侣们在活动了，还留下了一些文人墨客的题记。公元 1094 年，北宋的大文学家苏东坡因被贬官经过赣州时，特意慕名前来拜访过阳孝本，两人相见恨晚，并且题诗互相赠送。公元 1100 年，苏东坡恢复官职以后又经过赣州，居住了 40 多天，常常去赣州的慈云寺里拜访明鉴和尚，还写了

图 190 江西赣州通天岩第 1 龛罗汉像（宋）

一首"赠明鉴长老"的诗篇。这位明鉴就是活跃在通天岩的一位著名人物。

在通天岩的几处崖面上，分布着大小佛龛共计有 315 所，造像约有 359 身。其中有一组分散而系统的罗汉像龛特别引人注目，它们都是在明鉴和尚的劝说鼓动下，由一些有身份的官吏出资，冯知古、冯绍父子等工匠雕刻出来的。在龛内的一侧刻着罗汉的名号和明鉴劝缘的题名，另一侧刻的是施主的官职与姓名。第 4、5、6、9、10、267、285 号龛，就是其中保存完好的几所。作为造像龛而言，它们的规模都比较大，有的龛高 2 米多，罗汉像的高度在 1.86 米。造型都很生动，不但刻画出了人物的年龄和阅历的差别，而且也表现了罗汉们不同的性格特征和精神风貌。明鉴劝缘的这七身罗汉像，和玄奘翻译佛经中的十六罗汉第二、三、六、七、八、十一、十三位的名称是相同的，还不够十六或十八罗汉的数目。也许是其他的龛子保存状况不太好，使我们无法识别了，也许当年明鉴本来就没有全部完成。

现实的情况是，在明鉴以后的北宋后期到南宋初年，别的施主们按照以往罗汉规模，继续出资由冯绍补凿了许多尊。如今这些单龛的罗汉像总数，早已超过十八位了。在补刻的罗汉像中，也不乏雕刻艺术中的佳作，如第 1 号龛的老年罗汉像，它的右手执着一把杵，靠在右肩上；左手抚着左膝，左肩向上高耸着，在那饱经风霜的面部透露出对人世间疾苦的哀怜，以及对佛教深奥大法的不懈追求，不愧为一尊罗汉像的上乘之作（图 190）。

第 129 龛雕的是释迦牟尼的法身像——毗卢遮那佛，和乘象的普贤菩萨、骑狮的文殊菩萨。在这所大龛的左右两侧，依着悬崖的走势凿刻了很多组横列的罗汉像龛，大部分都是禅定的坐姿，有的可以看出是十八罗汉的组合形式。这很可能是有意设计安排的，众多的罗汉像拱卫在法身佛的周围，组成了一个气势宏伟的崖中罗汉世界。

通天岩除了罗汉题材以外，还雕刻了很多别的佛教人物（图 191），如第 257 龛的水月观音，第 258 龛的观音和善财童子，第 259 龛的地藏菩萨，第 273 龛的觉华如来像，第 274 龛的弥勒佛等等。第 273 龛的觉华如来是由赣县右通利坊的朱氏妇女和儿子吴豫出钱雕刻的，这位朱氏是为了祈祷追召自己的亡夫吴十四解元往生到清净的佛国世界中去。

通天岩还保存了北宋及其以后的铭文题刻有 128 品，很多是历朝的文人官宦

图 191 江西赣州通天岩的地藏（或僧伽）、观音、水月观音像龛（宋）

们到此游玩参拜以后题写下的。它们书法隽美，刻工精致，具有一定的欣赏价值和历史研究价值，为这里的风景胜地带来了高雅的品位。公元 1520 年 8 月 8 日，明朝著名的哲学家王阳明（1472～1529 年）也来到通天岩题写了一首优美的诗篇，常被后人传颂着。在我们即将结束对通天岩访问的时候，把这首王阳明的五言律诗介绍给大家，以寄托我们对明鉴和尚当年开创罗汉群像的崇敬，以及对这处名胜美景的流连之情。

青山随地佳，岂必故园好。

但得此身闲，尘寰亦蓬岛。

西林日初暮，明月来何早。

醉卧石床凉，洞云秋来扫。

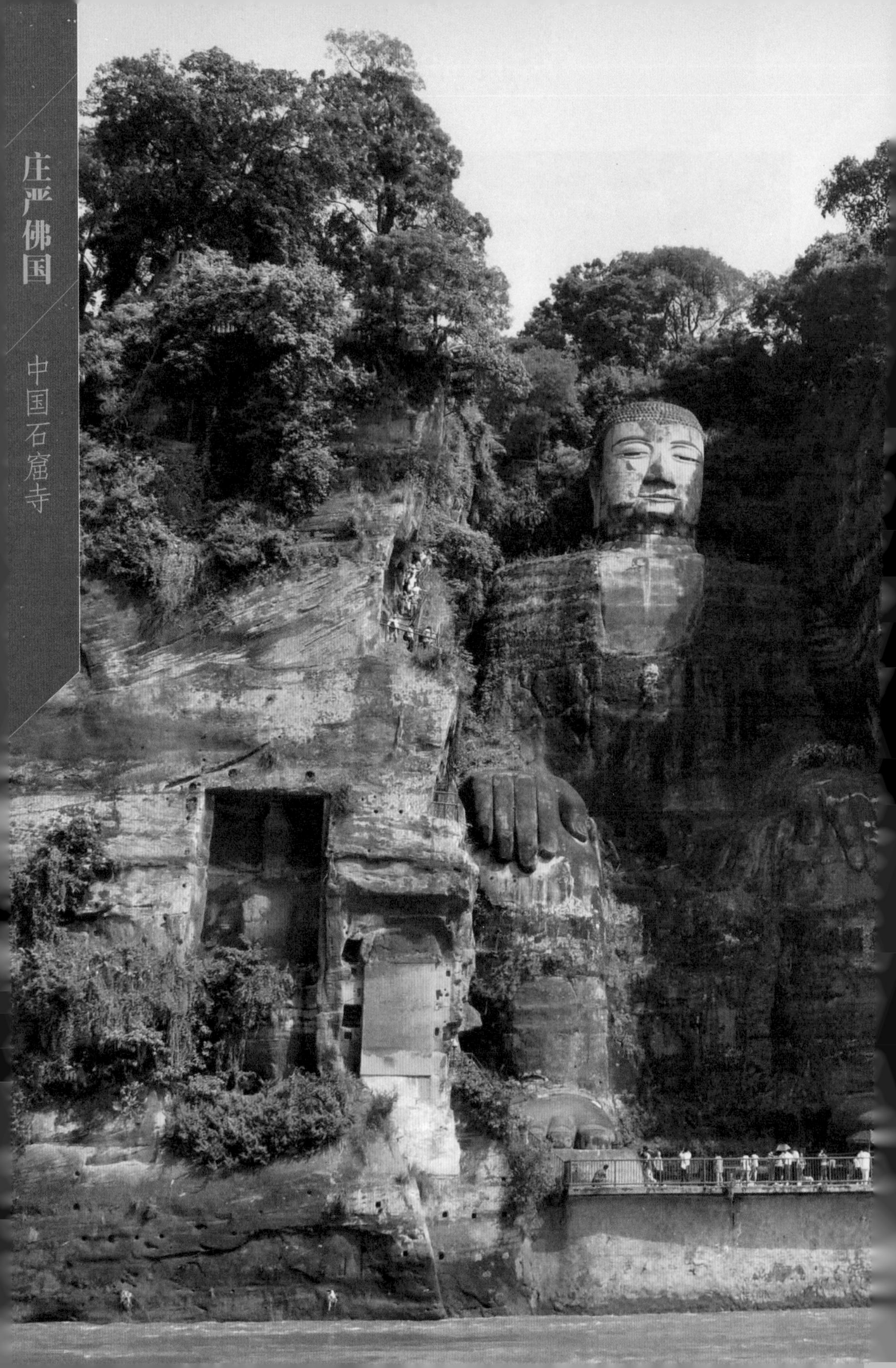

西南寺宇的奇光异彩

　　中国的大西南，包括四川、贵州、广西、云南、西藏，是晚期石窟寺发展的主要基地。公元 756 年，掌握着重兵的安禄山（703 ~ 757 年）和史思明（703 ~ 761 年）发动了军事叛乱，在很短的时间里，接连攻占了东都洛阳和西京长安，迫使唐玄宗李隆基（712 ~ 756 年在位）带领宫人百官们进入四川盆地避难。从此，唐王朝的中央实力逐渐衰落，地方割据政权日益壮大，并且为争夺地盘拼杀在中原北方地区。唐僖宗李儇执政时期（874 ~ 888 年），曾经又一次前往蜀地躲避战乱。在那动荡不安的年代里，四川盆地作为唐朝皇室的大后方，又是安宁富足的天府之国，吸引着众多的文人墨客和画家高僧们，创造出了灿烂多姿的文化艺术，也带来了四川石窟艺术的繁荣。唐朝中央的佛教艺术样式，还影响到了广西桂林地区。云南的剑川和西藏喇嘛教的石窟艺术，也给西南地区的佛教文化注入了新鲜血液。以四川盆地为代表的西南佛教石窟寺，是中国晚期佛教艺术发展的总后方，应该说是恰如其分的。

川北招祥的崖阁殿堂

　　四川北部的广元和巴中一带，是古代中原北方通往四川的秦蜀走廊重要地段。大约从北魏晚期开始，佛教的僧侣们就注意到了这个南来北往的行人所必须经过的地区。于是，中国西南最早的石窟寺艺术，就首先在这里发展起来了。

　　皇泽寺石窟，坐落在广元市以西 1 公里的嘉陵江上游西岸，与东岸的千佛崖石窟隔江遥遥相望。这里现存有 50 所窟龛，1200 多躯造像。在皇泽寺第 13 窟里有一块唐代石碑，上面刻着公元 628 年，也就是唐太宗李世民执政的第二年，武则天的父亲、身为利州（今四川广元市）都督的武士彠（577 ~ 635 年），携带妻子杨氏在这里雕刻了佛教造像，那时，武则天年仅 4 岁。也许武则天这位后来的女皇，就是在这里与佛教结下了不解之缘，30 多年以后，用她的非凡号召力把中国佛教推向了历史上的最高峰。

　　皇泽寺石窟的大部分造像都是在唐代制作出来的。俗称"五佛窟"的第 51 窟，和俗称"大佛洞"的第 28 窟，是这些唐代艺术中的代表作。这两所洞窟都是敞口

图 192　四川广元皇泽寺石窟第 28 窟（唐）

的马蹄形平面，在窟室后面的低坛上雕刻着一佛二弟子二菩萨五尊立像，大像的身后是天龙八部浮雕像（图 192）。天龙八部，是佛教里的八部护法神，包括天、龙、夜叉、乾达婆（香音神）、阿修罗、迦楼罗（金翅鸟）、紧那罗（歌神）、摩睺罗迦（大蟒神）等，其中最有神威的是天众和龙众。按照许多佛经的说法，释迦牟尼在向众生们讲经说法的时候，天龙八部都会闻讯前来，守卫在左右，保护着佛祖，使大法会得以顺利进行。同时，乾达婆和紧那罗还能为法会助兴，用自己超凡的伎艺和美妙的歌喉，演奏出佛教天堂里的音乐。他们就是大家所熟悉的飞天和伎乐神，而飞天只是中国人所起的形象化的名称。五佛窟和大佛洞，就是按照佛经里的安排设计的，艺术家们把次要的护法神们雕刻在主像的后面，既突出体现了释迦佛祖的伟大，也表现了一个较完整的法会场面。

　　皇泽寺的第 45 窟也是远近知名的，因为它是四川地区极其罕见的一所中心塔柱窟。它的窟室平面是方形的，中心的部位立着一座细高的中心塔柱，直通窟顶（图 193）。这座方形的塔柱分成两层，在每一层的上部都刻着与巩义石窟寺类似的帷帐装饰，下部是护围栏杆。在每层的四面分别开着一所不深的佛龛，里面刻着一身坐佛和两身胁侍立菩萨像。这些人物的造型都是修长消瘦的，佛所穿的

图 193 四川广元皇泽寺第 45 窟（北魏，6 世纪初）

大衣很宽大，下面的衣摆还分成八字形披覆在宝座前面。广元地区曾经出土过一尊北魏宣武帝延昌三年（514 年）刻成的释迦文佛像，和第 45 窟中心柱上的佛像风格基本相同，这就帮助我们确定了这所中心柱窟应该是北魏国佛教界的艺术家们制作完成的，也就难怪其中会包含来自中原地区的某些因素了。

中国古代的历史文献告诉我们：公元 504 年，镇守汉中地区的梁国将领夏侯道迁投降了北魏，从此，通往四川盆地的门户就完全敞开了。第二年，北魏的统军王足带兵接连战败梁国的军队，进入了剑阁。到了 11 月间，北魏的军队又攻陷了竹亭、新城、涪城、益州（今四川成都市），占领了广大的川北地区。广元在公元 505 年以后，就属于北魏国的地盘了，那么，北魏的中原石窟艺术风格传播到这里，就是完全可行之事了。

位于广元市以北 5 公里、西临嘉陵江的千佛崖石窟，共有 54 所洞窟，819 所佛龛，大小造像 7000 余身（图 5）。其中的第 7 窟和第 21 窟，也是很难得的北朝石窟。第 7 窟的平面略呈马蹄形，它的正壁雕着一尊高 4 米多的立佛像，很具有龙门石窟莲花洞中立佛像的风姿；在左右两侧壁前雕的是胁侍立菩萨像，穿着打扮也完全是北魏晚期龙门石窟中所常见的。看来，这也是一所北魏占领川北以后雕造出来的洞窟。第 21 窟的平面是方形的，在正、左、右三壁间都开凿了一所大佛龛，很像中原一带北朝晚期所流行的三壁三龛式洞窟构造，佛龛内部的佛和菩萨雕像，也都是北朝晚期的艺术风格。这些四川北部地区的北朝洞窟，使我们看到了渊源于南方的艺术形式，又从中原地带反馈回来的特定时代的宗教精神风貌。

广元千佛崖石窟的主要特色，在于初盛唐时期所独创的一种佛坛式洞窟。这种佛坛窟一般是在窟室的中心凿出一座佛坛，然后在坛上雕出一组主要的佛教人物形象，雕像的身后一般还雕着双树形的大背屏，直通窟顶，信徒们环绕佛坛可以作右旋式的礼拜。它们的功能很像中心塔柱窟，但正面直观的结构又像隋唐时代的佛殿窟。其实，它们正是结合了这两类石窟的特点，又直接模仿了地面上的木构寺院中的殿堂形式制作出来的。只要我们稍微留意就会发现，寺院殿堂里那些砌筑在中央的长方形佛坛和坛上佛像身后的扇面墙，不正是千佛崖佛坛窟的直接参考对象吗？！而广元佛坛窟在制作时还是灵活多样的，例如：菩提瑞像窟（第33窟）佛坛上的主尊是表现释迦牟尼降魔成道时的菩萨瑞像（也叫菩提树像），他的身边有二弟子、二菩萨、二力士像。主佛身后的背屏很像一个座椅的靠背，背屏的左右两侧还以镂雕的形式立着两棵娑罗树，树间还刻着一些天界中的人物形象（图194）。

被编为第30号的弥勒窟也属于这种类型。牟尼阁窟（第5窟）佛坛上的坐佛和二弟子二菩萨像基本是一字形排开的，并没有特意制作背屏，而这些人物高大的身体已经承担了大部分背屏的作用，然后再在它们的头光两侧镂刻出娑罗树干连通着窟顶，在树干间还浮雕着人形化的天龙八部护法像。睡佛窟（第4窟）的设计则考虑到了雕刻所表现的故事情节：在一对通顶镂雕出的娑罗树下，安置着一座长方形的佛坛，坛上刻着

图194 四川广元千佛崖第33窟（菩提瑞像窟）（唐，8世纪初）

图 195 四川巴中南龛第 70 号释迦说法龛（唐，8 世纪上半叶）

释迦牟尼的涅槃像，睡佛的正面坛前，还浮雕着一组正在举哀的弟子们，信徒们可以从四面瞻仰佛祖涅槃时的场景等等。

广元的佛坛窟虽然曾给信徒们带来了新鲜的感觉，但沿着这个轨道走下去，石窟寺艺术就会逐渐偏离她本身所具有的特殊魅力，而融汇到寺院的洪流中去。到了明代，有的石窟寺构造已经同寺院殿堂没有什么差别了，那么石窟寺也就再也没有开凿的必要了。

位于群山环抱之中的巴中，也是川北石窟寺分布密集的地区。在县城四面屏障似的悬崖峭壁间，坐落着四处石窟群，被人们称作东、西、北、南四龛石窟。其中的南龛石窟是保存状况最好、内容最为丰富的一处。

巴中南龛石窟，位于县城以南 1 公里的南龛山南面。在垂直平整的山崖表面，鳞次栉比、玲珑剔透般地雕凿了 130 所华丽的佛龛，供奉着 2000 多身佛教人物雕像，还有 12 座石刻经幢和佛塔。这些崖中的佛龛，大部分是属于初、盛唐时期的作品。它们的装饰也很有特点，有很多都刻成了华美的床帐样子，佛和身边的弟子菩萨和天龙八部护法神们都仿佛是置身于这一个个宝帐之中，面向着人世间的众生（图 195）。只有两身赤膊袒胸、蹙眉怒目、气势逼人的金刚力士站立在宝帐外面的左右两侧，守卫着那块庄严神圣的领地。这一所所佛龛前后左右密集地排列在一起，就好像是层出不穷的琼楼玉宇，充满灵气的仙宫宝殿。置身于这处崖壁前的佛家弟子们，在内心深处将会激起对佛国清净乐土的向往，从而面对那些崖间宫阙中的佛祖，由衷地发出自己的祈祷与祝愿。

肃穆庄严的卧佛院

地处四川中部地区的安岳县，位于成都至重庆的古道上，在古代称作普州。南宋文人官员王象之（1163 ~ 1230 年）编著的地理学名著《舆地记胜》记载说：普州的秀丽在于它的山石，所以人们称之为"石秀"。的确是这样的，安岳县不仅山石奇特多姿，而且还散布着大量的石窟造像，更为这一带增添了一份佛国的神秘。安岳的重要石窟地点有卧佛院、玄妙观、三堆寺、朝阳洞、三仙洞、千佛寨、圆觉洞、华严洞、毗卢洞、茗山寺、孔雀洞、净慧岩、大佛寺、安堂寺、大月寺、塔坡、佛慧洞等等。其中知名度最高的，自然要首推卧佛院了。

卧佛院，坐落在县城以北通贤区八庙乡的卧佛村，位于安岳、遂宁和乐至三县的交界地带。琼江河支流上段的伍家桥河，和下段的跑马滩河围绕着卧佛院的西南东三面流过，为古代在这里修行的僧侣们提供了充足的水源。卧佛院所在的山沟俗称卧佛沟，它的平面是"几"字形的，有 1000 多米长。在沟的两边高约 20 米的灰砂岩崖壁上，开凿了 140 多所窟龛，造像的总数达 1600 多躯。

这里既然被称作卧佛院，那么就一定存在着卧佛了。是的，这里不但有卧佛，而且还是闻名全国的。这尊巨大的卧佛像安详地躺在峭壁的半空之中，距离地面有 3 米多高，它的全身长度是 23 米，头部向着东方，向着左侧面左胁卧着，双臂平平地伸展着。卧佛也就是释迦牟尼涅槃时的形象，我们在前面曾经介绍过。佛祖的双目微睁，嘴角含带着笑意，一副安详自在的面容，因为他就要走完自己光辉而伟大的一生，去到达彻底解脱的涅槃境界了（图 196）。但卧佛院的卧佛特别的地方在于，它与佛经中记载的头向北方右胁而卧，右手枕在头下的姿态完全不同。至于那里的佛教僧俗为什么要把这个卧佛造得与众不同，我们既找不到文献的证据，也没有发现相似的艺术传承，就目前的认知度而言，它只能是一个历史疑案了。

在卧佛的头顶后方刻着一身金刚力士像，只露出了上半身；而在卧佛双脚的外侧，有一身金刚力士的全身像。它们袒裸着健美魁梧的身体，一手攥着拳头，横眉怒目，相对而视着，以一副神圣不可侵犯的姿态，保护着佛祖的尊威。卧佛的身后上方还刻着一组造像，它们的中间是一身高 2.3 米的释迦牟尼坐像，右手举在胸前的右侧。在释迦的左右两侧排列着前后两层人物形象，前面一层是高约 2.1

图 196 四川安岳卧佛院第 3 号释迦涅槃变（唐，8 世纪上半叶）

米的阿难、迦叶和其他七位弟子，都是拱手恭敬地站立着；九位弟子的左右两侧分别雕着一身菩萨立像，也是一副肃穆神态。后面一层是天龙八部造像，有的手中还高举着法器，个个面目严峻，有的还面带悲泣愁苦的表情（图 197）。这显然是一组表现释迦牟尼在涅槃之前，最后一次说法的雕刻了。那么这次说法的对象又是谁呢？只要大家稍加留意，就会发现在卧佛的大腿前面刻着一位男子，有 3.4 米高，它面向着佛祖而坐，背对着我们大家，痛苦地低下了头，右手伸向右侧抚摸着佛祖的左手，寄托着无限的依恋之情。它就是佛祖最后一次说法的对象。

　　说来也有趣，这位面佛而坐的男子起先并不是一位佛家信徒。他的名字叫须跋陀罗，是古代印度婆罗门教的虔诚信仰者，他的毕生精力都是在严格地按照婆罗门教的法规和行为准则，作着艰苦的修行和不懈地探索。就在释迦牟尼即将涅槃的当天，须跋陀罗有幸地和佛祖相遇了。当时他已有 120 岁高龄，自以为经验和阅历要远远超过小他几十岁的释迦牟尼。不料经过与佛祖简短的几句问答之后，须跋陀罗领悟到了佛法的真谛与奥妙，他深深地感到自己这 100 多年真是白白虚

图 197 四川安岳卧佛院第 3 号释迦涅槃变中的弟子与天龙八部局部（唐，8 世纪上半叶）

度了光阴，只有这一天才活得真正有意义。就在须跋陀罗万分惊喜的时刻，又突然听到了佛祖即将涅槃的噩耗，使他陷入了万分的悲痛之中……

须跋陀罗是释迦牟尼一生中所接收的最后一位弟子，这组以巨大的卧佛为中心的雕像群，将前后两个不同的时空合理地搭配在了一起，形象地再现了释迦牟尼涅槃时的悲壮场面。类似这样的巨大卧佛像在中国境内还有不少，像重庆大足宝顶山长 31 米的卧佛，是在南宋时期刻成的；重庆潼南县马龙山的卧佛长达 36 米，是 1930 年造成的；甘肃张掖大佛寺里的西夏卧佛，有 34.5 米长，仅耳朵就有 2 米多长；在敦煌莫高窟中，中唐开凿、西夏重修的第 148 窟的涅槃像大约有 15 米长，像的后面还以绘画的形式表现了弟子、菩萨以及各国的俗家弟子们对佛祖涅槃的不同反应和神态；莫高窟第 158 窟的涅槃像制作于吐蕃统治敦煌时期，身长 15.8 米，在壁间以壁画的形式表现弟子与各国王子举哀场面；北京西山卧佛寺的卧佛，像长 5.3 米，是元代用铜铸造成的，它的后面环立着 12 位正在举哀的弟子，组成了一幅奇特的场景。为什么要造立这么多的卧佛像呢？因为涅槃是佛教全部修行所要达到的最高理想境界，是对生老病死各种痛苦的彻底断灭。信徒们面对这些涅槃了的卧佛像，就会领悟到佛祖一生为解脱众生传教说法的不易，并且从这位凝聚着佛教大法的非凡人物身上，他们会看到自己努力的方向。

安岳大卧佛是属于什么时代的作品呢？它的本身虽然没有留下铭文题刻，但这组巨大的群雕毫无疑问是属于卧佛院里的主要作品了，这也就很有可能是当时的佛教徒们所首先考虑设计的主体工程。我们在第50号龛千佛像的下面，发现了一处铭文题记，上面刻的是唐玄宗开元十一年（723年），普州乐至县芙蓉乡普从里的佛家弟子杨义，为确保自身的平安，敬造了百身千佛，作为供养的内容。这是卧佛院现存的最早纪年文字材料，它可以帮助我们推断出巨大卧佛的开工，有可能也是唐玄宗开元年间的事情。

卧佛院的其他佛教人物造像，大部分位于长方形平顶龛内，内容有千手千眼观音菩萨像、阿弥陀佛接引众生的形象、罗汉群像、释迦牟尼和弟子菩萨力士的组合像等等，都是唐、五代十国、北宋时期的作品。特别是第45号窟中的一尊千手观音立像，是盛唐雕刻中的精品（图198）。这尊观音有三面，有主要的六臂，六手的手印与持物各不相同。中二手于胸前合十，左上手举着象征佛法的宝轮，左下手下伸施无畏印。最有意思的是，他的左下手掌中有铜钱落下，手的下方刻着一位穷苦的男子，张开布袋口承接着坠下的铜钱。这只手真实地表达着观音有求必应的宗教功能。这尊观音的右上手举着督促众生精进与觉醒的法铃，右下手下伸，以食中二指指向刻于其右侧的一身饿鬼，意在对饿鬼施以救度。所以，这尊观音对现世与已故众生都具有

图198 四川安岳卧佛院第45号千手观音像（唐，8世纪上半叶）

救度的功能。此外，在高浮雕观音像的周围以阴刻技法层层刻着无数小手，如孔雀开屏一般，展示观音救赎的法力无边。

卧佛院除了众多的造像外，最有特色的要数大批石刻佛经了。这些佛经全部刻在专门开凿的石窟壁面上，全院像这样刻满佛经的洞窟共有15所，刻经的总面积是151.25平方米，共有40多万字。经文大部分刻在洞窟的正、左、右三壁上，全部是直行刻出，字体有楷书和行书两种，字迹工整，笔势流畅，都是典型的唐代书法风格。凡是保存清楚的落款题记，都是唐玄宗开元年间（713～741年）的。在这众多的刻经当中，以《大般涅槃经》的内容最多，是不是为配合主体的佛祖涅槃像而有意这样设计的呢？很耐人寻味。其次还有《妙法莲华经》《佛名经》《大方便佛报恩经》《维摩诘所说经》等等，都是大乘佛教所信奉的主要经典。中国古代的佛教僧侣们为了不使佛法失传，才发明了这种在大山里雕刻石经的做法，像北齐国中的北响堂刻经洞、涉县中皇山石窟，以及北京房山云居寺里的雷音洞等等，都为我们保存下来了珍贵的古代佛经版本资料。安岳卧佛院里的石刻佛经也具有深远的历史意义。

卧佛院至今还保留着几十所尚未竣工的刻经洞窟，有的洞窟壁面有待打磨光滑，还有一些没有完成的造像粗坯。看来，卧佛院的佛教艺术活动可能是因为中晚唐以后的某个突发事件而被迫停顿下来了，并从此走向了衰落局面。那尊大卧佛安然无恙地躺到了今天，终于又盼来了众生朝拜的法事盛况。

巍巍佛陀 装点山河

佛教认为，佛是一种超自然、超现实的特殊存在，同时他又是现实中的佛教信徒们顶礼膜拜的对象。我们在前面看到的佛祖形象，大部分是居于出世间的窟室之中的。如果能将佛祖的形象供奉在大自然的怀抱中，与锦绣般的山川结合在一起，不但能给人们带来回归大自然的审美情趣，还能使我们直接感受到佛祖慈悲济世的宗教使命。中国的露天巨佛遍布大江南北，在经历了千百年的风风雨雨之后，早已和秀丽的山水风光融为了统一的整体。巨佛，也为天府之国的巴蜀盆

图 199 四川荣县大佛（北宋元祐七年，1092 年）

地增添了一份壮丽的景象。

重庆市的大佛寺位于长江南岸，那里有一尊高约 7.5 米倚坐姿势的弥勒佛像，背靠着悬崖峭壁，注视着滔滔江水，可以称得上是万里长江第一尊大佛了。有趣的是，在大佛的正前方，修砌着石台阶，一级级地降到了长江边上。每当江水上涨的时候，渐渐可以淹没到佛的宝座、双脚、双腿乃至身体部分，人们可以在这里观测到长江水位涨落的情况。这尊大佛可以称得上是身体力行地济世为民了！从它的艺术风格上看，应该是在唐朝以后的某个朝代雕刻成的。在弥勒佛的宝座两端，分别雕刻了一身高约 1.5 米的弟子立像，是一老一少的形象，正在虔诚地合掌作礼，具有浓厚的民间风格。

四川荣县大佛，位于县城东郊的东山间。它坐南朝北，背倚着山崖，头顶基本与山尖平齐，大有与山俱来的感觉。这也是一尊倚坐姿势的巨型佛，身体的总高度达到了 36.67 米，仅佛头就高达 8 米左右，双肩的宽度有 12 米，再加上面相的庄严，魁伟的体魄，更有一种超凡脱俗的精神面貌（图 199）。根据《荣县县志》的记载，这尊大佛像是在北宋神宗皇帝的元丰八年（1085 年）由淳德和尚用多方化缘得来的金钱开始动工雕造的，到了北宋哲宗皇帝的元祐七年（1092 年）就基本完成了，共用了 9 年的时间。以后，佛教信徒们又在大佛的前面修建了一座 10 层共 70 多米高的大殿堂，用来保护这尊巨佛。明朝时候，10 层的殿堂被毁坏了。到了清代的公元 1808 年，当地寺院的和尚智珏等人又义不容辞地承担了保护大佛

的重任，他们到处募款，重新在大佛头的上方加盖了一个券顶檐子，总算可以为大佛遮挡一些风雨。到了公元 1816 年，由知县宫鉴贵主持，重新修复了这里的寺院，并命名为"大佛禅寺"，佛教的事业被再次振兴了，荣县大佛的美名也传遍了远近各地。

重庆潼南大佛寺的弥勒佛大像，位于潼南县城西郊 1 公里的涪江江畔，也是依山雕凿出来的。它的倚坐高度有 18.4 米，有着丰满的面相，庄严的体态，全身装饰着金色，格外地耀眼夺目（图 200）。这尊大佛的金妆

图 200 重庆潼南大佛寺弥勒佛大像
（唐，9 世纪下半叶，20 世纪 90 年代拍摄）

是在南宋高宗皇帝的绍兴二十二年（1152 年）涂饰的，但大佛的身体在唐朝懿宗皇帝李漼的咸通年间（860～874 年）就开始凿造了，直到北宋钦宗皇帝赵桓的靖康元年（1126 年）才最终完成。大佛的外面覆建着高达 33 米的寺宇，今天被人们称作"大佛寺"，而它原来的名字是定明院和南禅寺。

四川南部县的禹迹山立佛，位于县城东北方 10 公里的禹迹山间。它身高 17.52 米，腰部与山体连接着，而上身和双腿却是镂空雕凿的，大有脱离山崖、走向人间的感觉。大佛的身躯魁伟庄严，它面含微笑，举起右手掌，很有一种生动的表情和神态（图 201）。所以，

图 201 四川南部县禹迹山立佛（唐）

可能是属于唐代的作品。

　　四川仁寿县牛角寨的第 30 号唐代摩崖弥勒佛像，高度有 16 米左右，是一尊少有的半身像。它只被雕凿出了胸以上部分，这就更显得庄严的佛头之巨大，也给信徒们一种从大地中踊出，与山川共存的感觉（图 202）。

图 202 四川仁寿县牛角寨的第 30 号唐代摩崖弥勒佛像（唐，20 世纪 80 年代拍摄）

图 203 四川宜宾屏山县八仙山大佛（清，约 18 世纪）

　　类似这样的巨型佛像，在四川盆地还有不少，如四川宜宾市屏山县龙华古镇的八仙山大立佛，位于丹霞洞石窟群，通高 32 米，已完工部分 22.2 米，膝以下及莲座未完成。这尊佛像的头部显大，刻有螺发，右手下伸呈接引状，左手掌竖起于胸前作礼敬之姿（图 203）。因此，他的身份很有可能是接引众生前往西方极乐世界的阿弥陀佛。他身穿袒裸右肩式大衣，在右肩处有覆肩衣，衣纹刻画没有写实感。有着浓重的民间艺术风格，是此像给人的总体感觉。在摩崖大佛的旁边是丹霞洞石窟群，共有中型石窟五所。从五窟内的题记内容来看，原窟内造像属三教合流内容。根据现存铭文题记，石窟的开凿不晚于清道光二十一年（1841 年）。那尊摩崖大立佛的样式也属清代风格，雕造时期大致与石窟的开凿时间相同。因此，这里应是一处清代儒释道三教修习与崇拜的宗教场所。从中国石窟的发展在明代衰落的情况看，这处清代石窟群就显得难能可贵，应该是全国现存最大的一处清代开凿的石窟群，也具有全国最大的一尊立佛像，对探

图 204 四川宜宾屏山县八仙山大佛与丹霞洞石窟群（清，18～19 世纪）

讨石窟寺及三教合流在清代的发展意义重大（图 204）。

四川盆地中最为雄伟的巨型佛像，当然要首推世界佛像之冠——乐山大佛了。

乐山，古称嘉州，在城东 1 公里处的岷江、青衣江、大渡河的交汇处，耸立着的是凌云山，而山上又有雕梁画栋的凌云寺，为峻秀的山水带来了一份灵气。最能吸引中外游客的，还是依山面江雕造出来的巨型的大弥勒佛像。它是倚坐着的姿态，面部表情虽然不那么生动，身躯的体态也不怎么优美，但它那无与伦比的 71 米高度，和概括洗练的刻画手法，更表现了佛的雄伟和宽大的胸怀（图 205）。

相传在唐朝玄宗皇帝的开元十八年（730 年），有一位来自贵州的海通和尚在凌云山上开始了修行。他看见山下的三江交汇之处，在每年的汛期来临时，常常是水流湍急，如万马奔腾，吞没着无数过往的行船，使众多无辜的生灵葬身江底。如果在这里建造一尊巨大的弥勒佛，就一定能以佛国的威严镇压住三江的水势，确保来往的船舶畅通无阻。海通立下了这个雄心壮志以后，不朽的功德就开始实施了。但这项工程实在太浩大了，海通在他的有生之年也没有能看到大佛的竣工。73 年以后，也就是到了唐德宗李适的贞元十九年（803 年），才在当时四川的最高行政官员、信奉佛教的韦皋（745～805 年）倡导下最终完成了。韦皋治理四川达 21 年之久，留下了许多良好的政绩，他继承了乐山大佛的修造事业，不仅为当时的四川僧侣、百姓办了一件大好事，也为当今世界的人们确立了普天下第一的佛陀真容像。

讲到这里，人们一般会问：乐山大佛既然是世界第一，那么世界的第二大佛又是在哪里呢？位于中亚地区的阿富汗。现在，那里的人们主要信仰伊斯兰教，但在更古的时候，它也是一个佛教国家。在首都喀布尔西北 240 公里处的巴米扬

图 205 四川乐山凌云山大弥勒佛（唐，8～9 世纪）

图 206 阿富汗巴米扬石窟西大佛（约 5 世纪，20 世纪 70 年代拍摄）

河谷的南岸，坐落着一处约有 750 所左右的石窟群，称作巴米扬石窟。那里最令人瞩目的，是身高 55 米的西大佛和身高 37 米的东大佛像，它们都是站立着的释迦牟尼佛像。公元 632 年，唐朝的高僧玄奘曾经朝拜这处石窟寺，还在他的《大唐西域记》里特意记载了这两尊高大的立佛。巴米扬石窟群中的西大佛，就是世界的第二大佛（图 206）。令人可惜的是，巴米扬的这两尊大立佛像都在 2001 年被塔里班炸毁了。

二十多年前，有人无意中发现如果从更远的地方观察凌云山，那么整个山体都像是一尊仰躺着的卧佛了，而乐山大佛就像是在卧佛的胸部开凿出的一所

图 207 四川乐山凌云山远景

坐佛小龛，这真是奇妙（图207）。我当年在电视中还看到了这条新闻报道，紧接着就有朋友来问我到底是怎么回事。我想，如果不是大自然在人们视觉上的一种巧合，那也决非人间的力量所能造就的。是来自佛国世界的法力？还是天外来客对人类的帮助？只有留待将来去解答了。

"山不在高，有仙则名；水不在深，有龙则灵。"在四川盆地秀丽的山川之间，居住着这么多的法力无边的巨型佛陀，它们不仅给巴蜀带来了名望，也给大自然注入了灵气。

构思奇巧的宝顶道场

四川有一处仅次于峨眉的佛教圣地——大足宝顶。它以其石刻艺术的魅力，吸引着众多的善男信女们前去观光朝拜。所以，四川有"上朝峨眉，下朝宝顶"的说法。

据说，唐朝末年，四川省有个姓柳的居士，是嘉州（今乐山市）人，对佛教密宗的大法很有研究。他精通秘密咒语，擅长驱赶妖魔鬼怪，还能行医治病，当时的人们都称他为"柳本尊"。柳本尊在传播密教时，使用了许多残酷的行为，如刻目、割耳、断臂等，终于取得了许多群众的信仰。十国之一的前蜀国统治者王建（907～918年在位）也大力支持他，封他为成都的"瑜伽教主"。

南宋时，有一位名叫赵智凤 (1159～1249年) 的大足县人，承袭了柳本尊的说教，成为一个虔诚的密教徒。赵智凤改革了柳本尊的一些传教方法，他云游四方，募化了很多钱财，终于在宝顶山建成了南宋的密教中心。

　　宝顶山位于大足县城东北 15 公里处，异峰突起于丘陵之中。这里苍松翠柏，山谷壁立，清泉下流，是佛教徒修行非常理想的地方。宝顶道场里所有的石窟和摩崖造像，都是由赵智凤一手策划建造成的，从 1179 年到 1249 年，共用了 70 年时间。所以，它们彼此之间统一安排的合理性，以及设计者的因地制宜、借境发挥，将山峦溪泉与佛教圣像熔为一炉的构想，都是无与伦比的。

　　宝顶山大大小小的石刻造像共有 1 万多躯。设计者以大佛湾为中心，在周围约 1 里左右的小道上开凿了 12 处小石窟群，像众星拱月一般簇拥着大佛湾。大佛湾是一道幽深的马蹄形山湾，总长约 500 米，崖面高约 15 ~ 30 米。在东、南、北三面的悬崖上或石窟中，共有

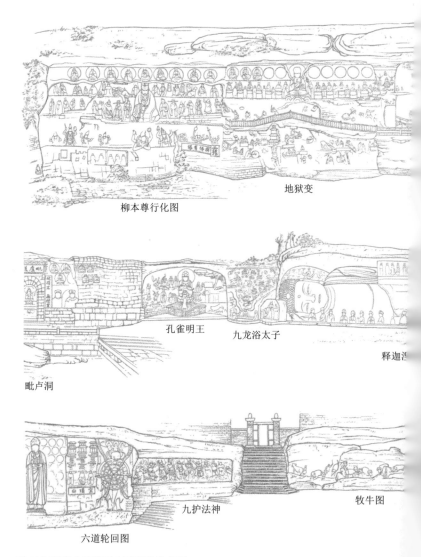

图 208　重庆大足宝顶山石窟造像全图

31 处大型雕像（图 208）。东崖长 31 米的巨型释迦牟尼半身涅槃像，以及佛身前好像从地下涌出的弟子和天神的半身雕像，组成了整个大佛湾的中心内容。在大佛两边的南、北崖壁上，形象地展示了佛教的主要思想。每一个内容都有一幅大的画面，画面彼此间又有着内在和外在的联系，力求把各种教义贯穿成一个完整的体系。例如，将《父母恩重经变》和《大方便佛报恩经变》连在一起，都体现了行孝的思想内容；《观无量寿佛经变》和《地狱变》相连，使天堂和地狱形成了强烈的对比（图 209）。另有一些，如宣扬柳本尊传教事迹的《十炼图》，属于密宗造像的华严三圣像、毗卢洞、圆觉洞、孔雀明王窟、千手千眼观音菩萨像、十大明王像、广大宝楼阁，属于禅宗的《牧牛图》，以及根据中国古代民间神话雕刻的《雷音图》，都在设计与安排上富于创造性。后人曾经称赞宝顶山的造像包括了所有的

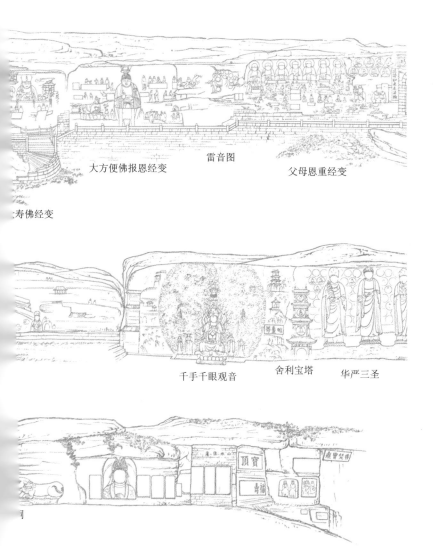

大方便佛报恩经变　　雷音图　　父母恩重经变

寿佛经变

千手千眼观音　　舍利宝塔　　华严三圣

图 209 重庆大足宝顶山石窟《观无量寿佛经变》和《地狱变》组雕（南宋）

佛教内容。这虽然有些夸大其词，但南宋佛教的基本思想，似乎都能从这里找到一些形象说明。

唐代以后的佛教艺术开始明显地加深世俗化了，艺术家们在创作的过程中，会有意无意地在宗教艺术中留下当时的社会情况和人情世态。这方面，宝顶道场的造像流露得更直接、更深刻。

《牧牛图》群雕像，原来的用意是以牛比喻人心，用收服牛性比喻调伏心意，展示修行禅观锻炼思想的全过程。但在这组高 5.5、长 30 米的整幅雕刻面前，人们看到的却是在崎岖的山路上，在幽静的林泉间，牧童和牛的各种生动意态，给我们带来的生活美感：有的牛翘尾狂奔，牧童用力在拉绳；有的牧童在挥鞭赶牛；一位牧人在吹笛，牧童高兴地在一旁拍手相合；还有一个牧童开怀敞衣，对天仰卧，舒坦地沐浴着阳光，一个调皮的猴子正在戏拉他的衣裳……（图 210）。在这里，浓郁的乡土气息、田园的芳香和生活的情趣已经冲淡了空泛乏味的宗教教义。在这里，雕刻家们用写实的艺术手法直接再现了当时农村生活诗一般的意境。

《地狱变》群雕，采用的是时空交错的构图形式，把生前犯的"罪"和死后应受的苦结合在了一起。按照佛教的戒律，人是不准饮酒的，否则就要堕入地狱。为了宣扬这种思想，匠师们特意设计了几组可笑的戏剧性场面：父亲喝醉了，儿子和他说话，他斜着醉眼，全然不睬；丈夫醉了，妻子温存地拉他的手，他却无动于衷；哥哥醉了，弟弟关切地扶着醉倒在地的哥哥；姐姐醉了，妹妹搀着前仰后合的姐姐。只有依靠切身的生活体验，才能有如此观察入微的艺术佳作。

在恐怖的《地狱变》中，还出现了一位勤劳朴素、贤惠美丽的养鸡女。她面

图 210　重庆大足宝顶山石窟《牧牛图》局部（南宋）

图 211　重庆大足宝顶山石窟《地狱变》局部（南宋）

带微笑，正打开鸡笼，两只鸡在争啄戏弄一条蚯蚓。佛教认为，养鸡必然杀生，因为鸡总是要吃小虫子的，所以养鸡的人死后也要下地狱。但是，人们却对这位养鸡女产生不出丝毫憎恶的情绪，反而被她那生动的喜悦形象征服了（图 211）。

在提倡儒、佛、道三教合流的社会背景下，佛教艺术也开始极力歌颂儒家的"孝道"。为此，佛教徒们不惜篡改佛传故事，把释迦牟尼描绘成了行孝的典范。《大方便佛报恩经变》组雕就是颂扬释迦牟尼行孝精神的。在组雕的左下方，先刻了不信佛教的外道们正在诽谤释迦不孝，然后在中心画面雕刻释迦为了孝养父母，剜自己的眼睛和取自己的骨髓供父王作药，并且割自己身上的肉供父母亲食用。父亲死后，释迦还亲自抬着棺材等等（图 212）。它的目的是让那些善男信女们面对佛祖的"孝道"，好好反省一下自己以往的言行，彻底拜倒在释迦的足下。

图 212 重庆大足宝顶山石窟《大方便佛报恩经变》局部（南宋）

为了进一步说明问题，雕刻家们还根据中国和尚造的一部伪经《父母恩重经》创作了一幅经变组雕：从父母亲祈求生子、十月怀胎，直到子女长大成人。在人的一生中，父母的恩情是说不完的，即使长到80岁，百岁父母照样对儿子是关怀担心的。最

图 213 重庆大足宝顶山石窟《父母恩重经变》局部（南宋）

令人感动的还是"推干就湿"恩：小儿在夜里把床尿湿了，母亲怕孩子不舒服，把床上的干处让给孩子睡，自己却睡在了孩子尿湿的地方（图 213）。这是多么伟大圣洁的母爱啊！这些恩情，是每一个人都应该牢记一辈子的，这幅组雕，也是在增强人们行孝的观念。其实，对自己的父母亲尽孝，一直是中华民族的传统美德，从这个方面来讲，宝顶山的雕刻不仅是宋代现实生活中人性的折射，对于我们今天的社会道德观念也是有积极作用的。

大足的宝顶道场造像，宛如一幅幅图文并茂的连环画，为我们再现了南宋社会的世俗生活和宗教思想，给衰落中的佛教艺术增添了新鲜的意趣。

桂林山水间的神灵

广西，是以壮族为主体的多民族聚居地区。大约在隋代，中原的佛教就传入了广西。从唐朝开始，该地区生活着许多少数民族，信仰佛教，其中最主要的是壮族。如今的广西，除了回族信仰伊斯兰教外，壮、汉、瑶等民族则信仰佛教，同时还结合着自己的祖先崇拜。桂林是广西最美丽的地方，自古就有"桂林山水甲天下"的盛名。那里刘三姐的美丽传说，更加吸引着全国游客前来观光。然而，

很多人可能不知道，桂林除了无与伦比的山水之外，还有精美的佛教雕刻，而且还是远在唐代创作完成的，说明了大唐的佛教艺术在一千多年前就传播到了这里。

桂林的佛教造像主要分布在市内西山、伏波山的还珠洞、叠彩山的风洞，还有骝马山、龙隐岩等处。没有发现石窟，只有摩崖造像龛，总计有200多龛，包含大小造像有600多尊。从保存下来的造像铭文题记资料来看，桂林的这些摩崖造像的开始雕造时间是初唐，即公元7世纪下半叶，在北宋仍有雕造，直至清朝初年，前后延续了近一千年。

西山造像，分布在桂林秀峰区西山公园内。在这个景区里，有西山群峰环绕耸立，西湖、桃花江相映成趣，形成了山重水复、山峦翠彩的奇景，是桂林老八景之一的"西峰夕照"。这里不仅有摩崖造像，还有1000多件历代摩崖题刻，吸引着文人墨客。造像分布在景区里的观音峰、龙头石、立鱼峰、千山崖面上。其中观音峰上保存造像最多，从峰底拾阶而上，攀登到顶峰，造像龛在石阶两旁到处可见，共有数十龛，大约百余尊造像，最高的有2米，小的仅数十厘米（图214）。西山共有92龛，造像230多尊，还有亭阁式浮雕石塔一座、六层楼阁式浮雕塔一座，都是唐代样式，是瘗埋高僧遗骨的地方。山峰的下部崖面还有高僧瘗龛十七处。可以想象，这里曾经是一处寺院的幽静之所。的确如此，在唐代，西山曾经是佛门圣地，

图214 广西桂林西山公园观音峰部分摩崖造像远景（2019年拍摄）

是当时南方五大禅林之一，山上建有西庆林寺（又名延龄寺、西峰寺）。到了宋代，这里仍建有资庆寺、千山观等。是旺盛的佛门香火，才造就了丰富的造像艺术。

桂林现存最早的造像就保存在西山，主要雕刻在唐代。纪年明确的有龙头石的唐上元三年（676年）年造像；观音峰的唐调露元年（679年）李实造像，李实的职务是随太师太保申明公孙昭州司马。此外，西山还有唐景龙三年（709年）造像。从这些铭文题记可知，西山的造像龛大部分应该是在唐高宗至唐中宗年间（650～710年）雕刻成的，即从7世纪下半叶至8世纪上半叶。龛的周围缺少装饰，显得很朴素。龛内的造像组合比较简单，有很多单尊坐佛像，有结跏趺坐佛与二立菩萨像，有一佛二菩萨立像，有并列的七身坐佛，有结跏趺坐佛与二弟子二菩萨立像、二飞天并供养人的组合等。倚坐佛与二立菩萨像龛，表现的是未来佛弥勒。其中坐在连梗莲花上的一佛二菩萨像较多，表现的应该是西方极乐世界的教主阿弥陀佛和他的胁侍菩萨观音、大势至。没有出现更复杂的题材。所有这些似乎说明古代的桂林人接受的是简单的佛教艺术表现方法。从造像所表现的佛教信仰来看，这里的人们更加向往阿弥陀佛的西方极乐世界，还有未来的弥勒佛国。这两者都是入唐以后佛教徒们的未来理想归宿。

与北方发现的普通的写实风格唐代造像相比，西山石刻像表现着更多的抽象风格，没有写实的头身比例、体型与衣纹。菩萨身体表面的装饰也被简化了，一般不饰在长安和洛阳所见的斜向胸巾和长璎珞。此外，很多佛与菩萨像甚至在身体表面不刻衣纹，并将紧贴身体的服装表面打磨光滑，重在体现人物的窈窕身段（图215）。这种艺术特征很像印度笈多朝的一些造像。当地的艺术家很有可能直接接受了来自印度的造像样式，创作出了不同于两京地区的地方风格。

相比之下，伏波山还珠洞的造像龛保存状态较好，雕刻也相对精美。还珠洞位于伏波山东北山麓，共有15龛，219尊像。据其风格特征可知，很多龛开凿于和西山雕刻相近的时代，有的龛可能完成于9世纪。在一尊观音立像的旁边保存着一方铭文题记，表明此像是桂管监军使赐绯鱼袋宋伯康于唐宣宗李忱大中六年（852年）九月二十六日出资镌造的。总的来看，还珠洞的确反映着一些和西山造像相似的特征，造像组合也很简单，有单尊立佛、单尊坐佛、坐佛并二胁侍立菩萨等，表现着唐代桂林的地方风格（图216）。人物的衣纹刻画很

图 215 广西桂林西山摩崖造像第 22 号龛一佛二菩萨像（唐，7～8 世纪，20 世纪 90 年代拍摄）

程式化和简化，没有优美的写实感。有些人物的服装上只刻有少许衣褶，使薄薄的衣服紧贴着苗条的身体，反映出唐代典型的造像风格。

此外，来自桂林以上两个地点的唐代造像表现了在长安和洛阳看到的一些时代风格，例如一佛二菩萨或一佛二弟子的造像组合，以及由长梗莲花承托的一组造像等。这些时代风格表明佛教艺术从两京地区向西南边疆地区的传播。根据铭文题记记载，桂林现存的所有唐代造像都是汉人出资雕造的，其中一些功德主还是唐朝中央政府任命的桂林地方官员。因此，最大的可能性是，汉人的移民带来了佛教信仰，也带来了在山崖间开龛造像的想法。

叠彩山风洞的摩崖造像，最早也是唐代的。唐代诗人元晦在唐武宗会昌三年（843 年）撰写的《叠彩山记》记载了它的形貌：这座山因为石文横布，彩翠相间，就像是叠彩一样，所以起名为"叠彩山"。山的西岩有石门，中有石雕像。由此可知，叠彩山的石雕像在唐代会昌三年以前就有了。但现存的造像很多是北宋时期雕刻成的，有北宋天圣二年（1024 年）、嘉祐七年（1062 年）、治平元年（1064 年）

图 216 广西桂林伏波山还珠洞摩崖造像部分（唐）

的题记可以为证。叠彩山风洞内共有25所造像龛，计造像97躯。题材有一佛二弟子、单尊坐佛像、单尊立佛像、坐佛像群等。造像风格明显受到唐宋的影响，但也有桂林地区的地方风格，显得雕刻技法拙朴，没有写实感。

骝马山摩崖造像位于秀峰区骝马山北麓，现存有12龛，造像23躯，没有铭文题记保存下来。但从造像的艺术风格分析，也应该是在唐代创作的。题材有立佛与二立菩萨像、单尊坐佛像等。

龙隐岩（图217）的摩崖造像风化毁坏严重，但仍有一些造像题记保留了下来，可知一些造像的创作时间是在北宋。例如有一则题记的年代是北宋至和元年（1054年），提到的内容是本州城南厢左界通波坊的女弟子区氏八娘舍钱镌造的日光菩萨和月光菩萨像。龙隐岩的南壁上还有清朝康熙四年（1665年）雕刻的一尊观音像，说明桂林的摩崖造像雕刻一直延续到了清代初年。

我们在前面已经说过，宋代以后，中国佛教的世俗化更加深入了，其中的标志之一就是创造了许多中国特有的佛教神灵。关羽（？～220年）就是其中一例。龙隐岩有一所造像龛，已经毁坏了，但它的题刻于北宋至和二年（1055年）的镌妆题记说明了它的内容：崇明寺的主持僧人用自己的斋饭钱请工匠雕刻与妆饰了这所龛像，内容是天台宗的创始人智者大师，东汉名将关羽，还有关羽的儿子关

图 217　广西桂林龙隐岩摩崖石刻

平（178～220年）。这三尊像都在龙隐岩的释迦寺开光。题记中所说的智者大师法名叫智顗（538～597年），南宋僧人志磐从天台宗的角度撰写的佛教史书《佛祖统纪》述说了智顗和关羽的因缘。当年，智顗在湖北当阳玉泉山建立精舍时，见到了两个人，有王者般的威严仪表。年纪大的那位面相丰厚，留着美髯；年轻的那位戴着冠帽，有长长的秀发。他们自报了姓名，才知是关羽和关平父子二人，请求智顗在山的近旁建立寺院，智顗欣然答应了。寺院建成以后，智顗还给关羽授了戒，从此这位中国历史上的忠义化身便皈依了佛教，成为寺院的守护神——伽蓝神。于是，宋代以后，很多寺院都安置关羽像，以便保护寺院。龙隐岩原有的这龛造像，形象地说明了桂林也紧跟着全国佛教世俗化的步伐。

王国宫廷的生活写照

剑川县，位于云南省的西北部，属于白族自治州。在距离剑川县城西南25公里的地方，横亘着石宝山的一个支峰——石钟山，因为这座山上有像钟一样的巨石，所以才得到了这个形象的名称（图218）。这里群山环抱，林木掩映，有着各种各样奇形怪状的岩石，使这一带的风景久负盛名。公元1639年，明朝著名的地理学家徐霞客（1587～1641年）在游历剑川时，曾经来到了怪石突起如狮如象的石钟山，他觉得很奇怪，但却不知道那就是著名的石钟山。后来等他知道了，很后悔当时没有仔细观赏。我们不了解徐霞客是不是知道石钟山里还有佛教的石窟寺艺术，如果他还听说过，那么他当年的遗憾就更甚了。

石钟山里有一个石钟寺，是一座唐代创建的古老的庙宇。经历了千百年的风风雨雨之后，原来的建筑物早已毁坏不存在了，现存的寺院建筑大概是在清代重新修建的。剑川的石钟山石窟就坐落在这个寺院附近的悬崖峭壁之上。从石钟山石窟的地理位置来看，是分布在三个区域：石钟寺区有八所，狮子关区有三所，沙登村区有五所。石钟寺区的内容最为重要，而且第 1、2 窟里的古代国王生活的写实群像雕刻，在中国古代雕刻艺术中一直占据着独特的位置。

石钟寺区第 2 窟的空间并不太大，高有 1.46 米，宽 1.52 米，但却运用高超的雕刻技艺，把整个窟形装扮成了一所富丽堂皇的大厅。石窟的里面主次分明、尊卑有序地刻出了 16 位人物，当中端坐在龙头椅上的是一位国王，头上戴着云南古代少数民族特有的王冠，身上穿着圆领宽袖长袍，宝座的装饰异常豪华。在国王的身边簇拥着宫廷的侍从和武士们，他们有的举着旗子，有的手拿长柄扇，还有手持佛念珠的僧人和双手捧瓶的侍女，在窟门两侧还分别刻着一位相互对坐的官员形象。这些人物交相穿插合理地排列着，既烘托出了作为全窟中心人物的国王，也使雕刻内容在庄严威武之中孕育着一种活泼的动态。这是一幅写实性的国王出

图 218 云南剑川石钟山石窟外景

廷议政的组雕。

　　石钟寺区的第1窟在大小规模、构图内容等方面都和第2窟十分相似。它的中间也雕着一位国王的坐像，在宝座前面的左右两侧侍立着手持宝剑的武士，后面两旁各有一位手拿长柄扇的侍从。此外，还簇拥着五位武士，一位和尚，在窟门的左右两侧也对坐着文官二人（图219）。第1窟所表现的应该是和第2窟主尊相同的另一位国王的议政场面。

　　最具有生活气息的，要数狮子关区的"全家福"组雕了。狮子山是石钟山的一个小山岭，它和石钟寺隔着一个山沟遥遥相对着。山上有一块巨石，很像一只蹲踞把关的雄狮，所以又叫狮子关。这里第1窟的上面有一块巨石覆盖，仿佛天

图219 云南剑川石钟山石窟石钟寺区第1窟（大理国）

图 220 云南剑川石钟山石窟狮子关区第 1 窟（大理国）

然的屋檐，窟高只有 0.6 米，横宽 1.24 米，但里面的雕刻却很有特色：在正中间的下部是一个长方形的宝座，座的前面有一张方桌，上面摆放着几个器皿，室座上面端坐着国王和他左边的王后，夫妇二人都把双手拱放在胸前，神态温和恭敬。在国王和王后中间有一个正在玩耍的小孩，而在他们的身后两侧还分别有一位稍大一些的男孩女孩，都是端正地侍立着。这一家五口人的后面是一个大屏风，宝座的左侧有一位侍女手执着羽扇，右侧是一位男侍从一手握笔，一手拿着记录簿，像是一位书记官。国王的这一家人就像是正在自己的后宫中恭迎着前来拜访的贵宾，又像是正在举行团圆的宴会，所以被人们通俗地称为"全家福"（图 220）。

这些被雕刻在石钟山石窟里的古代国王和王后的形象，究竟代表着什么呢？让我们先来追溯一下云南古代的历史情况吧。

大约在唐朝初年，云南大理地区随着社会经济的发展，逐渐出现了六个较大的部落组织，称为"六诏"。其中的蒙舍诏位于其他五个部落的南面，所以又叫作"南诏"。当时，与他们的西北方相邻的是强大的吐蕃国，这是藏族人的祖先在青藏高原上建立的国家。唐朝军队经常在云南的西北部和吐蕃发生冲突，其他五诏，以及剑川、时傍二诏，在吐蕃的威胁下，常常背弃唐朝归顺吐蕃。只有南诏坚持效忠着大唐帝国。公元 713 年，唐玄宗李隆基把南诏国王盛逻皮（673 ~ 728 年）晋升为二品官，并封他做台登郡王。盛逻皮死后，他的儿子皮逻阁（680 ~ 748 年）在唐王朝的大力支持下，顺利地兼并了其他五诏，统一了洱海地区。公元 738 年，唐玄宗封皮逻阁为云南王，一个初具规模的南诏国（738 ~ 902 年）就这样建立起来了。当时，剑川诏还在吐蕃势力的控制之下，一直到了公元 794 年，南诏的第六代国王异牟寻（754 ~ 808 年）与唐朝结盟，击败了吐蕃军队，剑川才正式归入了南诏的版图。也就在同一年，唐德宗李适又把异牟寻册封为云南王。

南诏统一 100 多年以后，政治局势开始动荡不安，变乱迭起，经常变换着国号。公元 937 年，段氏集团在南诏的基础上建立了大理国（937 ~ 1253 年），形势才稳定了下来。后来，元世祖忽必烈（1260 ~ 1294 年在位）的军队消灭了大理国，正式建立了云南行省，才结束了历经 500 多年之久的云南少数民族地方政权。

在南诏大理国的历史发展过程中，虽然有时候他们并不直接接受中原王朝的统治，但却与内地的唐朝、五代、宋朝一直保持着密切的政治、经济和文化方面的联系。剑川，不仅是南诏大理国的军事要地，也是这里同中原汉族、吐蕃藏族，乃至东南亚各国进行文化交流的重要通道。这些历史上和地理上的优势，就使得剑川地区汇集了云南省最主要的雕刻艺术瑰宝，我们还能从中看到汉族和藏族艺术风格影响的成分。

讲到这里，我们就比较清楚了：石钟山石窟里的世俗王室中的人物形象雕刻，应该是云南古代少数民族政权时期王室宫廷的生活写照。南诏国是以乌蛮的蒙姓为国王，白蛮的大姓为辅佐的联合政权。而大理国则是以白蛮为主体建立起来的，第一代国王段思平（893 ~ 944 年）就是白蛮的贵族。白蛮是白族的先民，而今天的彝族，就是当时乌蛮的后代。传统的观点认为：石钟寺第 2 窟表现的是南诏第五代国王阁逻凤（752 ~ 779 年在位）的出行或议政场面，而第 1 窟的主人则是第六代国王异牟寻（780 ~ 808 年在位）。至于狮子关区第 1 窟的"全家福"，有可能是南诏的创业始祖细奴逻（602 ~ 674 年）与家人的形象。

我们前面介绍的石窟里供奉的都是佛教世界人物，而这里雕的却是世俗的国王，这是与古代白族人一种特殊的本主信仰相关联的。所谓本主，就是这一带本乡本土的神灵，这种信仰大概从南诏时期就有了。被崇拜的本主开始都是些与大自然有关的神，后来南诏大理国的国王、清平官、大将军，甚至唐朝的个别将领也纷纷挤进了本主的行列。这三所王室生活的组雕虽然还不能断定究竟代表着哪一位国王，但石钟寺南面沙登区第 1 窟中的南诏天启十一年（841 年）的石刻题记，和第 2 窟以及石钟寺区第 8 窟中的大理国题记，可以清楚地告诉我们，石钟山石窟是从南诏国到大理国这数百年间逐步开凿完成的。

相传，在唐朝开元年间（713 ～ 741 年），南诏国王派遣宰相张建成去朝见玄宗皇帝，李隆基赐给他很多佛像和佛经，这样，云南的少数民族就开始信仰佛教了。在有的历史书中，还记述了印度僧人去云南传教的事迹，他们都受到了南诏国王的热情接待。明代学者杨升庵（1488 ～ 1559 年）编写的《南诏野史》上说，大理国的第一代国王段思平几乎每年都要修建佛寺，最后铸造了上万尊佛像。这虽然带有一些夸张，但大理国时期先后有八位国王后来当了和尚，这就充分说明了当时佛教信仰的热烈程度。我们从石钟山石窟里王室成员中所夹杂的和尚形象，和其他石窟里的南诏大理时期的佛教造像，还能看出那时候佛教与艺术的繁荣情况。

沙登村区第 1 窟在公元 841 年完成，是石钟山石窟群中年代明确的最早石窟，里面雕着倚坐着的弥勒佛和结跏趺坐的阿弥陀佛像。第 2 窟中有一尊大理国时期

图 221 云南剑川石钟山石窟石钟寺区第 5 窟（大理国）

图 222 云南剑川石钟山石窟石钟寺区第 6 窟（南诏国）

一位妇女出资造立的观音菩萨像。狮子关区第 2 窟也有一尊浮雕的观音像；第 3 窟里还刻着一位高 0.94 米的波斯国供养人像。

　　石钟寺区的佛教造像最为丰富，在题材上除了有佛、弟子、菩萨等人物形象外，第 5 窟中还雕着一位俗称为"愁面观音"的人物，但他的形象和其他的菩萨截然不同，如果说他是一位正在苦修的僧人像，倒是有几分相像（图 221）。所以，"愁面观音"很可能是传说中的观音化现为梵僧在南诏国初期传播佛法的形象，也就是云南人信奉的阿嵯耶观音的化身像。

　　石钟寺区最为壮观的是第 6 窟。在长 11.63 米的宽敞空间里，正中雕刻了释迦牟尼和阿难、迦叶像，它们的两侧雕出了八大明王和两身力士像（图 222）。这里的明王，是佛教密宗崇奉的佛或菩萨的一种变化身，是为了教化众生中特别贪愚的人而显化出的愤怒威猛相的尊神。明王的"明"，就是光

图 223 陕西西安唐长安城大安国寺遗址出土的降三世明王白石雕像（唐，8 世纪，西安碑林博物馆藏）

明的意思，它们要用佛和菩萨智慧的光明，去摧破众生的烦恼业障，所以称为"明王"。第6窟里的八大明王都是多面多臂的威猛愤怒形象，它们分别代表着降三世明王、大威德明王、大笑明王、大轮明王、马头明王、无能胜明王、不动明王、步掷明王，是由观音、文殊、普贤、地藏等八大菩萨分别变化出来的。有趣的是，在相距遥远的唐代长安城大安国寺遗址中，曾经出了精美的白石贴金画彩的降三世明王（图 223）、不动明王、马头明王像，均是唐玄宗时期的作品，同石钟寺第6窟里的同类明王像有着惊人的相似之处。从这两地的雕刻艺术之间，我们看到了中原王朝的佛教文化对偏远的西南地区的强大影响力。

世界屋脊上的明珠

中国西南部的青藏高原，是世界上平均海拔最高的地方，历来有"世界屋脊"的美誉。在这片神奇的土地上，至今仍然保留着许多古老的宗教信仰与风俗习惯。它是探险家们的乐园，也为全世界喜爱西藏文化的人们所向往。

拉萨城从吐蕃王朝开始，就是西藏地区的首府了，这里丰富的佛教文物令人目不暇接，使我们如同置身于西方佛国世界的乐园。经科学家们的探测，表明拉萨还是全世界空气最洁净的城市。的确，在工业和科学技术高度发达的当今世界上，我们已经很难再找到这样世外桃源般的净土了。令人可喜的是，拉萨也有汉族地区盛行的石窟艺术，它们宛如耀眼的明珠，镶嵌在这个散发着酥油芳香的沃土之上。

在雄伟的布达拉宫西南 0.5 公里的地方，有一座药王山（图 224），山的东麓距地面 20 余米处有一所石窟，洞口向东，这就是查拉路甫石窟。它的平面是不规则的长方形，高 2.6、宽 4.45～5.45、深 5.5 米，洞内的中部有一座中心柱，平面也是不规则的长方形。中心柱与洞壁之间是比较狭窄的券顶甬道，可以供信徒环绕礼拜（图 225）。窟内的造像共有 71 尊，除了两尊泥塑外，都是石雕或石胎泥塑像。在中心柱的四面各开一浅龛。正面即东面龛内雕有一佛二弟子二菩萨五尊像，佛座前两侧原来各有一身狮子，已经残损了。中心柱左右两侧面龛内各雕有一佛二菩萨

图 224　西藏拉萨药王山（1938 年拍摄）

像，后面龛内是一佛二弟子像。中心柱的四面龛像多为石胎泥塑像，应该是最初制作的造像。另外，在洞窟的左右后壁还分层雕刻了很多像，或为石雕，或为泥塑，它们的布局虽然有些乱，但还是有规律可循的，很多是后代补雕上去的。

　　查拉路甫石窟内的雕像内容有佛、菩萨、弥勒菩萨、护法、三世佛等，还有许多西藏历史上的著名人物，也被雕刻在了洞窟的侧壁面上，挤进了佛与菩萨的行列。他们是松赞干布（617 ~ 650 年）、文成公主（625 ~ 680 年）、尺尊公主（？ ~ 649 年）、禄东赞、吞米·桑布扎（？ ~ 618 年）等，还有在公元 8 世纪从印度前去西藏传播佛法的著名的莲花生大师，以及西藏佛教宁玛派的祖师索尔迥喜饶札巴（1014 ~ 1074 年）。尺尊公主是尼泊尔人，她先于文成公主嫁给松赞干布为妃。尺尊、文成两位公主为吐蕃带来了神圣的佛像和佛经，还在拉萨主持建造了著名的大昭寺和小昭寺。禄东赞是松赞干布的重要大臣，曾奉命到长安迎请文成公主，并且文武双全，机智过人，在西藏历史上享有盛名。吞米·桑布扎也是松赞干布的大臣，是语言文字家和翻译家，相传是他创制了藏文，以后人们才有可能把印度的佛经介绍到西藏来。佛教最初进入西藏时代的这五位显赫人物，不仅仅是历史名人，他们已经被藏族人民看作是观世音菩萨和度母的化身，世代加以供奉了。

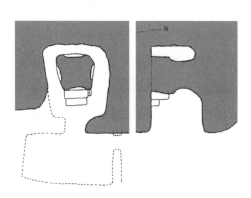

图 225　西藏拉萨药王山查拉路甫石窟平、剖面图
（根据宿白《藏传佛教寺院考古》第 24 页改绘）

在大昭寺和布达拉宫内，也有这几位非凡人物的塑像，这种人神合一的做法，是喇嘛教信仰的一大特色。

查拉路甫石窟的造像有着浓郁的藏族风格（图 226）。佛像的头顶都有高肉髻，并且在上面还出露着一个宝珠。佛像都是广额方面，肩宽腰细，身穿袒裸右肩的大衣，属于典型的藏族喇嘛教佛像作风。菩萨像有的头戴五

图 226 西藏拉萨药王山查拉路甫石窟南壁不同时期的造像（吐蕃至后弘期）

叶宝冠，袒裸上身，下身穿裙，有裙腰，有的饰有项圈、U 形璎珞、臂钏、手镯；它们的身体都是修长优美的，纤细的腰肢衬托出了丰满的臀部，给人一种饱满健康的感觉。有的胯部还向一侧扭动，形成 S 形身姿。这种风格与印度笈多（319 ～ 550 年）和波罗王朝（8 ～ 12 世纪）的菩萨像是十分相似的。但在细节的写实性方面则不如印度造像，富有民间的匠气。

那么，查拉路甫石窟究竟是什么时候建造的呢？ 1388 年写成的藏文史书《西藏王统记》中讲到，松赞干布在查拉路甫建造了一座神殿，还请来自尼泊尔的艺术家在里面塑了许多佛和菩萨像，还说在岩上凿出了一座转经堂。这部书中提到的该神殿中的主从五尊造像，与查拉路甫石窟中心柱正面龛内的组像完全相同。在崖上凿出的转经堂，应该就是有环绕礼拜道的中心柱窟。1564 年成书的藏文史书《贤者喜宴》又是这样记载的：松赞干布的另一位王妃——茹雍妃曾在查拉路甫雕刻了佛教的大梵天和其他一些佛像，还在崖壁上开凿了一座转经堂，用了 13 年时间才圆满完成。看来，药王山早在吐蕃时代就已经是佛教圣地，而查拉路甫石窟应该是在松赞干布时代的公元 7 世纪上半叶完成的。吐蕃时代的五位名人，应该是这个时候的人们把他们神化成了佛与菩萨的化身，才雕刻在这里供养的。

这座石窟的主要功德主茹雍妃是党项羌人。在中心柱四面各开一龛的做法，不是印度和中亚地区的特产，最早的实例是河南巩义大力山北魏晚期开凿的第 1、

3 窟，以后在北周时期的宁夏固原须弥山石窟和敦煌莫高窟也有开凿。初唐开凿的莫高窟第 39 窟也是这类中心柱窟。党项人集中生活的地区接近固原和敦煌，因此，茹雍妃兴建的这所石窟的样式渊源可能就是汉人居住的西北地区。另外，查拉路甫石窟内有的造像风格同杭州飞来峰的梵式像很接近，而且佛的肉髻上出露宝珠的做法，又是元代以后喇嘛教佛像所常见的。所以，窟内有些造像可能是元朝以后补刻的。

在西藏还发现了一些前弘期开凿的石窟。前弘期指的是西藏佛教发展的前一个阶段，从公元 7 世纪中叶开始。由于吐蕃王国的末代赞普朗达玛（799～842 年）的毁佛，西藏前弘期佛教于 9 世纪上半叶结束。查拉路甫石窟的开凿时代自然属于前弘期了。拉孜县的木扎山石窟，仅存一所洞窟，平面呈马蹄形。窟内现存造像只有后壁的密宗崇奉的五方佛了。据《拉孜典德寺简志》记载，这所石窟开凿于公元 819 年，相当于内地的中唐时期。达孜县的札耶巴石窟也有一所中心柱窟，但令人可惜的是，窟内造像已被毁坏了，仅存中心柱下的几身动物头像。位于喜马拉雅山北麓的日喀则地区岗巴县昌龙乡纳加村的乃甲切木石窟，现存一龛五窟，只有第 3、4 号窟的保存状态较好。第 3 窟平面为不规则的圆形，面积约 15 平方米，已无雕塑，窟顶部有壁画遗迹。第 4 窟的平面呈圆角方形，高 3.2、宽 3.7、深 3.2 米，平顶，原来绘有壁画，四壁的石胎泥塑像还保存着。第 4 窟的造像题材有密宗的五方佛及眷属（图 227）、八大菩萨、四大天王等，具有密教金刚界的五佛曼荼罗特征，应该是一座"坛城窟"。乃甲切木石窟很可能是在吐蕃王朝的晚期开凿的，即公元 8 至 9 世纪。

青藏高原上的多数石窟属于后弘期。自朗达玛灭佛以后，西藏经历了大约一百多年的无佛教时代。朗达玛灭佛的重要特征就是经典散失，造像毁坏。佛教的再兴，首先依赖的就是经典的重新传译。到了 10 世纪下半叶，大译师仁钦桑波（959～1055 年）重新到印度取经，带回西藏翻译，才迎来了佛教在西藏的复兴，史称为"后弘期"。宁玛派就是后弘期形成的第一个西藏佛教宗派。在藏语中，宁玛的意思是"古"和"旧"，意思就是它的教理是从公元 8 世纪时的吐蕃王朝的前弘期传下来的，具有悠久的历史。

在西藏穷结藏王墓群北面约 0.4 公里处，有一座青瓦达孜山，位于雅鲁藏布

图 227 西藏岗巴县乃甲切木石窟第 4 窟西壁西方阿弥陀佛及其眷属（左）、北方不空成就佛及其眷属（吐蕃，8 ～ 9 世纪）

江上游地区。它的东南端崖面有一所小型洞窟，在窟中石壁面与窟外东西两侧崖面浮雕了大量的佛教造像。这批造像共有 56 尊，还有四座塔像。根据这批造像的风格、雕刻技巧与像下藏文题记，它们大概属于公元 13 ～ 18 世纪之间的作品。

洛村石窟，位于山南典松县境内的色物乡西北约 10 公里处，傍有色典河，分为 A、B、C 三区，各有大小洞窟约 20 座，开凿在总长度约为 750 米的崖面。在这处石窟群中，有制作佛像、绘制壁画的礼佛窟，还有供僧侣们居住与修行的洞窟，内有灯龛、烟道等。A 区的 1 号窟在该石窟群中最具特色，是一座中心柱窟，在柱的四面以及窟内三壁上原来均有彩绘壁画和彩塑像，现在仅仅保留着残迹。窟顶还有一些彩绘图案。这处石窟群的开凿年代大约在公元 11 ～ 14 世纪，中心柱窟应该是延续着拉萨查拉路甫石窟的传统。

在西藏西部的阿里高原，以古格王国（9 ～ 17 世纪）故城为中心的札达、日土等地区也分布着众多的石窟寺。在以象泉河谷为中心的札达盆地上，分布有札达东嘎、皮央石窟，以及札达札布让区石窟，主要发现在与古格王国都城札布让隔河（象泉河）相对的南岸断崖上。这些石窟分布相对比较集中的有 4 个地点，其中吉日、岗察、芒札等三个地点的石窟群中发现有残存壁画的洞窟。日土丁穹拉康石窟，在阿里北端的日土境内，仅有一座洞窟，内部尚存部分壁画。在上述石窟地点中，除丁穹拉康石窟为单一的石窟遗存之外，其他石窟地点还共存有大量的地面佛教建筑，包括佛寺、排塔、塔林等，可知石窟是寺院的组成部分。

位于札达县境内的东嘎、皮央两村的石窟群规模较大，因两地相距不远，故命名为"东嘎—皮央石窟"（图 228）。石窟群位于托林寺以北约 40 公里处，分为四区，已编号的洞窟多达 872 所，另有不少分散的洞窟，所以现存洞窟的实际总数接近 1000 所。洞窟类型有礼佛窟（包括佛殿窟与佛坛窟两种）、禅窟、僧房窟、仓库窟等，礼佛窟中一般保存有壁画与彩塑（图 229）。这处石窟群的年代上限在公元 11 ~ 12 世纪，下限不晚于公元 16 世纪。窟内的彩塑像绝大多数已被毁坏，保存较好的是壁画上绘制的壁画，题材有佛、菩萨、弟子、护法神、飞天、供养人、佛传故事、说法图、礼佛图、动物、植物、花草纹饰等，还有密教特有的曼荼罗坛城。

西藏地区还十分流行雕刻摩崖造像。初步调查发现，西藏摩崖造像有 20 余处，分布在拉萨、山南、日喀则、林芝、昌都等地区，在那曲、阿里地区还发现了镌刻于崖面的六字真言和经文数处。具体的地点包括拉萨药王山、拉萨帕邦喀、拉萨东嘎、拉萨尼塘哲朴、拉萨哲蚌寺、拉萨色拉寺、拉萨甘丹寺、江孜宗山、日喀则札什伦布寺、山南地区桑耶寺东南的青布、札囊多曲旦、札囊札央仲、札囊仲·古崩、贡布江达县多拉山、林芝邦那、林芝觉木寺、昌都丹玛扎、昌都多拉朵、芒康札果学等处摩崖造像。

特别是位于唐蕃古道上的昌都地区，保存的一些摩崖石刻造像有的可早至吐蕃

图 228 西藏札达县皮央石窟外景（采自《故宫博物院院刊》2019 年第 12 期第 90 页）

图 229 西藏札达县皮央石窟 IV 区第 32 号窟"护法殿"内景（约 16 世纪，采自《故宫博物院院刊》2019 年第 12 期第 94 页）

王国时期，如仁达村内丹玛扎东崖上的大日如来与八大菩萨等像龛（图 230）。大日如来是密教的最高神，这尊大日如来像结跏趺坐，双手施禅定印，身上的装饰如菩萨一般，头戴三叶宝冠，两耳饰有大而圆的耳珰，上身袒裸，下身穿裙，既符合密教经典中对大日如来的图像要求，也反映着典型的藏传佛教造像风格。他的头顶有宝盖，象征着庄严与威力。在莲座的下方还有两身狮子，扮演着佛教护法的角色。大日如来的两侧各雕着四尊菩萨像，是密教曼荼罗中环绕着大日如来的菩萨组群。据像下的藏铭文题记可知，是在公元 804 年，吐蕃赞普赤德松赞（798 ~ 815 年在

图 230 西藏昌都丹玛扎东崖大日如来与八大菩萨等像龛（吐蕃，804 年）

位）下令派遣使者与唐朝会盟时，一些吐蕃僧人和汉人共同雕刻的。芒康县位于从青海到四川、西藏的另一条古道上，其中的一些石刻造像也可以早至吐蕃时期。

拉萨药王山摩崖造像，就位于上面提到的药王山，雕刻于后弘期的公元 11 ~ 19 世纪。据报道，这里的东、南、北三面崖壁上保存着不下 5000 余尊的摩崖石刻像（图 231）。造像题材多种多样，如无量寿佛、释迦、不动佛、绿度母、白度母、十一面观音、四臂观音、金刚佛母、胜乐金刚、大威德怖畏金刚、金刚空行母、米拉日巴等，还有不知名的众多的佛、菩萨、祖师像等。

其中的米拉日巴像特征鲜明。他有着圆形的面庞，披长发，身穿白色右袒式大衣，自右肩处斜挂一带。他舒相坐于铺着灰狼皮的山岩上，用右手托着耳旁，好像在思维着什么。他的身体周围是一个略呈竖椭圆形的浅龛，象征着米拉日巴苦修证道的岩洞（图 232）。

米拉日巴（1040 ~ 1123 年）是藏传佛教噶举派的第二代祖师。噶举派又称白教，形成于藏传佛教的后弘期，是由玛尔巴译师（1012 ~ 1097 年）开创的藏传佛教的重要宗派。藏语"噶举"中的"噶"字本意指佛语，而"举"字意为传承。所以，"噶举"一词有教授传承的意思。由于噶举派僧人的僧衣中加有白色条纹，因此被人们俗称为"白教"。米拉日巴是西藏"实践佛法"的代表人物，他反对和抨击那些借佛教之名以图富贵、贪鄙虚伪、欺世盗名的宗教上层人物。因此，他终身坚守着佛教的清规戒律，潜心苦修在山林之间，最终在佛学上获得了相当高的成就。

图 231 西藏拉萨药王山摩崖造像部分（后弘期）

米拉日巴一生的经历坎坷离奇，富于传奇色彩。他出生于贡塘（今西藏吉隆以北），自幼丧父，家产被伯父霸占，他和母亲、妹妹一起过着贫困的生活。当他成年以后，为了报仇雪耻，就去学习苯教咒术，相传他曾用咒术杀死了伯父一家和亲友30多人，并且降下冰雹来惩罚乡里的人，毁坏了全村的庄稼，被同乡们恐惧与厌恶。但是，复仇以后的他，却没有任何的快感与满足心，开始深深地忏悔自己作下的"罪孽"。于是，他改信了佛教，拜玛尔巴为师学习佛教密法。他很注重佛教的实践与修持，

图 232 西藏拉萨药王山摩崖造像的米拉日巴像（后弘期）

以苦修而著称于世，被人们尊称为"米拉日巴"，意思就是米拉家族中穿布衣者。据说他从玛尔巴那里学到了"拙火定"法，就是利用类似气功的原理苦修苦练，来达到抗御饥寒的功效。所以，拙火定的有成者都不怕严寒，米拉日巴在冬天只穿单布衣。为了传教，他一生遍游了西藏各地，收了很多门徒，享有盛誉。他经常用歌唱的方式来传教和收门徒。后来由他的弟子们收集整理成的《米拉日巴道歌集》，在西藏民间广为流传。这部歌集的内容虽然是佛教的，却用比喻的手法来写人叙事，语言生动流畅，不仅在文学史上占有重要的地位，还对以后藏族诗歌的发展影响深远。不幸的是，米拉日巴在83岁那年被人毒害了。由于他在西藏人民的心目中如同佛与菩萨的转世一般，人们敬造他的修行形象，纪念他，崇拜他。他的造像不仅在药王山才有，在其他地区的寺庙里的塑像与壁画中也都大量出现，数不胜数，是典型的人神合一崇拜的例子。

西藏地区佛教石窟与摩崖造像遗存的考古发现，填补了中国石窟寺发展史上的一项空白，为研究藏传佛教艺术发展史提供了丰富的实物资料，同时也给学术界留下了一系列有待深入探讨的新课题。可以想象，西藏肯定还有很多的佛教石刻作品，等待着我们去探索，去发现。

尾声

重建崖阁 再妆金身

中国的石窟寺，是特定时代里的佛教艺术形式，它经历了东晋十六国的初步发展，北魏到唐朝的繁荣昌盛，并从五代开始走向了下坡。这是因为山崖间的石窟正在越来越多地模仿着地面上的寺院，而自己本身的特色却慢慢地消失了。到了明清时代，绝大部分佛教徒把眼光移向了地面上的木构殿堂，于是，中国的大小石窟寺群就逐渐衰败、荒废了。在一般人的眼里，它们已经是古代的遗迹了。但是石窟寺里的东西毕竟都是一些佛教世界的圣像，看到它们被埋没在断壁残垣和荒草之中，佛教徒们总是会感到痛心或不忍目睹的。好在释迦牟尼早就估计到了在他涅槃以后这种可能会出现的情况，于是在他遗留下来的某些经典当中强调了重新修整寺院和佛像的作用。于是众多的善男信女和僧侣们就不断地为这种光荣修缮活动而努力奔波了。

重新整修石窟寺的工作，实际上从石窟寺诞生的那一天起就已经开始了，而在明清时代表现得更为突出一些。这些工作包括：重新建立崖面的木构窟檐和窟前的殿堂，修补窟内的残破雕塑像。比方说，如果佛头没有了，那就再给它塑一个新的，当然新佛头不可能是古代风格，一般都是按当时的风格重新制作。所以我们今天一眼就能看出窟内偶像身体的哪部分是后来补做的。有的石雕像表面残破了，后代的人们就在它的表面重新抹泥塑做新像。如今，那些被人们补做的泥层也脱落了，就留下了当年在石像表面打木桩敷泥用的孔眼（图 177、198、206）。石窟里的所有偶像原来都有彩妆，年代久远自然就暗淡了，于是整修的信徒们再给它们涂上金面，妆以新彩，一尊尊崭新的偶像就呈现在他们面前了。有的地区石窟寺是在壁面绘制壁画的，如果壁画剥落了，重修的信徒们就会再抹泥层绘制出新的壁画。

人们之所以热衷于修缮石窟的工作，是因为他们相信佛教的这种说法：重修前朝的荒废寺院，可以获得创建时的同样功德。在工作的过程中，你如果有什么心愿，佛祖都会给予你最大的满足。很多保存下来的重修功德碑刻中的种种发愿祈祷文字，生动地说明了这种说教所产生的心理状态。不仅是出钱修整的主人如此，就是花钱雇来的工匠，也认为这是一项莫大的善事，会给自己和亲人们积德的。如在甘肃永靖炳灵寺第 169 窟第 6 龛的背面，有一位在明朝嘉靖十六年（1537 年）被雇来修理石窟寺的郭姓木匠题写了一首小诗，上面写道：

木匠姓郭三尺高，上八洞前显英豪。功圆果满成正觉，九玄七祖尽都超。

因此，中国古代人整修石窟，在他们看来仍然是一项神圣的佛教活动。这种工作我们今天仍然在做，但是目的和方法已经完全不同了。首先，我们把石窟寺看作伟大的文化遗产来加以对待，再采用现代化的科技手段进行维修和加固，但是决不改变它们原来的面貌，这就是"整旧如旧"的原则。因为文物就是文物，如果石窟里的什么位置缺了一尊佛像，而我们再去补做一件新的，这不仅称不上文物，还破坏了窟内的整体美观。不幸的是，我们当今社会有这种石窟寺修补失败的例子，很多是由佛教信徒们实施的。所以，当今的佛教信徒们很有必要学学中国佛教艺术史。

石窟寺院荒废以后，在古人的眼里也和我们今天一样，这些过去僧侣们修行的理想场所，就变成了名胜古迹。再加上石窟所在地，一般都是著名的风景区，所以，就成为文人雅士们游览观光、访古论今、抒发情怀的对象了。有的文人在游览石窟时，创作了优美的诗篇，先后被收集到了他们的诗文集或地方志里，提高和加深了石窟寺的知名度。就拿龙门石窟来说，历代诗人吟咏的诗作就有 100 多首。敦煌莫高窟里也有一些，第 14 窟是晚唐时期开凿完成的，在窟室内有一位名叫赵吉的沙州游人于清朝嘉庆十八年（1813 年）六月初一题写的一首七律诗：

> 山岩开劈势隆崇，造作非凡巧琳工。意倚群曹分效职，期逾何年告功成。
> 云峦翠柳层楼胜，佛屋宝塔四望中。新开此境香烟盛，夷狄诸夏往来通。

在云南省剑川石钟寺区第 8 窟中也有一首石刻诗篇，是南明王朝的隆武丁亥年（1647 年）段耀题写的：

> 谁云地僻隐名山，名流曾向此间攀。襟前月泻龙门壁，足下云穿石室阛。
> 我欲便从天上去，飘然不复在人间。世代兴衰今又古，纷纷功利何须数。
> 登临自觉兴偏赊，且休廊庙夸肱股。

公元 1647 年，明朝的政权已经灭亡了，清已经入主中原，建都于南京的南明王朝还在苦撑着风雨飘摇的半壁江山。这位文人段耀在偏远的西南书写着愤世嫉俗的诗文，也许是石窟里古老的佛教艺术使他看破了人世间的一切。

对于我们当代人来说，石窟寺艺术是祖先们留给我们的珍贵文化遗产，我们有责任把它们保护好、研究好，完好地传给子孙后代。

［日］小野玄妙、田中俊逸：《天龍山石窟》，东京：金尾文淵堂，1922 年。

［日］水野清一、長廣敏雄：《響堂山石窟》，東方文化學院京都研究所，1937 年。

［日］水野清一、長廣敏雄：《龍門石窟の研究》，京都：座右寶刊行會，1941 年。

［日］水野清一、長廣敏雄：《雲岡石窟：西曆五世紀における中國北部佛教窟院の考古學的調查報告》16 卷 32 冊，京都：京都大學人文科學研究所，1951 ～ 1956 年。

［日］常盤大定、關野貞：《中國文化史迹》，东京：株式會社法藏館，1976 年。

夏鼐、常书鸿、宿白、金维诺、［日］长广敏雄、［日］冈崎敬、［日］邓健吾主编：《中国石窟》17 卷，日本平凡社、中国文物出版社联合出版，1980 ～ 1996 年。

陈兆复：《剑川石窟》，昆明：云南人民出版社，1981 年。

王士伦、赵振汉：《西湖石窟探胜》，上海人民出版社，1981 年。

敦煌文物研究所：《敦煌莫高窟内容总录》，北京：文物出版社，1982 年。

中国美术全集编辑委员会：《中国美术全集》11 卷石窟寺艺术部分，上海人民美术出版社、文物出版社、人民美术出版社联合出版，1985 ～ 1989 年。

中国大百科全书总编辑委员会：《中国大百科全书·考古学》，北京：中国大百科全书出版社，1986 年。

王子云：《陕西古代石雕刻》I，西安：陕西人民美术出版社，1985 年。

甘肃省文物工作队等：《庆阳北石窟寺》，北京：文物出版社，1985 年。

李泽厚：《美的历程》，北京：中国社会科学出版社，1986 年。

阎文儒：《中国石窟艺术总论》，天津古籍出版社，1987 年。

甘肃省文物工作队等：《陇东石窟》，北京：文物出版社，1987 年。

甘肃省文物考古研究所：《河西石窟》，北京：文物出版社，1987 年。

宁夏文物管理委员会等：《须弥山石窟》，北京：文物出版社，1988 年。

段文杰：《敦煌石窟艺术论集》，兰州：甘肃人民出版社，1988 年。

敦煌文物研究所编：《1987 年敦煌石窟研究国际讨论会文集：石窟艺术编》，沈阳：辽宁美术出版社，1990 年。

吴焯：《佛教东传与中国佛教艺术》，杭州：浙江人民出版社，1991 年。

河南省古代建筑保护研究所：《宝山灵泉寺》，郑州：河南人民出版社，1992 年。

温玉成：《中国石窟与文化艺术》，上海人民美术出版社，1993 年。

晁华山：《印度、中亚的佛寺与佛像》，北京：文物出版社，1993 年。

胡文和：《四川道教佛教石窟艺术》，成都：四川人民出版社，1994 年。

阎文儒、常青：《龙门石窟研究》，北京：书目文献出版社，1995 年。

宿白：《中国石窟寺研究》，北京：文物出版社，1996 年。

宿白：《藏传佛教寺院考古》，北京：文物出版社，1996 年。

龙门石窟研究所编：《龙门石窟一千五百周年国际学术讨论会论文集》，北京：

文物出版社，1996 年。

北京大学考古学系等：《新疆克孜尔石窟考古报告》第 1 卷，北京：文物出版社，1997 年。

刘长久：《安岳石窟艺术》，成都：四川人民出版社，1997 年。

刘长久：《中国西南石窟艺术》，成都：四川人民出版社，1998 年。

常青：《彬县大佛寺造像艺术》，北京：现代出版社，1998 年。

刘景龙、李玉昆：《龙门石窟碑刻题记汇录》，北京：中国大百科全书出版社，1998 年。

龙门石窟研究所：《龙门石窟内容总录》12 卷 36 册，北京：中国大百科全书出版社，1999 年。

敦煌研究院、甘肃省博物馆：《武威天梯山石窟》，北京：文物出版社，2000 年。

中国石窟雕塑全集编辑委员会：《中国石窟雕塑全集》，重庆出版社，2000 ~ 2001 年。

刘建华：《义县万佛堂石窟》，北京：科学出版社，2001 年。

重庆大足石刻艺术博物馆：《2005 年重庆大足石刻国际学术研讨会论文集》，北京：文物出版社，2007 年。

马世长、丁明夷：《中国佛教石窟考古概要》，北京：文物出版社，2009 年。

常青：《石窟寺史话》，北京：社会科学文献出版社，2012 年。

［日］石松日奈子著，筱原典生译：《北魏佛教造像史研究》，北京：文物

出版社，2012 年。

　　四川博物院等：《四川出土南朝佛教造像》，北京：中华书局，2013 年。

　　王敏庆：《北周佛教美术研究——以长安造像为中心》，北京：社会科学文献出版社，2013 年。

　　颜娟英：《镜花水月：中国古代美术考古与佛教艺术的探讨》，台北：石头出版，2016 年。

　　张宝玺：《河西北朝石窟》，上海古籍出版社，2016 年。

　　大足石刻研究院：《大足石刻全集》11 卷，重庆出版社，2017 年。

　　云冈石窟研究院：《云冈石窟全集》20 卷，青岛出版集团，2019 年。

　　常青：《长安与洛阳：五至九世纪两京佛教艺术研究》，北京：文物出版社，2020 年。

　　常青：《西湖佛迹：杭州石窟造像调查与研究》，北京：中国书店，2020 年。

后 记

研究古代石窟寺，古为今用很重要。就是说，要用古代石窟寺的资源，来满足我们现代人的精神文化需求。如何才能做到这一点，值得我们深思。

这本小书的初版是在 1996 年。那时的中国，考古学还是处在象牙塔尖的神秘学问，普通人基本不了解考古是做什么的，同时也不想在这方面花心思。因为那时的中国人主要是为小康生活奋斗着，还无暇顾及其他。所以，我就看到了有人把"考古"写成了"考骨"。我当时就说：还好，没有写成"烤骨"。那时在外出差，买东西开发票都难，因为商店店员一般都不知道"考古队"三字如何写。

一晃二十多年过去了，如今再版此书，中国已非往日可比了。在经济高速发展、人民生活大幅度提高之下，考古已经成了中国社会的显学，几乎无人不知了。不仅如此，以文物考古为业余爱好的人也越来越多了。许多石窟爱好者常常问我有无通俗读物可看，我就会想起这本早已绝版的小书。如今它终于有机会修订再版，面对的读者数量将会远超过去。我很欣慰这本小书能给古老的石窟寺带来一些现代价值。

石窟寺的古为今用，首先取决于我们要有现代化的开放头脑。如果我只埋头研究石窟寺，只追求在专业刊物上发表专业论文，那么我的研究只会服务于国内外的几十位学术同行而已，忘了中国还有十几亿非同行的同胞。石窟寺所包含的思想与哲理，对当今社会、对普通的现代中国人究竟有什么用呢？单从中国石窟寺发展的足迹来看，兼收并蓄，不断地改革创新，走民族化的道路，石窟寺的发展才能兴盛；如果墨守成规，僵化地死搬硬套，只能导致石窟寺走向灭亡。这个经验就很值得我们现代社会去借鉴。何况在繁重的工作之余，参观一下石窟里动人的雕塑与壁画作品，可以丰富历史知识，增加文化素养，提高艺术鉴赏力，还会使我们解除紧张工作之后的疲劳感。所以，我们从事这项专业的学者，应该有责任把它们奉献给全社会，让人们明白如何欣赏石窟艺术，让古代文化融入我们的现代生活。

　　古代文化与现代社会的结合，日本，这个自古就向中国学习的国家，早已走在了中国前面。1991 年，我在日本做访问学者，走进书店，会看到各种考古学的普及读物堆满了书架；参观博物馆，经常会遇见像当时中国星期天逛商店那样的拥挤场面。我还见到了一个刚刚发掘完的考古工地正在接待大批参观的人们，每个人都能随意拍照和索取资料。原来，他们那时的考古研究所就已经有了会员制，如今的中国也还没有做到。在日本，地下和地上，古代和现代，那时就已经融为一体了，人们普遍关心自己国家的历史，为祖先们的成就而津津乐道。与此相对应的，则是世界一流发达的科学技术。

　　是什么力量促使日本人如此热爱古代文化的呢？即将回国时，我请教了时任奈良国立文化财研究所副所长的田中琢先生。他笑着说："几十年前，日本人也不是这样的，那时他们更关心如何使国家的经济振兴。20 世纪 50 年代我们开始考虑使考古面向人民大众的时候，中国的一本书给了我们很大的启发。为了看这本书，我还特意学习了中文。"他起身去了书房，回来时递给我一本书。我惊奇地发现，原来是 20 世纪 50 年代在中国出版的毛泽东的《在延安文艺座谈会上的讲话》单行本。望着这本已经发黄了的我们非常熟悉的书，我什么话都说不出来了。

如今，我已不再忧虑石窟寺艺术如何才能从象牙塔尖走向世俗民间了，因为经济发展带来的文化艺术欣赏的需求，早已在中国流行。

石窟寺艺术属于辉煌的过去，古代社会的农业文明，也被近现代的工业文明所替代了。这种新文明是世界性的，蓝色的海洋是连通它们的纽带。所以，中国的现代化建设，必须要放眼世界，去汲取世界各国先进文化的养分，才能不被地球所抛弃。但是，中国的古代文化，早已渗透到了我们日常生活的方方面面，影响着我们的行为规范和审美观。我们不能忘记祖先的成就，而应该自豪地脚踏中国的大地，去拥抱海洋文明。

衷心感谢四川省文物考古研究院王婷女士、龙门石窟研究院贺志军先生、杭州西湖风景名胜区灵隐管理处潘高升先生、四川大学艺术学院姜雨孜女士为修订本书给予的帮助！

常　青

2020 年 8 月 6 日于美国德克萨斯州达拉斯市

2019 年作者拍摄于四川安岳毗卢洞石窟北宋水月观音像前

作者简介

　　常青，1962 年 12 月生于陕西省西安市。北京大学考古系学士与硕士，美国堪萨斯大学中国艺术史博士，主修中国石窟寺艺术。曾在龙门石窟研究所、中国社会科学院考古研究所、中国佛教文化研究所工作。1999 年来到美国研究、学习与定居。曾在华盛顿佛利尔美术馆、美国国家美术馆做高级访问学者，研究美国各大博物馆收藏的中国佛教艺术品。后在纽约大都会艺术博物馆亚洲部做博士后研究，在北卡大学亚克兰艺术博物馆、佛罗里达州瑞格林艺术博物馆担任亚洲艺术策展人。2010 年以后，在密苏里州圣路易华盛顿大学任博士后讲师、密苏里大学圣路易分校任客座教授，讲授亚洲与中国艺术史，并在得克萨斯州达拉斯亚洲艺术博物馆担任研究策展人。自 2018 年起在四川大学艺术学院任教授、博士生导师。出版 12 种专著、100 余篇中英文研究论文，主要研究中国佛教艺术。（Email: changqing2002@yahoo.com）